KB068690

국제법으로 세상 읽기

국제법으로
세상 읽기

대한국제법학회

박영사

간 행 사

1953년에 창설된 대한국제법학회가 학회의 이름으로 내어놓는 최초의 단행본입니다. 학회원들을 포함하여 국제법에 관심이 있는 모든 독자 분들과 기쁨을 같이 하고 싶습니다. 대한국제법학회는 대한민국을 국제사회에서 제대로 자리 잡도록 하기 위하여서는 국제법이 중요하다는 생각을 가진, 우리나라 국제법의 선각자분들이 한국전쟁 중에 창립한 학회입니다. 광복과 한국전쟁을 겪으면서 국제법이 우리나라에 의미하는 바를 인식하고, 우리나라에서 국제법 연구 발전을 도모할 목적으로 만들어진 학회인 것입니다. 이러한 인식에 기반하여 설립된 대한국제법학회는 국제사회의 규범질서가 우리나라의 존립에 있어서 무엇보다 중요하다는 사실을 깨닫고, 그와 관련한 학문적 연구에 매진하는 연구자들의 단체로 지금까지 굳건하게 자리 잡고 있습니다.

2009년부터 법학전문대학원 체제가 수립된 이후 법학교육에서 국제법 교육이 점차 위축되고 있음을 목도하면서, 서철원 전임 회장님께서 국제법 지식의 확산이 필요함을 인식하고, 시시각각 국제사회에서 일어나고 있는 국제법적 문제를 현안브리프라는 이름으로 간략히 소개하는 작업을 시작하였습니다. 이러한 작업이 2년에 걸쳐 이어지면서, 다양한 주제에 대하여 간단하지만 정곡을 찌르는 국제사회의 현안 이슈에 대한 국제법적 분석이 축적되었습니다. 이렇게 축적된 내용들을 지나가는 브리프로 남겨두기에는 다소 아쉬운 바가 있어서 모두 다시 정리하여 책으로 출간하기로 결정하여, '국제법으로 세상 읽기'라는 제목의 책으로 이렇게 세상에 내어놓게 되었습니다.

본서에서 다루어진 내용들은 전쟁범죄에 대한 이야기에서부터 일본의 수출규제 문제, 드론이 야기하는 국제법적 문제, 남북문제와 같은 우리나라와 관련한 국제법적 문제 등등 그 관심사의 넓이 면에서는 모든 국제법적 이슈가 대부분 포함된다고 생각합니다. 그런 측면에서 본서는 국제법에 관심이 있는 독자들이 국제법적 이슈에 대한 분석을 어렵지 않게 얻는 도구로서 기능할 수 있으리라 짐작합니다. 이 책이 누구나가 손쉽게 국제법의 역할과 내용을 이해하는 통로가 될 수 있기를 기대합니다.

2018년부터 2019년에 걸쳐 총 24편의 현안브리프가 발간되었습니다. 24편의 현안브리프는 그때그때 발생한 사건들에 대하여 국제법적 평가를 하였지만, 기왕에 발간된 24편을 모두 모아 놓고 보니, 그 내용들이 몇 개의 큰 주제 하에 논의될 수 있는 것으로 보였습니다. 그래서 현안브리프 발간 순서와 관계없이, '국제법으로 읽는 국제관계', '국제법으로 읽는 해양질서', '국제법이 분석한 군사안보', '국제법으로 해석한 동북아 정세'라는 네 개의 주제로 분류하여 현안브리프들을 모아보았습니다. 발간된 시간 순으로 현안브리프를 나열하는 것보다는 일정한 주제에 따라 글들을 모으는 것이 보다 더 체계적일 뿐만 아니라, 그 내용에 대한 이해도를 증진시킬 수 있는 방법이라고 생각하였기 때문입니다.

바쁜 중에도 심혈을 기울여 현안브리프를 작성하여 주신 모든 집필자분들의 수고 덕분에 이렇게 근사한 책이 출간될 수 있게 되었습니다. 전 세계 방방곡곡에서 발생하는 국제법적 이슈에 대하여 간결하면서도 핵심적인 내용들을 작성하여 주신 집필자분들께 감사드립니다. 본서의 출간은 집필자분들 이외에도 여러분들의 수고 덕분에 가능하였습니다. 현안브리프 발간과 관련하여 처음부터 책임을 맡아서 현안브리프의 주제를 매번 정하시고, 그것을 작성할 적임자를 찾아 원고를 부탁하는 어려우면서도 번거로운 일을 2년의 기간 동안 성심성의껏 해오시고, 책 목차 주제 분류 정하기에서 시작하여 본서 발간과 관련한 모든 일을 처리하여 주신 정인섭 교수님의 노고가 없었다면 이 책은 세상의 빛을 볼 수가 없었을 것입니다. 또한 정인섭 교수님을 도와서 같이 편집위원회 위원으로 활동하여 주신 백범석 교수님과 김현정 교수님 두 분의 노고도 이 책을 발간하면서 언급하지 않을 수 없을 것 같습니다. 진심으로 감사드립니다. 현안브리프를 발간할 때마다 마지막 편집을 담당한 학회 사무국의 김태길 사무국장의 노고에도 또한 감사드립니다. 마지막으로 원고를 꼼꼼하게 읽으면서, 빠짐없이 교정하는 수고로움을 기꺼이 맡아서 해주신 박문숙 박사께도 감사드립니다. 또한 책의 발간을 위하여 애써주신 박영사 관계자 분들께도 심심한 감사의 인사를 드립니다.

대한국제법학회 회장
이성덕

편집자의 말

작년 1월 18일 대한국제법학회 회장으로 막 취임한 서철원 교수가 찾아 왔다. 용건인즉 현실문제에 대한 국제법 논평 시리즈를 학회 새 사업으로 추진하고자 하는데, 그 책임을 맡아 달라는 요청이었다. 솔직히 내 머리 위에 쌓인 일만으로도 늘 쩔쩔매는 사람으로서 우선 귀찮은 생각이 들었고, 자신 또한 없었다. 서 회장은 제목과 내용, 형식, 발행주기, 진행방법 일체를 위임하겠으니 알아서 추진해 달라고 부탁했다. 거듭된 요청에 결국 수락을 피할 수 없었다.

나름대로 구상을 해 보았다. 일단 사업의 목적을 국제법 현안문제에 대해 간단하지만 학술적 분석을 제공함으로써 국제법 연구자는 물론 일반인에게도 국제법적 쟁점에 대한 이해를 고양시키는 것으로 잡았다. 이를 위해 근래 문제된 국제법적 현안에 관한 주제를 대상으로 하여, 학술논문보다는 읽히기 쉽지만 통상적인 신문 칼럼보다는 전문성을 갖춘 내용 제공을 목표로 했다. 발간형식은 학회 홈페이지 등재와 이메일 발송만 하고, 인쇄물 발간은 예정하지 않았다. 원고 분량은 독자가 받는 자리에서 바로 읽어 볼 수 있도록 A4 용지 4매 이내로 제한하기로 했다. 진행을 같이 의논할 편집위원회를 구성하기로 해, 숙고 끝에 김현정 교수(연세대)와 백범석 교수(경희대)에게 합류를 청했고 두 분은 쾌히 응해 주었다. 돌이켜 보면 이 선택이 무척 잘 된 결정이었다. 김현정·백범석 두 분은 지난 2년간 원고 검토를 위한 5분 대기조와 같이 봉사해 줘 큰 힘이 되었다. 시리즈 제목은 「국제법 현안 Brief」로 정했다.

작업은 대체로 다음과 같은 방식으로 진행되었다. 편집위원회에서 적절한 주제가 선정되면 그 문제를 균형 잡힌 시각에서 신속하게 분석해 줄 집필자를 물색했다. 원고가 접수되면 편집위원들이 바로 읽고 의견을 수합했다. 편집위원들이 익숙하지 않은 주제의 경우 해당 분야 전문가에게 추가로 검토를 의뢰했다. 이렇게 모아진 의견은 하나로 정리해 집필자에게 전달했다. 다시 집필자가 수정 원고를 보내오면 가급적 필자의 의사를 존중해 학회 홈페이지 등재를 위한 편집작업에 들어갔다. 학회 논총 투고와 달리 검토자의 실명이 공개된 상태에서의 수정요청이라 미묘한 감정문제가 발생할 수 있었지만 대부분의 집필자들이 잘 이해하고 호응해 주었다.

학회로서도 처음 시도하는 사업이라 잘 될까 걱정이 많은 채 출범했지만 막상 시작하고 보니 집필자들의 전폭적인 협조로 순항할 수 있었다. 첫 해에 모두 10호의 「국제법 현안 Brief」를 발행하게 되었다. 원고 내용은 만족스러웠고, 독자들의 호응도 좋았다. 2019년 1월 학회 총회에서는 원고가 얼추 모이면 단행본으로 발간되었으면 한다는 여론이 일었다. 당초 개인적으로는 한 해 정도만 이 일을 맡아 사업이 정착되면 바로 편집위원장 직을 사퇴할 생각이었다. 신임 이성덕 회장은 펄쩍 뛰며 계속 일을 맡아 줄 것은 물론, 글이 축적되면 단행본 발간도 검토해 달라고 요청했다. 결국 이 부탁을 거절하지 못해 한 해 더 직을 계속하게 되었다.

단행본을 출간하려면 2년분 원고는 약간 적지 않을까 싶었다. 연말에 책자를 완성하려면 늦어도 10월 정도까지는 마지막 원고가 수합될 필요도 있었다. 이에 2019년에는 예산의 범위 내에서 발행횟수를 최대한 늘릴 뿐 아니라, 발행주기도 빨리 진행시켰다. 결국 2년간의 「국제법 현안 Brief」 24건의 원고가 모아져 이 책자를 발행하게 되었다. 편집과정에서 부딪친 현실적인 문제는 원고의 집필 시점 이후의 사태변화를 어떻게 수용하느냐는 점이었다. 원고에 따라서는 별다른 상황 변화가 없는 주제도 있지만, 대부분 일정한 후속 상황이 발생했다. 이를 간단히 보완할 수 있는 내용의 주제도 있지만, 원고에 따라서는 어느 정도의 재검토가 필요한 경우도 있었다. 결국 수정 보완의 폭은 각 집필자에 맡기기로 했다. 단 원고는 당초 시점에 발행되었다는 의의도 있는 만큼, 수정은 가급적 처음 원고의 틀을 훼손하지 않는 범위 내에서만 진행해 달라고 요청했다. 각 원고의 최초 발행일이 표시되어 있으므로, 독자들은 해당 내용이 원래 그 시점을 기준으로 작성되었음을 염두에 두어 주기 바란다. 집필과 이번의 수정 요구에 모두 신속히 호응해 준 각 필자들이 고마울 뿐이다.

끝으로 2년간 아무 대가도 없이 편집위원직을 맡아 현안 Brief 발행에 힘써 준 김현정·백범석 두 교수께 다시 한번 감사를 드린다. 두 분의 도움이 아니었다면 지난 2년간의 결과는 크게 달랐을 것이다. 편집위원장으로서는 2년간의 책임을 무사히 마치고, 「국제법으로 세상 읽기」라는 아담한 책자로 임무를 마무리 할 수 있었다는 사실에 마음 홀가분하다.

2019년 11월 25일
「국제법 현안 Brief」 편집위원회를 대표해
정인섭 씀

목 차

──────── |제1부| ────────

국제법으로 읽는 국제관계

10
목

차

─────── | 제 4 부 | ───────

국제법으로 해석한 동북아 정세

11

목

차

제 1 부

국제법으로 읽는 국제관계

침략범죄에 대한 ICC 관할권 행사개시 결정

최태현(한양대학교 법학전문대학원 교수)

1. 관할권행사 개시결정 결의의 채택

2017년 12월 4일부터 14일까지 미국 뉴욕 유엔본부에서 제16차 국제형사재판소^{ICC}규정^{Statute} 당사국총회의 회의가 열렸다. 이 회의에서는 특히 마지막 날인 14일 자정을 넘어선 시각에 드디어 침략범죄에 대해 ICC가 관할권을 행사하기로 결정하는 역사적인 결의가 채택되었다.[1)]

2010년 6월에 우간다의 Kampala에서 개최된 재검토회의에서는 로마규정을 개정하여 침략범죄에 대한 새로운 조항들을 마련하였다. 그 결과 개정된 로마규정은 침략범죄에 대해 정의를 하고 있는 제8조 *bis*와 침략범죄에 대한 ICC의 관할권 행사요건을 정하고 있는 제15조 *bis* 및 제15조 *ter*를 새로이 포함하게 되었다.[2)]

그런데 캄팔라개정조문은 특이하게 ICC의 침략범죄에 대한 관할권 행사개시 시기를 빨라야 2017년 1월 1일 이후로 연기하고 있었다. 개정조문에 따르면, 침략범죄에 대한 ICC의 관할권 행사는 '2017년 1월 1일 이후에 당사국들이 결정한 시점'이나 '침략범죄 개정을 수락하는 국가들의 30번째 비준서가 기탁된 후 1년이 지난 시점' 중

더 늦은 시점에 개시되도록 정해져 있다. 이미 2016년 6월 27일 팔레스타인이 침략범죄 개정조문의 30번째 비준국이 됨으로써, ICC의 침략범죄에 대한 관할권 행사는 2017년 6월 27일 이후에 당사국들이 결정하는 시점에 개시될 수밖에 없다. 그러한 상황 속에서 제16차 당사국총회가 개최되는 기간인 2017년 12월 6일 파나마가 35번째로 침략범죄 개정조문을 비준함에 따라 제16차 ICC규정 당사국총회에서는 이제야말로 이러한 개시결정을 해야 한다는 요구의 목소리가 높았고, 이러한 각국의 인식이 모아져 관할권행사개시[activation] 결의가 콘센서스로 채택되었다.

2. 결의의 내용

결의는 본문에서 총 4개의 조항을 포함하고 있다. 제1항은 "2018년 7월 17일자로 침략범죄에 대한 ICC의 관할권 행사를 개시하기로 결정한다"라고 천명하고 있는데, 이 관할권행사 개시시점은 로마규정 채택 20주년에 해당하는 날짜를 고려하고 기념하기 위한 것이다.

제2항은 "캄팔라재검토회의에서 채택된 침략범죄관련 개정조문은, 로마규정에 따라, 이 개정조문을 수락한 당사국에 대해서 그들의 비준서 또는 수락서가 기탁된 후 1년이 경과한 후에 발효한다는 것과 당사국 회부의 경우 또는 독자적인 수사개시의 경우 ICC는 이러한 개정조문을 비준하지 않거나 수락하지 않은 당사국의 국민이 행하거나 그러한 당사국의 영역에 대해서 행해진 침략범죄에 대해 관할권을 행사할 수 없다는 것을 확인한다"고 명시하고 있다. 이 조항은 로마규정 제121조 제5항의 제1문과 제2문을 그대로 도입한 것이다. 이 조항의 문구만으로 해석하는 경우 개정조문을 비준하지 않은 당사국이 행한 침략행위와 관련된 침략범죄에 대해서는 ICC가 관할권을 전혀 행사할 수 없는 것으로 되어 일응 ICC의 관할권 행사

범위를 상당히 축소시킨 것으로 해석될 수 있다.

제3항은 "ICC재판관의 사법적 독립성과 관련하여 로마규정 제40조 제1항 및 제119조 제1항을 재확인한다"고 천명하고 있다. 이 조항이 포함되게 된 배경과 함의는 위 제2항과 관련하여 분석할 수 있는데, 제2항과 제3항의 구체적 상호관계에 대해서는 후술한다.

마지막 제4항은 "침략범죄에 관한 로마규정 개정조문을 아직 비준 또는 수락하지 않은 모든 당사국은 이를 비준 또는 수락할 것을 다시 촉구한다"고 언급하고 있다.

3. ICC의 관할권행사범위에 대한 의견 상충

캄팔라회의 이전 침략범죄 성안에 대한 논의과정에서 제121조 제5항 제2문의 해석과 관련하여 논란이 있었다. 즉, 침략국이 개정조문을 수락하지 않는 한, 피침략국이 개정조문을 수락하였더라도 ICC는 침략범죄에 대해 관할권을 행사할 수 없다는 입장negative understanding과 침략국이 개정조문을 수락하지 않았더라도 피침략국이 이를 수락하였다면 ICC규정 제12조 제2항에 따라 ICC가 침략범죄에 대해 관할권을 행사할 수 있다고 보는 입장positive understanding으로 의견이 대립하였다.

개정조문을 채택한 캄팔라결의 제1항에 따르면, 침략범죄 관련 조항은 ICC규정 제121조 제5항에 따라 발효한다고 정하고 있다. 따라서 제121조 제5항 제1문에 따르면, 이 개정조문을 비준한 당사국만이 비준서가 기탁된 후 1년 후에 이 개정조문에 구속된다. 그런데 여기서 다시 문제로 된 것은 ICC의 관할권행사요건을 정함에 있어서 제121조 제5항 제2문이 관련이 있는가에 대해 해석이 상반되고 있다는 점이다.

캄팔라회의에서 침략범죄에 대한 ICC의 관할권행사요건으로서 국가동의가 필요한지의 쟁점을 논의하는 과정에서 새로운 타협의 산물로 제15조 *bis* 제4항이 도입되었다. 제15조 *bis* 제4항에서는 事前에 관할권 배제$^{opt-out}$를 선언하지 않은 로마규정 당사국이 행한 침략행위와 관련하여 ICC는 자동적으로 관할권을 행사할 수 있는 듯이 규정하고 있다.

1) 관할권행사범위를 넓게 보는 입장

리히텐슈타인, 스위스 등 대다수의 국가는 침략범죄와 관련하여 ICC의 관할권행사의 범위를 확대하려는 입장을 취한다. 이 입장에 따르면, 개정조문인 제15조 *bis* 제4항은 로마규정 당사국인 '침략국'이 개정조문을 비준하기 전에 관할권 배제선언을 하지 않는 경우, 로마규정 제12조가 적용되어, 특히 제12조 제2항의 관할권체제가 적용되어, 피침국이 개정조문을 비준 또는 수락하였다면, ICC가 그러한 침략범죄에 대하여 관할권을 행사할 수 있다고 해석한다. 이를 Positive Understanding에 근거한 Single Ratification 체제의 도입이라고 부른다.

이 입장에 따르면, 발효와 관련하여서는 제121조 제5항 제2문은 적용되지 않는다고 보는 것이 바람직하다고 한다. 왜냐하면 제121조 제5항 제2문의 법적 효과가 ICC규정의 당사국으로 하여금 실제로 Negative Understanding의 입장을 취하게 하는 것$^{Double\ Ratification을\ 요한}$ $^{다는\ 것}$이라면, 이러한 법적 효과는 캄팔라회의에서 새로운 타협의 산물로서 도입된 제15조 *bis* 제4항 상의 관할권 배제$^{opt-out}$선언제도 도입에 부여된 가치를 손상할 것이기 때문이다.[3] 더욱이 제15조 *bis* 제4항의 핵심은 ICC는 원칙적으로 제12조에 따라서 침략범죄에 대해 관할권을 행사한다는 것이다. 만일 어떠한 상황에서도 침략국인 로마규정당사국의 개정조문에 대한 비준뿐 아니라 로마규정 당사국인 피침국의 개정조문에 대한 비준까지 요한다는 해석은 제12조 제2

항에 구현되어·있는 원칙^{ICC가 관할권을 행사하기 위해서는 범죄발생지국 또는 피고인의 국} ^{적국 중 한 국가만이라도 로마규정의 당사국이면 된다는 원칙}을 완전히 훼손시키는 것이라고 주장한다.

2) 관할권행사범위를 좁게 보는 입장

ICC의 관할권행사요건과 관련하여 일부 국가는 ICC의 관할권 행사범위를 제한하기 위하여 또다시 제121조 제5항 제2문을 중시하고 있다. 제15조 *bis* 제4항보다는 원래부터 존재하고 있었던 제121조 제5항 제2문상의 권리가 그대로 보존되어야 한다고 주장한다.

영국, 프랑스, 캐나다, 일본, 노르웨이, 콜롬비아, 과테말라 등 일부국가는 캄팔라결의 제1항에서 침략범죄와 관련된 조항들은 ICC규정 제121조 제5항에 따라 발효한다고 하고 있으므로, 제121조 제5항 제2문도 당연히 적용된다는 입장을 가진다. 사실 엄격히 말하자면, 제121조 제5항 제2문은 발효와 관련한 조문이 아니다. 어쨌든 이 조문이 적용된다는 입장에 따르면, 침략범죄 범죄발생지국이나 피고인의 국적국 중 어느 한 당사국이라도 개정조문을 수락하지 않는 경우에는 해당 침략범죄에 대해 ICC는 관할권을 가질 수 없다고 본다. 이러한 입장은 소위 Negative Understanding에 근거하고 있는데, 이 견해에 따르면 침략범죄와 관련하여 '로마규정의 당사국' 간에는 침략국과 피침략국 모두가 개정조문을 비준 또는 수락한 경우에만 ICC가 관할권을 행사할 수 있다고 본다. 이를 Double Ratification체제의 도입이라고 부르는데, 침략범죄와 관련하여 ICC의 관할권 행사범위를 상당히 축소하고 있는 입장이다.

4. 결의 채택의 경위

ICC의 관할권행사개시 결정을 하기 위한 논의가 시작되자, 각국의 입장은 위에서 살펴본 바와 같이 2가지 입장으로 분명하게 나누어졌다.[4] 다만, 다행스러운 것은 입장을 발표한 모든 국가는 이러한 결의는 콘센서스concensus에 의해 채택되어야 함을 강조하였다. 그러나 관할권행사범위를 좁게 해석하는 국가들은 콘센서스에 의한 결의채택을 주장함에도 불구하고 여전히 그리고 지속적으로 자신의 입장을 고수한 반면, 관할권행사범위를 넓게 해석하는 대다수의 국가들은 콘센서스를 얻기 위한 절충적 견지에서 ICC규정 당사국이 침략범죄에 대한 ICC의 관할권을 배제하기 위해서는 사전에 opt-out선언을 하여야 하지만, 이러한 선언을 공식적으로 하기보다는 이 당사국총회에서의 입장표명시 또는 이 회의 종료 후 일정기간 내에 ICC의 관할권행사범위를 좁게 본다는 의사를 표명한 국가에 대해서는 이러한 의사표명을 공식적 opt-out선언으로 간주한다는 방식을 양보안으로 제시하였다.

결국 오스트리아의 조정자facilitator가 이를 바탕으로 discussion paper를 작성하여 논의를 계속하여 갔지만,[5] 각국은, 특히 관할권행사범위를 좁게 보는 영국 및 프랑스 등 일부 국가가 기존의 입장을 결코 양보하지 않아 양측 입장은 평행선을 달리게 되어 콘센서스에 의한 채택은 요원해 보였다.

결국 이날 저녁 9시경 당사국총회의 두 부의장이 최종안을 제출하였고, 최종적으로 이 제안을 그대로 채택하던지 아니면 투표에 회부한다고 선언하였다. 논의과정에서 영국 및 프랑스 등 일부 국가가 결의안 제3항의 내용을 삭제하거나 전문preamble으로 옮길 것을 요청하였지만, 팔레스타인 및 슬로베니아 등 국가의 강력한 반대에 직면하자, 결국 부의장안인 최종안이 그 다음날 0시 40분경 콘센서스로 채택되었다.

5. 평가

채택된 결의의 내용을 보건대, 제2항의 내용만을 보면, 영국, 프랑스, 일본 등 관할권행사범위를 좁게 보려는 입장, 즉 캄팔라개정조문을 비준하지 않은 로마규정 당사국의 국민이 행하거나 그 영역에 대해 행해진 침략범죄에 대해서는 ICC가 관할권을 갖지 못한다는 입장을 확인한 듯이 보인다. 그러나 결의에는 반드시 이러한 입장만 반영된 것으로 볼 수 없는 이유들이 있다.

첫째, 이 결의는 '조약법에 관한 비엔나협약' 제31조 제3항에 언급되어 있는 '후속 합의' 또는 '후속 관행'에 해당한다고 보기 어렵다.[6] 결의 제2항이 ICC의 관할권행사범위를 좁게 보려는 일방의 법적 입장을 공식적으로 확인한 측면이 있는 것도 사실이지만, 다자적 외교교섭에서는 주고받기식의 거래가 흔하게 있는 것이고 따라서 또다른 가능한 해석을 포섭하기 위하여 자국이 동의할 수 없는 입장을 수락하는 경우도 흔히 있다는 점이 고려되어야 한다. 더욱이 제2항의 내용은 회의에 참가한 당사국 다수의 실제적 견해를 반영하고 있지도 않다는 점을 고려해야 한다. 다수의 당사국들은 오히려 결의가 채택된 후 자국 입장을 밝히는 단계에서 자신의 종전의 입장을 되풀이하였다. 결국 당사국총회가 채택한 공식적 결의의 내용과 다수 당사국의 실제의 법적 확신 간에 괴리가 있는 듯이 보인다.

둘째, 결의 제2항의 내용은 캄팔라개정조약 제15조 *bis* 제4항의 내용_{로마규정의 당사국이 침략범죄와 관련하여 ICC의 관할권으로부터 벗어나려면 미리 opt-out선언을 해야 함}과 상반된다. 제2항은 아무런 법적 근거도 제시하지 않고 단지 제121조 제5항의 내용을 되풀이하고 있기 때문에, 제15조 *bis* 제4항의 내용을 새로이 해석하거나 명확하게 한 것으로 보기도 어렵고, 더욱이 후자의 내용을 개정한 것으로 보기도 어렵다.

셋째, 이 결의에서는 제2항과는 별도로 ICC재판관의 사법적 독립을 보장한다는 제3항을 의도적으로 포함하고 있다. 제3항의 핵심은 침략범죄에 대한 관할권행사범위를 결정하는 주체는 재판부 자체라는 것을 강조하는 것이다. 사실 이 결의의 내용 중 제3항의 내용이 가장 중요하다고 할 수 있으며, 이 제3항의 존재로 인하여 대다수 국가들이 제2항의 포함을 인정하고 콘센서스에 이르렀다고 할 수 있다. 따라서 ICC재판부가 이 문제에 대해 정식의 결정을 내릴 때까지는 관할권행사범위는 확정되지 않았다고 할 것이다. 즉 ICC재판부는 반드시 제2항의 내용에 구속되지 않을 수도 있다는 여지를 남겨두고 있다.

6. 한국에 대한 함의

　　캄팔라개정조약 제15조 *bis* 제5항에 따르면, 캄팔라개정조약의 비당사국과 관련된 침략행위로부터 발생하는 침략범죄에 대해서는 ICC가 관할권을 가지지 않는다. 따라서 캄팔라개정조약의 비당사국인 북한이 로마규정의 당사국인 대한민국을 침략하는 경우뿐 아니라, 대한민국이 북한을 침략하는 경우에도 ICC는 관할권을 갖지 아니한다. 설사 대한민국 또는 미국이 북한을 선제공격하는 경우에도 마찬가지이다. 그러나 이러한 해석은 '당사국 회부' 또는 '소추관의 독자적 수사'의 경우에만 타당하다.
　　'안보리 회부'의 경우에는 그러하지 아니하다. UN안보리가 안보리의 결의에 의하여 ICC에 침략범죄를 포함하는 상황을 회부하는 경우에는 이러한 '비당사국' 조건이 적용되지 않으므로, 개정조약의 당사국이든 아니든 간에, 침략국의 지도자는 언제든지 ICC법정에 설 수 있게 된다. 따라서 북한에 대한 선제공격이 있는 경우 안보리가 이를 침략으로 인정하여 ICC에 회부하면 ICC가 관할권을 행사할 수 있을 것이다. 다만, 안보리 결의의 채택에는 거부권이 적용된다는 점도 유의할 필요가 있다. 어쨌든 이번 결의채택의 의의는 ICC가 침략범죄를 단죄하기 위하여 관할권행사를 개시할 수 있도록 함으로써 전쟁억지력 제고에 기여한다는 데 있다.

---

1) ICC−ASP/16/Res.5(2017. 12. 14).

2) 캄팔라에서 개정된 침략범죄 관련 조문에 대한 자세한 분석은 최태현, "ICC규정 침략범죄관련 조항의 채택과 함의", 서울국제법연구 제17권 제2호(2010), pp. 120−143 참조.

3) Claus Kreß and Leonie von Holtzendorff, "The Kampala Compromise on the Crime of Aggression", 8 Journal of International Criminal Justice 1179 (2010), p. 1213.

4) 이 회의 이전에 이미 각 당사국의 입장을 요약해 놓은 자료로는 the Report on the facilitation on the activation of the jurisdiction of the International Criminal Court over the crime of aggression, ICC−ASP/16/24 (2017. 11. 27).

5) ICC−ASP/16/L.9 (2017.12. 13).

6) 이와 반대되는 견해로는 영국대표단의 법률자문가인 Dapo Akande 교수를 들 수 있다. Dapo Akande, "The International Criminal Court Gets Jurisdiction over the Crime of Aggression", https://www.ejiltalk.org/the−international−criminal−court−gets−jurisdiction−over−the−crime−of−aggression/ (2018. 2. 22 방문).

이스라엘 주재 미국 대사관 예루살렘 이전, 무엇이 문제인가?

이성덕(중앙대학교 법학전문대학원 교수)

1. 논의의 배경

2017년 12월 6일 미국 트럼프 대통령은 이스라엘의 수도가 예루살렘이라고 하면서 조만간 이스라엘 주재 미국 대사관을 텔아비브에서 예루살렘으로 이전하겠다고 선언하였다. 이러한 미국의 일방적 선언은 중동 국가들을 위시한 전 세계 많은 국가들의 반발을 야기하였고, 급기야 유엔은 2017년 12월 20일 예루살렘의 법적 지위를 변경하고자 하는 어떠한 시도도 용인할 수 없다는 취지의 총회 결의를 회원국 대부분의 동의를 얻어 채택하였다.[1]

미국은 이러한 반발에도 불구하고 이스라엘 건국 70주년이 되는 2018년 5월 14일, 예고한대로 이스라엘 주재 미국 대사관을 예루살렘으로 이전하였다.[2] 이러한 미국의 시도는 중동 분쟁의 뇌관을 건드리는 것이 되어 팔레스타인의 민중 항쟁, 하마스의 무장 투쟁을 야기할 것이라는 전망이 있었는데, 그것이 현실로 나타나는 듯하다.[3] 이와 같은 상황에서 예루살렘이 갖는 국제법적 지위와 미국이 예루살렘을 이스라엘 수도로 인정하고, 대사관을 예루살렘으로 이전하는 행위가 국제법상 어떠한 의미를 갖는지를 간략히 살펴보고자 한다.

2. 예루살렘의 국제법적 지위와 관련한 역사적 배경

예루살렘은 이스라엘 지역에서 가장 큰 도시로, 기독교, 이슬람교, 유대교 세 종교 모두에게 큰 의미를 갖는 장소이다. 기독교에서 예루살렘은 예수가 활동하다가 죽고 부활한 곳이며, 이슬람교 입장에서는 이슬람의 성지인 Al‒Aqsa 모스크 등이 있는 곳이며, 유대교 입장에서는 두 개의 유대교 사원이 소재하는 신성한 곳이라고 한다.

1517년부터 400년 동안 팔레스타인 전역을 포함한 예루살렘은 오토만제국의 통치를 받아오다가, 18‒19세기에 걸쳐서는 예루살렘의 성지는 종교적 이유로 많은 분쟁의 근원이 되기도 하였다. 하지만, 1917년 Balfour 선언이나 국제연맹 이사회가 작성한 팔레스타인에 대한 영국의 위임통치령도 예루살렘의 지위에 대하여 구체적으로 언급하고 있지 않다.

1947년 영국이 유엔 총회에 팔레스타인 문제를 검토할 것을 요청하자, 총회는 같은 해 11월 29일 팔레스타인의 장래 정부에 관한 결의 181(II)호를 채택하였다.[4] 동 결의 제3부는 예루살렘을 특별국제제도special international regime하에 두는 분리지역corpus separatum으로 설치하여 유엔 신탁통치이사회와 그에 의하여 임명되는 통치자governor가 통치할 것을 권고하고 있다. 유대인들은 동 결의에 동의를 하였지만, 아랍인들은 이에 대하여 격렬하게 거부하면서 유대인 마을을 공격하기도 하였다.

1948년 5월 14일 팔레스타인 지역 유대인 공동체는 이스라엘 국가 수립을 선언하였다. 동 선언에는 예루살렘에 대한 언급은 없고, 이스라엘은 모든 종교의 성지를 보호할 것이라고만 하고 있다. 이스라엘 독립 선언 후, 아랍 5개국과 이스라엘 간의 무력 충돌이 발발하여, 요르단 군이 예루살렘의 동부지역을 장악하고, 서부지역은 이스라엘이 관할하게 되었다. 1948년 11월 예루살렘 전역에 걸쳐 강화가 이루어졌고, 1949년 4월 3일 요르단과 이스라엘 간의 휴전협정이 체결되었다.

1949년 말 이스라엘 총리 벤-구리온은 이스라엘 의회에서 예루살렘은 이스라엘의 불가분의 일부이며 영원한 수도Eternal Capital라고 선언하였고, 의회도 이러한 입장을 승인하였다. 이러한 과정 중에 1948년 요르단에 의하여 점령된 지역을 대표하는 고위관료들이 예리고에 모여, 그들은 요르단의 일부가 되기를 희망한다고 하자, 요르단 국왕과 의회는 동예루살렘East Jerusalem을 포함한 West Bank 지역을 요르단에 병합한다고 선언하였다. 1948년에서 1952년까지 유엔에서 예루살렘의 장래에 대하여 여러 차례 논의가 있었으나, 1967년 6일 전쟁이 발발할 때까지 중요한 변화는 없었다.

이스라엘과 이집트, 시리아 및 요르단 간의 6일 전쟁이 발발하자, 이스라엘은 미국과 유엔을 통하여 요르단이 이스라엘을 공격하지 않으면 이스라엘도 요르단을 공격하지 않겠다는 약속을 전달하였음에도 불구하고, 요르단은 서예루살렘West Jerusalem을 공격하였다. 요르단의 공격이 있은 후 며칠 뒤 이스라엘은 요르단 군이 차지한 지역을 회복함과 동시에 동예루살렘과 West Bank에서도 요르단 군대를 축출하였다. 6일 전쟁의 결과, 이스라엘은 동예루살렘을 자신의 관할 하에 두고, 이스라엘 법령을 적용하였다. 이에 대하여 다양한 유엔 기관들은 맹렬히 비난하였다.

그러나 1967년 11월 22일 유엔 안보리 결의 242호도, 1973년 10월 22일 안보리 결의 338호도 예루살렘에 대하여 특별히 언급하지 않았으며, Camp David 합의에도 예루살렘 처리와 관련한 내용이 나타나지 않았다. Camp David 회의에 참가한 이스라엘 총리 베긴은 1967년 이래 이스라엘 법에 따라 예루살렘은 하나의 도시로 불가분이며, 이스라엘 수도라고 선언하기도 하였다. 반면에 이집트 대통령 사다트는 아랍 측 예루살렘은 West Bank의 불가분의 구성 부분으로 아랍의 주권 하에 놓여야 한다고 주장하는 등 서로 상반된 입장을 보였다.

1980년 이스라엘 의회는 예루살렘이 이스라엘 수도라는 법을 제정하여, 예루살렘이 이스라엘 대통령, 의회, 정부, 대법원의 소재지라고 규정하였다. 이 법의 제정은 국제사회의 비난을 야기하였고, 이에 안보리는 1980년 결의 478호를 채택하여 이스라엘의 행위는 국제법을 위반하는 것이라고 비난하면서, 예루살렘에 외교공관을 가지고 있는 회원국들에게 그곳으로부터 외교공관을 철수할 것을 요구하였다. 이 결의로 13개의 외교공관이 예루살렘을 떠났다고 한다.

1980년 유럽공동체는 예루살렘과 관련한 베니스선언을 채택하여 예루살렘의 법적 지위를 일방적으로 변경하는 것은 용인할 수 없고, 누구든지 성지의 자유로운 접근권이 보장되는 방법으로 예루살렘의 지위가 확보되어야 한다고 주장하였다. 1980년대 초 요르단이 예루살렘 구도시^{Old City}와 장벽을 UNESCO 세계문화유산에 등재 요청을 하자, 요르단이 구도시를 더 이상 통제하지 못하고 있음에도 불구하고 그러한 요청을 받아들이기도 하였다.

2002년에는 이스라엘이 테러리스트의 침투를 막는다는 명분으로 이스라엘과 West Bank에 장벽을 설치하기로 결정하고, 2003년에는 예루살렘 주변에 벽을 설치하기로 결정하였다. 이에 대하여 국제사법재판소^{International Court of Justice}는 이스라엘 장벽 권고적 의견에서 1949년 휴전선을 넘어 설치되는 장벽은 위법한 것이라고 판단하였다.

3. 예루살렘의 법적 지위와 관련한 국제법적 견해

예루살렘의 국제법적 지위에 대하여서는 다양한 견해가 대립하고 있다. 이러한 견해의 대립은 서예루살렘과 동예루살렘에 대하여 달리 나타난다. 우선 서예루살렘의 지위에 대한 입장은 다음과 같다. ① 1948년 이스라엘이 국가로 수립됨에 따라 주권 공백 상태에 있던 이곳에 대하여 적법하게 주권을 확보하였다는 입장; ② 예루살렘 전역에 대한 주권 문제는 포괄적인 합의에 이를 때까지 확정되지 않은 상태라는 입장; ③ 위임통치기 이래 팔레스타인 아랍 인민들이 예루살렘을 포함한 팔레스타인 전역에서 주권을 가지고 있다고 보는 입장; ④ 예루살렘의 법적 지위는 1947년 유엔 총회 결의에 따라 정해져야 한다는 입장으로 이에 따르면 예루살렘은 특별국제제도 하의 분리지역*corpus separatum*이라는 입장이 그것이다.

요르단의 통치하에 있던 1949년에서 1967년까지의 기간 동안 동예루살렘의 법적 지위에 관한 입장도 네 가지로 구분된다. ① 그 기간 동안 동예루살렘은 주권 공백 상태라고 보는 입장, 즉 영국이 그곳의 주권을 포기하였으나 요르단이 불법적인 침략으로 점령하였기 때문에 그러한 주권 공백을 요르단이 채울 수 없다고 보는 입장; ② 서예루살렘의 경우처럼 팔레스타인 아랍 인민들이 예루살렘을 포함한 팔레스타인 전역에서 주권을 가지고 있다고 보는 입장; ③ 동예루살렘 주민의 자결권 행사에 근거하여 동예루살렘에 대하여는 요르단이 주권을 갖는다고 보는 입장; ④ 예루살렘의 법적 지위는 1947년 유엔 총회 결의에 따라 정해져야 한다는 입장으로 이에 따르면 예루살렘은 특별국제제도 하의 분리지역이라는 입장이 그것이다.

또한 1967년 6일 전쟁이라는 사태가 이러한 예루살렘의 국제법적 지위에 어떠한 영향을 미치는가도 문제된다. 이와 관련하여서는 ① 6일 전쟁은 이스라엘의 적법한 자위권 행사로, 이를 통하여 동예루살렘의 주권 공백 상태가 해소되었다고 보는 주장; ② 1949년 요르단이 위법한 방법으로 동예루살렘을 점령한 것을 적법한 주권 상태로 회복시킨 것이라는 주장; ③ 6일 전쟁은 아랍 인민이 예루살렘에 대하여 주권을 가지고 있다는 주장에 전혀 영향을 주지 못한다는 주장; ④ 자결권 행사의 결과 요르단이 동예루살렘의 주권을 확보하였음에도 불구하고 이스라엘이 침략하여 불법적으로 점령한 것이라고 보는 주장; ⑤ 요르단이 1949년 이래 점령하고 있던 지역을 이스라엘이 적법한 자위권 행사를 통하여 적법하게 점령하였다는 주장; ⑥ 유엔 총회 결의 내용에 따라 예루살렘이 분리지역이라는 성격은 6일 전쟁으로 변하지 않는다는 주장 등이 있다.

앞에서 본 바처럼 이스라엘은 동예루살렘을 포함한 예루살렘 전역이 이스라엘 영역이라고 주장하고 있다. 반면에, 1988년 PLO는 팔레스타인국State of Palestine 수립을 선언하면서 예루살렘이 수도임을 천명하였고, 2002년에는 팔레스타인 입법평의회Palestinian Legislative Council 가 수도법Law on the Capital을 제정하여 예루살렘이 팔레스타인국의 수도라고 규정하는 등 서로 완전히 상반된 입장을 취하고 있다.

한편 유엔을 포함한 국제사회는 동예루살렘에 대하여 요르단의 주권도 이스라엘의 주권도 인정하지 않는 입장으로 보인다. 1967년 이래 안보리는 동예루살렘을 점령지역Occupied Territory이라고 반복적으로 말하고 있으며, 국제사법재판소도 2004년 권고적 의견에서 점령된 팔레스타인 지역Occupied Palestinian territory이라고 언급하고 있다. 이러한 관점에서 2017년 UN총회 결의는 동예루살렘을 포함한 점령된 팔레스타인 영역 등에서의 영토, 수자원, 에너지 자원 등을 포함하는 천연자원에 대한 팔레스타인 인민의 불가양의 권리를 재확인하면서, 1967년 이래로 이스라엘이 점령한 영역과 이스라엘의 고유한 영역 간의 구분을 명확히 할 것을 강조하고 있다.

4. 외교공관의 소재지와 국제법

외교공관의 소재지는 접수국의 수도여야 한다는 관습국제법은 존재하지 않는다.5) 외교관계에 관한 비엔나협약도 외교공관의 소재지가 구체적으로 어디여야 한다는 명문의 규정을 두고 있지 않다. 외교관계에 관한 비엔나협약 제12조6) 규정에 비추어보면 외교공관을 반드시 접수국의 수도에 설치하여야만 하는 것도 아니다. 하지만 이러한 관습국제법이나 외교관계에 관한 비엔나협약 규정에도 불구하고, 접수국의 수도에 외교공관을 설치하는 것이 일반적이다.

개별 국가의 국내법이 외교공관 설치 소재지에 관한 규정을 가지고 있는 경우는 있다. 예를 들어 스위스는 외교사절에 특권 면제를 부여하는 조건으로 외교공관이 연방 수도인 베른에 소재하여야 한다고 하고 있다. 또한 네덜란드는 암스테르담이 아닌 네덜란드 행정의 중심지인 헤이그에 외교공관을 설치할 것을 요구하고 있다.

접수국의 수도에 변경이 있는 경우, 새로운 수도에 외교공관을 설치하도록 하는 실행이 다수 보인다. 1972년 브라질이 수도를 리오 데 자네이로에서 브라질리아로 이전하였을 때, 브라질은 시한을 정하여 외교공관들을 새로운 수도로 이전하도록 하였다. 1975년 북베트남과 남베트남이 통일되자, 영국은 베트남을 단일 국가로 승인하고, 베트남의 수도 하노이에 대사관을 설치하고, 호치민시로 이름이 바뀐 과거 사이공에 있던 대사관은 영사관으로 변경하였다. 1990년 이라크가 쿠웨이트 병합을 주장하면서 당시 이라크 대통령 사담 후세인이 각국에 쿠웨이트에 소재하고 있는 외교공관의 폐쇄를 명한 데 대하여, 그에 따라 외교공관을 폐쇄하는 것은 쿠웨이트가 더 이상 독립주권국가가 아니라고 묵인하는 것을 의미하는 것이므로 각국은 그에 따를 수 없다고 주장하기도 하였다. 반면에 1927년에서 1937년 사이 중국의 수도가 남경으로 이전하였음에도 불구하고 북경에 각국의 외교공관을 유지하는 것이 허락되었다. 독일 통일 후 독일의 수도가 본에서 베를린으로 변경된 때에 외교공관들이 스스로 이전 여부를 결정하도록 한 바도 있다. 1991년 나이지리아가 수도를 라고스^{Lagos}에서 아부자^{Abuja}로 이전하였을 때, 외교공관도 그에 따라 이전할 것을 요구하지 않았다. 교황청의 경우도 바티칸이 협소한 관계로 외교공관을 접수국 밖인 로마에 설치하도록 하고 있다. 또한 2005년 미얀마 정부가 행정수도를 양곤에서 네피도^{Nay Pyi Daw}로 이전하였으나, 도시 건설이 미비한 관계로 외교공관의 이전이 수반되지 않았다.

5. 평가

대부분의 국가들은 이스라엘 주재 외교공관을 텔아비브에 설치하고 있는데, 이는 예루살렘에 외교공관을 설치하면 이스라엘 정부의 소재지, 즉 수도가 그곳이고 동예루살렘에 대한 통치권을 이스라엘 정부가 가지고 있음을 묵시적으로 인정하는 효과를 발생시킬 우려가 있기 때문이다. 그러면, 미국이 이스라엘 수도를 예루살렘으로 인정하고, 그곳에 미국의 외교공관을 설치하는 것이 예루살렘의 국제법적 지위에 변경을 가져오는가?

미국의 경우, 1995년 의회가 예루살렘외교공관법^{Jerusalem Embassy Act}을 제정하여 미국 행정부로 하여금 이스라엘 주재 외교공관을 예루살렘으로 이전하도록 압박하였다. 동법은 예루살렘은 모든 인종적, 종교적 집단이 보호를 받는 분할되지 않은 도시로 존속함과 아울러, 이스라엘 수도로 인정받아야 한다고 규정하면서, 미국의 외교공관을 1999년 5월 31일까지 예루살렘으로 이전하도록 요구하고 있다. 다만, 국가안보이익 보호를 위한 예외 규정에 근거하여 매 6개월 마다 이러한 공관 이전 의무를 정지할 수 있었다.[7]

관습국제법이나 외교관계에 관한 비엔나협약상 파견국은 접수국의 수도 혹은 정부의 소재지에 외교공관을 설치할 의무를 부담하지 않기 때문에 외교공관이 예루살렘에 있다고 하여, 그것이 예루살렘이 이스라엘 수도임을 직접적으로 인정하는 것은 아닐 수 있다. 하지만 접수국의 수도에 외교공관을 설치하는 국제적 관례에 비추어 보면 미국이 외교공관을 예루살렘에 설치하는 것은, 예루살렘이 이스라엘 수도라는 점과 아울러 1967년 이후 동예루살렘을 점령하여 통치하는 행위의 적법성을 인정하는 정치적 효과를 유발할 우려가 있음은 분명하다. 이러한 미국의 의도는 1995년 제정된 예루살렘외교공관법의 내용과도 일치한다. 하지만, 이러한 미국 태도의 적법성은 예루살렘의 국제법적 지위를 어떻게 보는가에 따라 다른 평가를 받을 것이다. 미국의 행위는 최소한 유엔이 예루살렘에 대하여 가지고 있는 국제법적 입장과 일치하지 않는 것임은 분명하다.

6. 보론: ICJ에 팔레스타인의 미국 제소

2018년 9월 28일 팔레스타인국은 예루살렘으로의 미국 외교공관 이전은 외교관계에 관한 비엔나협약 위반이라는 이유로 미국을 국제사법재판소에 제소하였다.[8] 미국이 외교관계에 관한 비엔나협약을 위반하였다는 팔레스타인국 주장의 근거는 특정한 국가에 파견된 외교공관은 그 특정국가, 즉 접수국의 영역 내에 설치되어야 하는데, 미국은 이스라엘에 파견한 외교공관을 접수국인 이스라엘의 영역이 아닌 예루살렘에 설치하는 위법을 저질렀다는 것이다.

---

1) A/RES/72/240. 우리나라를 포함한 128개국 찬성, 35개국 기권, 미국과 이스라엘을 포함한 9개국 반대로 채택됨. (한겨레, 2017년 12월 22일자 기사 참조.)
2) 미국이 대사관을 예루살렘으로 이전하자 5월 16일 과테말라가 대사관을 예루살렘으로 이전하였으며, 파라과이, 체코, 루마니아 등의 국가도 조만간 자국 대사관을 예루살렘으로 이전할 것이라고 한다. (연합뉴스, 2018년 5월 16일자 보도 참조.) 파라과이는 국제법을 존중하고자 하는 자국의 헌법 정신에 따라 외교공관을 예루살렘으로 이전하려던 입장을 철회하고, 외교공관을 2018년 9월 5일 다시 텔아비브로 옮겼다고 한다. (Application Instituting Proceedings in the International Court of Justice, State of Palestine v. United States of America, 28 September 2018,

para.18.)

3) 연합뉴스, 2018년 5월 15일자 보도 참조.

4) A/RES/181(II) A-B.

5) E. Denza, *Diplomatic Law: Commentary on the Vienna Convention on Diplomatic Relations*, 4th ed., OUP, 2016, p. 84.

6) 외교관계에 관한 비엔나협약 제12조는 "파견국은 접수국의 명시적인 사전 동의가 없이는 공관이 설립된 이외의 다른 장소에 공관의 일부를 구성하는 사무소를 설치할 수 없다."고 규정하고 있다.

7) 이와 유사하게, 2004년 Consolidated Appropriations Act, Section 404는 예루살렘 소재 미국 영사에게 예루살렘에서 출생한 미국 아이를 부모가 희망하면 "예루살렘, 이스라엘"에서 출생한 것으로 등록하도록 명하였지만, 지금까지 미국 영사는 이 명에 따르지 않고 "예루살렘"에서 출생이라고 등록하고 있다고 한다.

8) International Court of Justice Press Release No. 2018/47, 28 September 2018.

미중(美中) 무역분쟁, 왜 장기전이 될 수밖에 없는가?
- 국제법의 시각에서 바라본 G2 무역갈등

이재민(서울대학교 법학전문대학원 교수)

1. 미중 무역분쟁의 격화와 국제법적 함의

국제교역체제가 뿌리부터 흔들리고 있다. WTO 협정을 근간으로 하는 다자주의 체제는 그 규범적 권위와 실무적 동력이 날로 소진되어 가고 있다. 1947년 GATT 체제가 출범한 이래 처음으로 겪는 '본질적' 위기다. 처음에는 단순히 2008년 금융위기의 여진으로 보호무역주의 파고가 확산되는 것으로만 이해하는 분위기였다. 이에 더하여 각국에서 보수·우익 정치세력과 민족주의 경향이 득세함에 따라 발생하는 일시적 파장의 하나로 파악하였다. 이에 시간이 지나면 결국 다시 원위치로 돌아갈 것으로 기대하였다. 그러나 작금의 상황은 이러한 평가가 지나치게 낙관적이었으며, 국제 교역체제에 대한 구조적인 변화가 진행되고 있음을 강하게 시사하고 있다.

이러한 위기의 핵심에 미국과 중국간 무역분쟁이 자리잡고 있다. 2018년 연초부터 격화된 양국간 분쟁은 2018년 연말이 가까워 오는 현 시점에도 해결의 실마리가 보이지 않는다. 지난 3월 22일 미국의 대중對中 통상법 제301조 조사결과 발표 이후 7월 6일, 8월 23일, 9월

24일 세 번에 걸쳐 총 2,390억불에 이르는 중국 수입물품에 10~ 25%의 추가관세가 부과되었다. 중국 역시 미국에 맞서 동일한 수준의 관세를 부과하였다. 2017년 중국의 대미 수출총액이 5,056억불이니 2,390억불은 그 절반에 해당한다. 미국은 중국의 반응에 따라 앞으로 나머지 중국 상품[2,666억불 상당]에 대하여도 관세부과 예정임을 공언하고 있다. 양국은 이제 사활을 건 일전을 벌일 태세다. 미국은 차제에 확실하게 중국의 부상을 견제하겠다는 의지가 명확하다. 2006년부터 시작된 중국에 대한 통상압박이 별 효과가 없자 이제 모든 카드를 꺼내고 있다. G2국가를 자처하는 중국 입장에서도 양보하기 어려운 상황이다.

현재 진행 중인 미중 무역분쟁의 촉발은 물론 2017년 1월 미 트럼프 행정부의 출범에서 비롯되었다. 그러나 그 원인을 반드시 트럼프 대통령으로 돌리기는 힘들다. 2001년 11월 중국의 WTO 가입 이래 계속 쌓여온 미국의 불만과 우려가 한계점에 이른 것으로 보는 것이 보다 정확하다. 1995년 이후 서서히 축적되어 온 WTO 체제에 대한 미국의 불신도 여기에 일조하였다. 따라서 현재 미중 무역분쟁의 저변에는 중국의 경제운용과 교역방식에 대한 미국의 불만과 이를 제어하지 못하는 다자주의 체제에 대한 불신이 깔려 있다. 남중국해 분쟁, 대만문제, 북핵문제 등 여러 영역에서의 양국간 패권경쟁은 교역분야에서도 양국의 대립을 더욱 첨예하게 이끌어 가고 있다. 이러한 상황을 감안하면 설사 트럼프 대통령이 2년 후 재선에 실패하고 민주당 행정부가 들어선다고 해도 최소한 무역분야에서 현 상황이 본질적으로 바뀔 것으로 보기는 어렵다.

이에 따라 최근 미중 무역분쟁에 대한 다양한 검토가 이어지고 있다. 특히 미중 무역분쟁에 대한 경제적 분석이 두드러진다. 미국과 중국의 대결로 세계 경제와 교역이 얼마나 피해를 보는지에 대한 연구이다. 국내에서도 양국 분쟁에 따라 우리가 얼마나 피해를 보는지에 대한 검토가 이어지고 있다. 두말할 나위 없이 우리나라의 가장 큰 교역 상대국인 두 나라의 정면충돌로 인한 피해는 상당할 수밖에 없다. 또한 미중 갈등과 대결로 인한 지정학적 파급효과도 분주하게 검토된다. 가령 미중간 균열로 북핵 문제에 대한 국제사회의 대응전선이 더욱 복잡해진다는 분석 등이 그러하다. 그런데 그간 미중 무역분쟁이 제시하는 국제법적 측면에서의 함의에 대한 평가는 드물었다. 아마 서로 통상협정을 위반하며 조치를 발동하는 상황에서 국제법을 언급하는 것이 어색하였던 측면과도 연관되어 있을 것이다. 그러나 작금의 미중 충돌은 국제법적 측면에서도 중요한 함의와 교훈을 제시한다.

이러한 시각에서 미중 무역분쟁을 조망하면 몇 가지 중요한 포인트를 찾을 수 있다. 특히 눈에 띄는 것은 (1) 조약의 해석문제, (2) 정부기관 행위로의 귀속문제, 그리고 (3) 분쟁해결절차의 운용 문제가 그러하다. 미중 분쟁은 이러한 국제법의 주요 현안이 직접적으로 반영된 결과이다.

2. 조약의 해석 − 급격한 기술발전과 시대의 변화

먼저 조약해석 측면에서 이 문제를 살펴보자. 양국 무역분쟁이 본격적으로 대두한 것은 2006년 전후이다. 그 이면에는 WTO 협정문의 애매모호함이 자리잡고 있다. WTO 협정은 다른 협정에 비해 상세한 조항들이 도입되어 있음에도 불구하고 실제 분쟁에서 원용되는 조항들에는 불명확한 부분이 적지 않다. 이는 크게 두 가지 이유에서 비롯한다.

먼저 협정문 자체가 협상 당시 완벽하게 정리되지 않은 부분을 상당수 포함하고 있다는 점이다. WTO 협정을 출범시킨 우루과이라운드 협상은 1986년부터 8년간 진행되었으나 모든 이슈에 대한 완벽한 합의를 도출하는 데에는 물리적인 한계가 있었다. 이러한 부분은 의도적이든 아니든 '공백'으로 남겨지게 되었다. 아직까지도 갈등의 불씨가 사라지지 않은 반덤핑 조사에서의 '제로잉^{zeroing}' 문제가 대표적이다. 마찬가지로 반덤핑협정, 보조금협정, 세이프가드협정이 규정하고 있는 조사당국의 권한의 범위도 불명확하다. 한편으로 적법절차의 준수가 강조되는 반면 때로는 조사의 효율성이 부각되기도 한다. 이러한 공백을 가장 극적으로 보여주는 것이 바로 반덤핑협정과 보조금협정은 국가들간 이견으로 '전문^{preamble}'을 채택하는 데에도 실패하였다는 사실이다. 어떻게 보면 처음부터 동상이몽이었다.

최근 우리의 주목을 끌고 있는 '국가안보'를 이유로 한 새로운 수입제한 조치도 마찬가지다. 미국발 수입제한 조치가 철강에서 자동차로 확산되었고, 머지않아 반도체와 가전제품으로 이어질 가능성이 높다. 이들은 GATT 제XXI조$^{국가안보를 이유로 한 예외}$를 근거로 하고 있다. 그러나 이 중요한 조항의 의미와 범위가 불명확하다.

또 다른 이유는 급격한 기술과 시장의 변화를 협정문이 쫓아가지 못하는 현상이다. 80년대 후반 상황을 반영한 현재의 WTO 협정문은 이제 현실과 너무 동떨어져 있다. WTO 협정 전체에 산재해 있는 소위 '시장연동' 조항은 이로 인한 문제점을 잘 보여준다. 이들 조항들은 그 위반 여부를 실제 시장에서의 상황 내지 시장에 대한 파급효과와 연계하고 있다. GATT 협정과 GATS 협정의 '비차별 대우' 원칙이 그 한 사례다. 무역구제조치 역시 시장의 확인과 시장에서의 평가를 중심으로 운용된다. 문제는 WTO 협정의 핵심을 이루는 이러한 "시장^{market}" 자체가 이제는 복잡하고 다층적이라는 점이다. 새로운 디지털 경제나 4차 산업혁명은 우루과이 라운드 협상 당시에는 생각도 못해 본 시장환경이다. 새로운 상품·서비스가 등장하고 처음 보는 거래방식이 나타나며, 또한 이들은 나날이 변화하고 있다. 이러한 새로운 "시장"에 대한 정확한 평가는 그만큼 어렵게 되었다. 30년 전의 시장을 염두에 두고 도입된 현재의 조항들은 이제 여러 영역에서 현실과 괴리를 보인다.

교역부문에서 미중간 끊이지 않는 갈등에는 WTO 협정 해석과 관련한 이러한 구조적 문제가 자리잡고 있다. 2001년 이후 양국간 진행된 38건 분쟁의 상당 부분은 이러한 측면을 내포하고 있다. 특히 미국이 중국을 제소한 23건은 중국의 경제운용체제 및 사회제도와 밀접한 관련을 갖고 있다. 이들 쟁점을 포괄적이고 체계적으로 다루기에는 지금의 협정문이 불명확하다.

물론 이러한 애매모호함은 상호간 협조정신과 신뢰가 있을 때에는 큰 문제가 아닐 수 있다. 상대방 입장의 합리적인 수용으로 원만한 해결로 이어질 수 있다. 그러나 서로 첨예한 갈등의 길로 접어선 상황에서는 이러한 애매모호함은 자기확신과 상대방에 대한 불신을 조장하는 기제가 되었다. 더구나 WTO 도하라운드 협상이 사실상 실패로 귀결되며 협정문의 개선과 현실화를 이루지 못하였다. 이러한 상황은 미국과 중국 모두를 실망시켰고, 결국 여러 영역에서 양국간 분쟁으로 이어지게 되었다.

3. 정부영역 · 민간영역의 구분 – 협정상 의무의 우회

미중 갈등을 촉발한 두 번째 이슈는 바로 정부와 비정부기관간의 관계이다. 특정 행위의 정부로의 "귀속attribution" 문제는 국제법의 중요한 현안 중 하나이다. 특히 이 문제는 그간 통상협정의 주요 쟁점으로도 자리매김하고 있다. 이를 어떻게 평가하는지에 따라 통상협정의 적용범위에 큰 차이가 발생하기 때문이다. 특히 예나 지금이나 민간기업 · 정부유관기업이 자국 정부와 협력 · 협조 하에 국제교역이나 국내시장 보호에 나서는 경우가 심심찮게 확인된다. 이 경우 어디까지가 정부의 행위로 통상협정의 적용대상이며, 어디서부터가 그

영역 이원에 위치하는지 때로는 애매하다. 정도의 차이는 있지만 대부분의 국가에서 나타나는 현상이다. 우리나라도 예외는 아니다. 예컨대 우리나라와 관련하여서도 우리 공기업, 국책연구기관, 국립대학 등이 통상협정의 적용 대상 여부인지에 대하여 교역상대국으로부터 지속적인 문제 제기가 있다.

이러한 문제가 가장 극명하게 나타나는 국가가 바로 중국이다. 중국은 정부와 민간기업, 정부와 국영기업^{State-Owned Enterprises}, 국영기업과 민간기업의 다양한 협업체제로 움직이는 국가로 미국 눈에 비치고 있다. 미국이 중국에 대하여 특히 목소리를 높이고 있는 국영기업, 지식재산권, 환율, 그리고 국가안보 문제 역시 그 저변에는 바로 이러한 판단이 깔려 있다. 정부와 민간이 역할 분담을 하여 하나의 유기체로 교역에 나선다는 것이다. 특히 중국 GDP의 대략 50% 이상을 차지하는 국영기업의 활동과 성격에 대한 미국의 우려와 불만이 두드러진다. 이들 국영기업을 중국 정부의 일부로 보는 미국의 입장과 민간기업에 가까운 것으로 보는 중국의 입장 대립이 첨예하다. 그 결과 동일한 협정문을 놓고도 양국이 생각하는 통상협정의 적용대상과 적용기관이 상당한 차이를 보인다. 결국 서로 협정위반을 주장하고 있다.

이 문제가 해결되지 않고는 미중 무역분쟁의 해결은 요원하다. 협정의 적용범위와 대상이 가변적인 상황에서 서로 만족할 만한 타협이란 쉽지 않기 때문이다. 설사 어떠한 '조치'에 대하여 서로 합의한다 하여도 결국 그러한 조치의 적용대상이 분명하지 않은 상태라면 또 다시 협정위반과 협정우회 주장이 불거질 수밖에 없다. 현재 미중간 근본적인 입장차이는 이러한 가능성을 강하게 시사한다.

'국영기업' 문제의 파급력을 인지한 미국에게 이제 이 문제는 새로운 통상질서를 도입하는데 있어 가장 중요한 현안이 되었다. 중국을 겨냥하여 국영기업 문제만을 다루는 별도의 국제규범이 필요하다는 것이다. 정부와 국영기업, 그리고 국영기업과 민간기업간 칸막이를 세워 상호 지원과 협업을 막자는 것이 이러한 새로운 규범의 골자이다. 앞으로 미국은 자신이 주도하는 여러 통상협정의 주요 항목으로 '국영기업' 챕터를 상세히 도입할 예정임을 거듭 확인하고 있다. 아마 자신의 경제운용체제의 핵심을 흔드는 이러한 규범을 중국이 수용하기는 어려울 것이다.

4. 애매한 분쟁해결절차 - 분쟁 해결과 미해결의 사이

미중 무역분쟁이 격화된 세 번째 이유는 WTO 분쟁해결절차에서 찾을 수 있다. 여러 비판에도 불구하고 분쟁해결절차는 현 WTO 체제의 가장 중요한 성과 중 하나이다. 1995년 1월 WTO 출범 이후 2018년 11월 20일 현재 모두 571건의 분쟁이 WTO 분쟁해결절차에 회부되었다. 그러나 한편으로 그 '외형적' 성공의 이면에는 여러 내재적 문제가 자리잡고 있다. 분쟁이 늘어남에도 신속한 판정과 효과적인 구제수단을 제공하지 못하고 있다는 평가가 대표적이다. 동일한 협정문이지만 결국 선진국과 광대한 국내시장을 가진 국가들에게 유리하게 작동될 수밖에 없는 현실에 대한 개도국들의 불만도 날로 커지고 있다. 지금 미국이 언급하는 WTO 분쟁해결절차 '무용론'에 동의하는 국가는 거의 없을 것이다. 그러나 어떠한 방식으로든 대폭적인 개선이 필요하다는 데에는 대부분의 국가가 공감하고 있다. 이러한 분위기를 반영하여 최근 EU와 캐나다는 WTO 개혁을 주요 화두로 제시하며 그 핵심에 분쟁해결절차 개선을 포함하고 있기도 하다.

분쟁해결절차와 관련한 이러한 상황은 최근 미국과 중국의 갈등을 부추기는 데 적지 않은 기여를 하였다. 서로 상대방이 도입한 문제의 조치를 분쟁해결절차에 회부하였으나 그 종결에 시간이 오래

걸리고, 실제 분쟁이 '공식적'으로 해결되어도 근본적인 문제는 해결되지 않는 상황에 실망한 것이다. 이제 최소한 양국간에는 분쟁해결절차 회부를 크게 두려워하지 않을 뿐 아니라, 그 결과에 대하여도 과거와 같은 신뢰를 보여주지 않는 상황으로 이어지고 있는 모습이다. 이러한 미중 갈등은 분쟁해결절차 판정관 선임과 제도의 운용에도 중대한 영향을 끼쳤다.

미중 갈등을 전후한 WTO 분쟁해결절차 운용의 경험은 앞으로 여타 국제체제에서 분쟁해결절차를 도입, 운용, 개선하는 데에도 중요한 시사점을 제시한다. 가령 최근 투자분쟁해결절차 개선 논의에서 WTO 분쟁해결절차를 차용한 제도를 도입하는 방안이 심도있게 논의되고 있다. 국제법원의 항소제도를 논의할 때 항상 그 준거점은 WTO 항소기구Appellate Body이다. 그 외형적 성과에만 매몰되지 않고 WTO 분쟁해결절차의 공과功過와 장단점이 함께 고려되어야 할 것이다.

5. 나가며

미중 무역분쟁이 격화되고 있다. 앞으로도 당분간 이 갈등이 쉽사리 해결될 기미는 보이지 않는다. 간헐적으로 타협의 시도가 없지 않으나 설사 타협에 합의한다 하여도 아마 곧바로 재연될 가능성이 높다. 그 기저에 상대방에 대한 불신과 구조적인 문제가 자리잡고 있기 때문이다. 특히 미중 무역분쟁의 기저에 자리잡은 위 세 가지 이슈는 타협에 이르기도 쉽지 않고 타협에 이르러도 이행이 어렵다.

동시에 이들 세 이슈는 국제법 연구에도 중요한 함의를 가진다. 급속한 기술발전과 지정학적 역학관계의 변화로 현실과 조약문간의 괴리는 점점 커져가고 있다. 민관民官 구분이 점차 애매해지고 때로는 민관협력이 강조되는 상황에서 양자를 어떻게 구분하고 조약상 의무를 체약당사국에 부과할 것인지도 중요한 과제이다. 분쟁해결절차의 구성과 운용, 그리고 그 권한도 여러 측면에서 생각할 거리를 제시하고 있다. 미중 무역분쟁은 한편으로 이러한 중요한 국제법적 과제를 비추어주는 거울이기도 하다.

G2 국가간 분쟁을 단순히 교역상의 분쟁과 관세분쟁으로 보는 시각을 지양하고 그 구조적인 측면을 이해하여야 한다. 특히 국제법적 측면에서의 평가는 여러 국제법 영역의 연구와 다양한 국제기구의 제도개선에도 중요한 시사점과 교훈을 제시하여 줄 수 있을 것이다. 그리고 이러한 교훈과 시사점은 지금 우리나라가 교섭, 체결하는 여러 조약에 적절히 반영하여야 한다. 주요국과의 분쟁을 다루는 데에도 이러한 교훈과 시사점은 중요한 역할을 할 수 있을 것이다. 특히 이제 과거의 통상협정, 투자협정의 기본틀template이 더 이상 효과적으로 작동하기 힘든 상황에 이르렀고, 지금 국제사회는 새로운 틀을 모색하고 있다. 이들 교훈을 적절히 반영할 좋은 기회다.

Warmbier, et al. v. DPRK 판결
: 주권면제와 테러리즘 예외

백범석(경희대학교 국제대학 교수)

1. 논의의 배경

　　교환학생으로 홍콩에서 한 학기를 보낼 예정이었던 미국 버지니아대 3학년생 오토 웜비어^{당시 22세}는 겨울방학 기간 중 북한 여행을 계획하였다. 그는 5일간의 관광을 마치고 출국 직전 평양공항에서 숙소에 걸린 정치선전물을 훔쳐 훼손한 혐의로 2016년 1월 2일 체포되었고, 같은 해 3월 15년의 노동교화형을 선고받았다. 오토 웜비어는 억류 17개월만인 2017년 6월 14일 혼수상태로 미국으로 송환됐으며 엿새만인 6월 19일 사망하였다. 그의 유가족은 북한을 상대로 손해배상 청구 소송을 미국 워싱턴 DC 연방법원에 제기하였고, 소장은 국제우편 서비스인 DHL을 통해 북한 외무성으로 배달되었다. '김'이라는 인물이 우편물을 받았다는 기록을 남겼으나, 북한 정부는 이후 공식 법적 대응절차를 밟지 않았다. 이에 원고 측은 재판부에 궐석판결을 요청하였고,[1) 마침내 2018년 12월 24일 법원은 북한 정부가 유족들에게 5억 113만 달러^{약 5600억 원}을 배상할 책임이 있다고 판결하였다.[2) 유가족들이 청구한 위자료와 치료비 등은 그대로 인정되었고, 징벌적 손해배상금으로 총 4억 5천만 달러를 지급하라고 명령한 것이다.[3] 같은 날 트럼프 대통령은 트위터를 통해 제2차 북미정상회담이 곧 있을 수 있다는 내용을 밝혔지만 오토 웜비어 판결에 대해서는 언급하지 않았다. 이하에서는 해당 판결의 내용과 법적 쟁점을 짚어 보고 국제법적 후속 문제에 관해서도 검토하고자 한다.

2. 대상 판결의 요지와 내용

우선 미국 연방법원은 판결문에서 재판권을 행사할 수 있는지에 대한 관할권문제를 다루었는데 주로 북한이 외국주권면제법^{Foreign Sovereign} ^{Immunities Act: FSIA} 또는 관련 국제조약에 기반하여 과연 국가면제를 누릴 수 있는지를 검토하고 있다.

국제법의 근간인 주권평등의 원칙으로부터 파생한 주권면제론은 일반적으로 타국의 행위는 자국의 재판권 행사로부터 면제되며 국내법에 따른 책임을 추궁당하지 않는다는 것이다. 현재는 국가의 행위를 공적인 주권적 행위와 상업적 행위를 포함한 사적인 행위로 구분하는 제한적 주권면제이론을 많은 국가가 따르지만, 외교관계나 영사관계와는 달리 외국국가에 대한 주권면제에 관해서는 발효된 다자조약이나 확립된 국제관습법이 존재하지 않는다. 또한, 최근에는 심각한 인권침해나 강행규범 위반 등이 주권면제의 새로운 예외 사유가 될 수 있는지에 대한 논의가 많으나 역시 명확하지 않다. 결국, 이 문제는 주권면제와 관련한 국내법이 있는 경우에는 이에 관한 국내법의 해석을 통해서, 그러한 국내법이 없는 경우에는 개별 국가의 법원에 의한 국제법 이해와 해석에 기반하여 발전해 왔다. 주권면제의 대상 및 범위에 관한 결정은 재판 과정에서 발생하는 실무적인 문제^{강제집행 포함}들과 연계된 정무적 판단까지 고려할 수 있다는 측면에서 국제법과 국제관계 및 국제법과 국내법이 교차하는 영역이라고 할 수 있다.

같은 맥락에서 미국은 1976년 제정된 외국주권면제법을 통해 일반적으로 다른 국가의 행위를 미국법원의 재판관할권으로부터 면제해 왔다. 다만 외국국가에 대하여 재판권이 성립하는 주권면제의 예외사유를 제1605조부터 제1607조까지 규정하고 있는데, 주된 요소 중 하나가 바로 테러리즘 예외조항으로도 불리는 1996년에 추가된 제1605A조이다. 동 조항은 주권면제의 예외로 "외국국가 등에 의해 자행된 고문, 비사법적 살인, 항공기 납치, 인질납치 등의 행위"를 제시하고 있다.[4] 그런데 이러한 테러리즘 예외조항은 일견 국제법에 반한다고 생각될 수 있다.[5] 타국의 강행규범 위반행위에 대해서만큼은 자국 내 민사소송을 허용해야 한다는 이탈리아의 주장에 대해 2012년 국제사법재판소는 기본적으로 강행규범과 주권면제 양자는 다른 주제를 다루며 그 사이에 충돌이 없다고 판시한 바 있기 때문이다. 즉 주권면제는 절차적인 것으로서 일국의 국내법원이 타국과 관련하여 관할권을 행사할 수 있는지를 결정하는데 국한되며 제소된 행위가 적법인지 불법인지의 문제와는 무관하므로, 이탈리아 법원이 독일에게 국제관습법상 인정된 면제를 부인하는 것은 독일에 대한 이탈리아의 국제법 의무 위반이라고 판결을 내린 바 있다.[6] 미국 행정부도 의회를 향해 국제조약상 의무 위반 가능성을 지적한 바 있었고,[7] 실제로 외국주권면제법상 테러리즘 예외조항은 모든 국가에 적용된다고 규정하지 않고 미국 정부에 의해 테러지원국으로 지정된 일부 국가들에 국한하고 있다.

본 사건에서 원고 측은 외국주권면제법상의 테러리즘 예외조항을 원용하였고 연방법원은 아래의 4가지 요소를 검토하면서 이러한 주장을 인용하였다.

첫째, 북한은 외국주권면제법상 테러지원국에 해당하며,[8] 비록

2016년 1월 오토 웜비어가 구금되었을 당시부터 석방된 2017년 6월까지는 테러지원국으로 지정되어 있지 않았으나 이후 2017년 재지정된 주된 이유 중 하나가 오토 웜비어 사망 사건이었기 때문에 해당 조건을 충족한다고 판단하였다. 실제로 사망 이후 그의 부모들은 다양한 미 정부 관계자들을 만나 북한을 테러지원국으로 재지정해 달라고 요청하는 등의 노력을 기울였고, 트럼프 대통령은 북한에 대한 테러지원국 재지정 사실을 발표할 당시 오토 웜비어를 언급하였다. 둘째, 동 조항의 적용을 받으려면 피해자가 미국 국민이어야 하는데 이에 대해서 법원은 확인하고 있다. 셋째, 가해국에 손해배상 청구를 중재할 상당한 기회를 제공해야 하는데 원고 측은 소송을 제기한 날 동시에 국제법에 따른 중재재판을 요청하는 통지서^{Notice of Offer to Arbitrate}를 소장과 함께 평양에 보냈으며, 이를 받았다는 기록이 남아 있음에도 이후 아무런 대응이 없었음을 법원은 적시하였다. 마지막으로 넷째, 원고 측은 북한 정부에 의해 제1605A조에 규정된 고문, 인질납치, 비사법적 살인이 자행되었다고 주장하였는데 법원은 이를 인정하였다. 먼저 북한에 의해 피해자에게 가해진 행위들이 1991년 미국에서 제정된 고문 피해자보호법^{Torture Victim Protection Act} 및 유엔 고문방지협약상 정의된 고문에 해당하는지 여부를 판단함에 있어 법원은 북한 정부가 재판에 출석하지 않았고, 사건의 목격자 및 1차적 직접 증거가 부족하다는 점을 인지하였다. 따라서 본 사안 같은 경우 2차 물증과 다양한 전문가들의 의견이 "논의의 여지가 없는 사실에 기반한 주장"인지 여부를 규명하기 위해 대단히 중요한 요소로 작용한다고 밝히고 있다. 외국주권면제법상 테러리즘 예외조항을 인용한 일련의 다른 판례에서도 가해국으로부터의 직접 증거를 수집하거나 목격자 증언을 청취하기란 매우 어렵거나 거의 불가능하였기 때문에 법원은 유사한 입장을 취해 왔다. 아울러 피고 측에서 이의를 제기하지 않는 한 법원이 이를 적극적으로 고려해야 할 의무가 없으며 이는 북한 정부가 법정에 출석하지 않음으로 인해 감수해야 할 위험요소라고 보았다. 다만 재판부는 판결을 위한 증거 인정 및 채택을 신중하게 그리고 최대한 공정하게 진행하였음을 강조하였다. 인질납치의 경우, 법원은 역시 전문가 의견을 인용하면서 오토 웜비어의 구금은 미국에 대한 정치적 영향력을 행사하기 위해 이루어졌다고 보았다. 비사법적 살인에 대해서 재판부는 오토 웜비어의 죽음에 대한 정확한 사인을 밝힐 수 없음을 인정하면서도 북한의 비인도적 행위가 상당한 요인으로 작용하였음을 지적한다. 북한 정부는 사고원인을 식중독이라 해명해 왔음에도 불구하고 의료진들은 재판 과정에서 설사 오토 웜비어가 왜 혼수상태에 빠졌는지는 분명하진 않지만, 수감 중에 뇌손상을 당한 것이 분명히 사망에 영향을 미쳤다고 일관되게 진술한 것에 법원은 주목하였다.

3. 외국주권면제법상 예외조항을 근거로 한 對북한 소송

북한을 상대로 한 미국법원에서의 이러한 손해배상 청구 소송은 이전에도 지속적으로 있어 왔다. 1968년 북한에 납포된 미국 푸에블로호 승조원 및 희생자 가족 등 원고 4명이 11개월간 인질로 고문 및 구타를 받았다며 북한을 상대로 소송을 제기했고, 2008년 12월 미국 워싱턴 DC 연방법원은 총 6천 5백만 달러의 손해배상금 지급 판결을 선고하였다.[9]

1972년 이스라엘 텔아비브 공항에서 발생한 일본 적군파 테러공격[10]에 의해 희생된 2명의 미국인 희생자 가족들은 북한이 정찰총국을 통해 일본 적군파에게 자금과 정보를 제공하고 조직원들에게 테러 훈련을 지원하는 등 테러의 배후에 북한이 있다고 주장하며 북한을 상대로 피해배상 소송을 제기하였다. 2010년 7월 미국 푸에르토리코 연방법원은 미국인 희생자와 그 가족들에게 3억 7천 8백만

달러를 배상할 것^{징벌적 성격의 배상금은 3억 달러}을 판결했다.[11)]

2009년에는 이스라엘 북부의 사페드^{safed}시에 거주하는 미국 시민 권자 30명이 미국 워싱턴 DC 연방법원에 2006년 레바논 무장단체 헤즈볼라가 이 지역에 발사한 수천기의 로켓 공격으로 피해를 입었 다고 주장하며 손해배상 소송을 제기하였다. 청구인들은 특히 북한 이 헤즈볼라 전투원들을 훈련시키고 로켓핵심 부품을 제공해 자신 들의 피해를 직접적으로 야기했다고 주장하였으며, 법원은 전문가들 의 방대한 증언을 검토한 결과 이러한 일련의 로켓 공격을 감행한데 대해 북한도 배상책임이 있다고 보아 1억 6천 9백만 불을 배상할 것 을 판결하였다.[12)]

2000년 북한 정부에 의해 중국에서 납치된 후 결국 2001년 관리 소^{정치범 수용소}에서 고문받고 사망한 것으로 알려진 김동식 목사 사건 에 대해 김 목사의 동생과 아들은 2009년 4월 미국 워싱턴 DC 연방 법원에 소송을 제기하였다. 법원은 당시 박의춘 북한 외무상 앞으로 소환장을 전달했지만 북한 측이 소환에 응하지 않았고 결국 김 목사 가족은 2011년 4월 법원에 궐석재판을 신청했다. 2013년 3월 법원 은 증거 불충분으로 재판 권한이 없다며 기각 판결을 내렸지만,[13)] 2015년 항소심 법원은 원고 측에게 피해자의 고문 및 살인에 대한 직접적인 1차 증거 제출을 요구하는 것은 외국주권면제법 제1605A 조의 입법 의도에 반한다고 보았다. 동시에 원고 측이 제기한 증거 자료들이 사실에 기반한 주장으로 인정하기에 충분하다고 판단하면 서, 북한의 책임을 입증할 직접 증거가 없다는 1심판결을 뒤집었다. 납북 후 김동식 목사의 죽음과 연관된 직접 증거는 찾을 수 없지만, 북한이라는 국가체제가 가진 특수성을 고려할 때 일반적인 판결 기 준을 따를 수 없다고 본 것이다.[14)] 이후 환송심에서 미국 연방법원 은 김동식 목사의 사망에 대한 북한의 책임을 인정하였고 3억 3천만 달러를 배상^{징벌적 성격의 배상금은 3억 달러}하라고 판결하였다.[15)] 한편 오토

웜비어 사건의 변호인은 김동식 목사에 대한 2015년 판례를 근거로
배상금액을 책정했다고 밝힌 바 있다.

4. 강제집행절차에서의 주권면제 문제와 실제 배상 가능성

다수의 국가실행을 보면 재판절차에서의 국가면제와 강제집행
절차에서의 국가면제를 구분하여 강제집행 절차에서 국가면제의 예
외 인정에 좀 더 엄격한 기준을 적용하여 그 범위를 축소하고 있는
것으로 보인다.16) 미국의 외국주권면제법도 강제집행절차에서의 주
권면제 대상에 관하여 제1609조에서 "미국에 있는 외국국가의 재산
에 대한 가압류, 억류 및 강제집행은 제1610조 및 제1611조를 제외
하고는 면제된다"고 하고, 제1610조(a)에서는 "미국에 있는 외국국
가의 재산이 미국 내에서 상업적 활동에 사용되는 경우에는 일정한
사정이 있을 때 연방법원 또는 주법원 판결의 집행을 위한 가압류
attachment in aid of execution 또는 그에 기초한 강제집행으로부터 면제되지
않는다"고 규정하고 있다. 그러나 외국주권면제법은 1998년 국가지
원 테러행위의 경우 판결의 집행방법으로서 국가재산에 대한 압류
를 허용하도록 개정되었다. 이러한 개정 배경에는 1998년 12월 270
명이 넘는 사상자가 발생한 런던발 뉴욕행 팬암PanAm 103호기 폭파
사건이 있다. 미국은 당시 리비아 정부의 지원 아래 자행된 미국 팬
암항공사 여객기 폭파 테러사건과 관련하여 피해자 배상 문제에 대
한 합의 및 그 이행에 큰 어려움을 겪었기 때문이다.

2016년 미국 연방대법원은 이러한 압류를 허용하는 개정조항에
의거 1983년 이란이 연루된 이스라엘 베이루트 미군 해병대 병영
폭파 테러 희생자 유족들을 위한 손해배상 판결의 강제집행을 위해
뉴욕 씨티은행계좌에 차명으로 예치된 이란중앙은행Bank Markazi의 동
결채권자산 중 17억 5천만 불의 차압을 승인하였다.17) 즉시 이란은

미국 연방대법원의 결정은 양자 간 체결한 1955년 우호, 경제관계 및 영사권 조약[1955 bilateral Treaty of Amity, Economic Relations, and Consular Rights]에 반한다며 미국을 상대로 국제사법재판소에 소송을 제기하였고, 2019년 2월 13일 재판관할권에 대한 선결적 항변 판결이 내려졌다. 만약 이란측이 주장한 대로 주권면제에 관한 국제관습법이 상기 우호조약에 포섭된다면, 미국의 외국주권면제법상 테러리즘 예외조항에 기반한 국가실행[강제집행 포함]이 국제관습법에 반하는지 여부를 판단할 수 있는 중요한 사건이 될 수 있었다. 그러나 국제사법재판소는 상당히 제한적으로 1995년 우호조약을 해석함에 따라, 주권면제에 대한 국제관습법 위반 문제를 다룰 재판관할권은 없다고 판시하였다.[18]

결국 북한을 상대로 한 미국법원에서의 손해배상 청구 소송들의 경우에도 강제집행을 하는데 현재로서는 아무런 법적 장애가 없다. 그러나 문제는 실제 배상금을 북한 정부로부터 받을 가능성은 크지 않다는 점이다. 미국 내 북한 자산이 거의 없고 피해자 가족들이 북한 정부에 배상금 지급을 강제할 방법도 사실상 없기 때문이다. 다만 국가지원 테러피해자 기금[US Victims of State Sponsored Terrorism Fund]을 통해 배상금 일부를 우선 받을 수는 있다. 앞서 소개한 푸에블로호 관련 사건에서 원고 4명은 해당 기금으로부터 9백만 불을 일부 배상금으로 받은 바 있다.[19] 국가지원 테러피해자 기금은 주이란 미국대사관 인질 사건의 피해자들에 대한 배상 문제를 국내적으로 해결하려는 방안을 모색하는 배경 하에 설립되었고, 현재는 테러지원국의 행위로 인해 피해를 입은 미국인들에게 일부 배상금을 기금에서 제공하고 있다. 기금의 지급 요건을 보면, 테러지원국 명단에 지명된 국가를 상대로 한 판결이 선고되어야 하고, 동시에 국제 테러행위로 인한 피해가 있어야 한다. 즉 국제테러행위[acts of international terrorism]에 해당하는지에 대한 판단이 선행된다. 2016년 12월부터 2018년 9월까지 3700건이 넘는 청구건이 제기되어 기금 자격심사 절차를 진행 중에 있다.

오토 웜비어 판결도 실제 배상을 북한으로부터 받을 수 없어서 단지 상징적인 이벤트에 불과하다고 일견 생각할 수 있다. 그러나 북한의 해외 자금을 동결해 배상금으로 사용하는 방식도 고려될 수 있고, 북미간 관계가 개선되어 연락사무소가 개설되는 등 북한의 자산이 미국 영토로 들어간다면 이러한 손해배상금 집행 문제는 다시 제기될 수밖에 없다. 더 나아가 설사 북한으로부터 아무런 반응이 없더라도 이번 판결을 기폭제로 북한 정부에 압력을 가할 수 있는 충분한 여지가 있다. 앞서 살펴보았듯이 계속해서 북한 정부를 상대로 손해배상을 청구하는 사례들이 나오게 되고, 동시에 징벌적 손해배상금의 중요성이 드러난다면 이는 직간접적으로 북한 정부에 부담이 될 수밖에 없기 때문이다.[20]

---

1) 미국 연방법원은 우선 궐석판결은 일반재판과 비교할 때 피고에게 상당히 불리하며 법적 형평성을 위배할 가능성도 있기에 예외적으로 연방민사소송규칙 제55조에 의해 피고에게 불출석에 큰 책임이 있는 경우(예를 들어 의도적으로 출석을 거부한 경우)에만 피고 측이 공석인 상태에서 재판을 진행할 수 있다고 적시하며 해당 사안이 그러하다고 판결문에서 밝혔다.

2) Warmbier v. Democratic People's Republic of Korea, Civil Action No. 18-977 (BAH) (D.D.C. Dec. 24, 2018)

3) 연방법원은 2019년 1월 16일 판결문(판사의견서 및 한글 번역본이 포함됨)을 국제우편 서비스인 DHL을 통해 수신인은 리용호 북한 외무상으로 하여 발송하였고 25일 평양에 도착하여 북한 외무성에 배송을 시도했지만, 곧바로 반송 처리되었고 이후 재발송된 판결문은 마침내 2월 14일 북한 외무성이 우편물을 받음으로써 ('김성원'이라는 인물이 '수신확인' 함) 송달이 완료되었다고 밝혔다.

4) 1996년 미 의회는 테러리즘 지원국 지정과 그 사유에 관한 내용을 포함하는 이른바 반테러리즘법(Antiterrorism and Effective Death Penalty Act of 1996: AEDPA)를 제정하고 이를 외국주권면제법에 추가하였다: "[a] foreign state shall not be immune from the jurisdiction of courts of the United States or of the States in any case…. in which money damages are sought against a foreign state for personal injury or death that was caused by an act of torture, extrajudicial killing, aircraft sabotage, hostage taking, or the provision of material support or resources for such an act…. ," 28 U.S.C. § 1605A(a)(1).

5) Ronald J. Bettauer, "Germany Sues Italy at the International Court of Justice on Foreign Sovereign Immunity – Legal Underpinnings and Implications for U.S. Law" ASIL Insights Vol.13, Issue 22, 2009.

6) Jurisdictional Immunities of the State, (Germany v. Italy: Greece Intervening), Judgment, I.C.J. Reports 2012.

7) Terrorist−list States; Waiver of Requirements Relating to Blocked Property, Presidential Determination No. 99−1, 63 Fed. Reg. 59, 201 (Oct. 21, 1998)

8) 북한은 1988년 처음으로 테러지원국으로 지정되었다가 2008년부터 명단에서 해제되었고, 2017년 11월부터 재지정되어 현재까지 명단에 있다.

9) Massie v. Gov't of Democratic People's Republic of Korea, 592 F. Supp. 2d 57 (D.D.C. 2008)

10) 1972년 5월 30일 이스라엘 텔아비브 로드 공항에서 일본 적군파 요원 3명이 자동소총을 난사하고 수류탄을 투척해 푸에르토 리코 출신 성지순례단 17명을 포함한 민간인 26명이 숨지고 80여 명이 부상을 당했다.

11) Calderon−Cardona v. Democratic People's Republic of Korea 723 F. Supp. 2d 441 (D.P.R. 2010)

12) Kaplan v. Cent. Bank of the Islamic Republic of Iran 55 F. Supp. 3d 189 (D.D.C. 2014)

13) Kim v. Democratic People's Republic of Korea, Civil Action No. 2009−0648 (D.D.C. 2013)

14) Han Kim v. Democratic People's Republic of Korea 774 F. 3d 1044 (D.C. Cir. 2014)

15) Han Kim v. Democratic People's Republic of Korea 87 F. Supp. 3d 286 (D.D.C. 2015) 참고로 본 판결문은 2016년 평양 외무성으로 보내고자 하였으나 외무성의 연락처가 기재되지 않았다는 이유로 반송되었고, 이후 법원은 변호인의 거듭된 요청에 따라 뉴욕 유엔주재 북한 대표부와 영국 런던과 중국 베이징의 북한 대사관에 보냈지만 역시 반송되었다고 통보한 바 있다.

16) 앞서 언급한 2012년 국가면제 사건에서 국제사법재판소도 이러한 입장을 분명히 밝힌 바 있다. 우리나라 대법원의 입장도 상당 부분 유사하다. 대법원은 2011.12. 13. 선고 2009다16766 판결에서 외국국가를 제3채무자로 하는 국내법원의 추심명령과 추심소송에 대하여 설사 압류채권이 외국의 사적인 행위를 원인으로 발생한 것이라고 하더라도, 그러한 채권의 압류 등의 절차에 명시적인 동의나 국가면제를 포기한 것으로 볼 수 있는 특별한 사정이 없으면 재판권이 발생하지 않는다는 견해를 취한 바 있다.

17) Bank Markazi v. Peterson, 136 S.Ct. 1310 (2016)

18) Certain Iranian Assets, (Islamic Republic of Iran v. U.S), Preliminary Objections, (Feb. 13, 2019)

19) https://www.cooneyconway.com/blog/uss−pueblo−crewmembers−family−commander−recover−9−mil

20) 코트라(KOTRA)가 작년에 발표한 2017년도 북한의 대외무역 규모는 약 55억 달러로 알려져 있음을 고려한다면 더욱 그러하다. 실제로 2005년 미국 재무부가 북한 위폐제조 등을 적발한 후 마카오의 방코델타아시아은행에 예치된 북한 예금 2천 5백만 달러를 동결했을 때에도 당시 김계관 북한 외무성 부상은 격한 반응을 보였고 북미간 갈등은 고조된 바 있다.

차고스 제도에 관한 권고적 의견 사건

최지현(한국해양수산개발원 부연구위원)

2019년 2월 25일 영국이 모리셔스에 대해서 차고스 제도를 모리셔스로부터 분리시킨 뒤 나머지 영토만을 분리하여 독립시키는 것은 비식민지에 관한 국제법 위반이라는 국제사법재판소International Court of Justice, 이하 ICJ의 권고적 의견이 나왔다.

2017년 6월 22일, 유엔총회는 결의 제71/292호A/RES/71/292를 통하여 모리셔스 탈식민화 과정에서 차고스 제도를 분리시킨 것과 관련하여 권고적 의견을 제시해 줄 것을 ICJ에 요청하였다.[1] 유엔총회는 유엔의 전체 기관이라는 기관의 성격에 따라 유엔헌장 제96조에 의하여 명시적으로 ICJ에 권고적 의견을 요청할 권한을 인정받고 있다. 해당 결의에서 유엔총회가 권고적 의견을 요청한 사항은 두 가지이다. 첫 번째는 1968년 모리셔스가 영국으로부터 독립했을 때 비식민지조치가 법적으로 완료되었는가를 묻는 것이었으며, 두 번째는 영국이 차고스 섬을 계속적으로 통치하는 것에 따른 결과가 무엇인지였다. 특히 첫째 문제와 관련하여 차고스 제도를 모리셔스로부터 분리시킨 이후에 이를 뺀 나머지만 독립시킨 것이 국제법 및 유엔총회 결의 1514(XV)호를 포함한 관련 유엔총회 결의에 위반한 것인지 여부가 문제되었으며, 둘째 문제와 관련하여서는 모리셔스가 차고스 원주민들의 재정착 프로그램을 시행할 수 없도록 한 것이 어떠한 법적 결과를 가져오는 것인지를 물었다. 유엔 사무총장은 이를 ICJ에 전달하였고, ICJ는 관련 정보를 제공할 수 있는 국가들과 기구들로부터 서면 의견을 접수한 뒤 이를 토대로 구두 절차도 진행하였다. ICJ는 서면의견의 제출기한을 2018년 3월 1일로 하였으며, 제출된 다른 국가의 서면의견에 대한 의견 제출 기한은 5월 15일까지였다. 공개심리는 2018년 9월 3일부터 6일까지 진행되었으며 이후 평의를 거쳐 해가 바뀐 2019년 2월 25일 권고적 의견이 전달되었다.

사건은 모리셔스와 영국 사이에서 차고스 섬의 영유권 귀속 문제 때문에 촉발되었다. 국가 간의 영유권 분쟁이 핵심이기 때문에 ICJ가 국가 간의 분쟁에 대해서 권고적 의견을 내리는 것이 가능한 것인지 여부는 ICJ의 권고적 의견 절차 동안 지속적으로 논의된 문제였다. 또한 이 문제는 식민지 문제와 연관되어 있다. 모리셔스는 영국의 식민지였고, 1960년대 독립 조건을 협상하는 과정에서 영국으로부터 차고스 제도를 모리셔스로부터 분리할 것을 요구받았다. 완강히 반대하던 모리셔스가 결국 이를 수용하면서 차고스 제도는 영국령으로 남게 되고, 나머지 영토에 대해서만 1968년 독립을 달성하였다. 영국은 모리셔스와 독립 조건을 협상하고 있던 1965년에 차고스 제도를 인도양 영국령British Indian Ocean Territory으로 편입시켰으며 국방 목적의 필요성이 없어지면 차고스 제도를 반환하겠다는 약속을 한 상태이다. 현재 영국은 차고스 제도를 모리셔스에서 분리한 이후 원주민들을 강제이주시켰으며, 차고스 제도에 속하는 '디에고 가르시아'Diego Garcia 섬을 미국의 군사기지로 조차해주었다. 현재 미국은 해군 기지를 운영중이다.

이 사건이 국가 간 국제소송으로 맨 처음 비화된 것은 유엔해양법협약상의 영국–모리셔스 중재사건[2015]이었다. 모리셔스는 영국을 상대로 영국이 연안국이 아님에도 차고스 제도 인근을 해양보호구역으로 지정^{2010년}한 것이 유엔해양법협약 위반이라는 이유로 소를 제기하였다. 이전까지 영국은 1991년 어류 보호 및 관리 구역^{Fisheries} Conservation and Management Zone, "FCMZ"을 설정할 때에도, 모리셔스 주민에 대해서는 전통적 방식의 조업에 대해서는 제한된 허가를 해주었으나, 2010년에는 이를 전면적으로 금지하는 내용의 해양보호구역을 설정한 것이다. 결국 유엔해양법협약 제7부속서에 따라 중재재판부가 구성되었다. 2015년 3월 18일 이 중재재판부는 모리셔스가 제기한 청구의 본질이 영유권 분쟁에 해당하는데, 유엔해양법협약상의 중재재판부는 영유권 분쟁에 대해서는 관할권을 행사할 수 없다는 이유로 선결적 항변 단계에서 해당 청구를 기각하였다. 다만 중재재판부는 청구 1,2,3에 대해서는 이를 기각하였으나, 영국이 해양보호구역을 설정한 것이 유엔해양법협약 제2조 제3항, 제56조 제2항, 제194조 제4항을 위반하였다는 청구 4에 대해서는 이를 인용하여 주었다. 즉 중재재판부는 영유권 문제에 대해서는 재판관할권을 행사할 수 없지만, 영국의 차고스 섬 주변의 해양보호구역 설정은 유엔해양법협약에 위반된다는 결정을 내린 것이다.

이러한 상황에서 영유권 문제를 재판에 회부하는 대신에 차고스 제도를 둘러싼 비식민지 이슈로 문제의 논의 국면을 전환하여 국제재판에 회부하는 시도가 이루어진다. 유엔총회는 2017년 결의 제71/292호에 따라 차고스 제도의 분리가 모리셔스에 대한 비식민지화 조치 위반인지 여부에 대한 판단을 ICJ 권고적 의견 절차에 회부하였다. 이로써 차고스 제도에 관한 영국과 모리셔스의 대립이 두 국가 사이의 영유권 분쟁에 관한 논의에서 비식민지 조치 위반에 관한 논의로 그 문제의 초점이 옮겨지게 되었다. 그럼에도 이 사건 권고적 의견 절차는 절차의 성질에 관한 근본적 의문을 제기하였다. 두 국가 간의 (영토)분쟁에 대해서 이를 정식으로 소를 제기하여 문제를 해결한 것이 아니라, 유엔총회를 통하여 권고적 의견 절차에 회부하는 것이 '국가 동의'의 원칙을 우회하는 방식으로 분쟁을 국제재판에 회부하는 것인지에 관한 문제제기가 촉발된 것이다. 우리나라 역시 이러한 관점에서 국가가 사법적 해결을 거부한 분쟁에 대해서는 재판관할권 행사 거부에 관한 재량권 행사를 고려해야 한다는 취지의 서면의견을 제출하였다. 총회 및 안전보장이사회는 어떠한 법적 문제에 대해서도 권고적 의견을 요청할 수 있는데^{유엔헌장 제96조 제1항} ICJ는 유엔총회가 비식민지 문제와 관한 권한을 가지고 있다는 점에서 이 사건에 관한 관할권 성립 여부는 간단히 인정하였다. 문제는 ICJ가 자신의 재량권에 따라서 권고적 의견에 관한 관할권 행사를 거부할 것인지 여부였다. ICJ규정 제65조는 "권고적 의견을 부여할 수 있다^{may}"라고 하여 ICJ의 권고적 의견에 관한 관할권 행사의 재량권을 명시적으로 인정하고 있다. 참고로 「서부 사하라에 관한 사건」에서 스페인은 자신과 다른 국가 사이의 분쟁이 권고적 의견의 대상인 경우 재판관할권을 가지지 못한다고 주장한 바 있다. 해당 사건에서 유엔총회는 스페인 식민지 당시 서부 사하라 지역이 무주지였는지 여부를 판단해 달라고 요청하였는데, 관련 사건의 당사국인 스페인은 자신의 동의가 없는 상황에서 ICJ가 권고적 의견에 관한 관할권을 행사할 수 없다는 주장을 한 것이다. ICJ도 재판관할권 행사와 관련하여 재량권을 행사하여 특정 사건의 권고적 의견 심사를 하지 않을 수 있다는 점을 인정하였다. 그러나 ICJ는 유엔의 여러 기관의 권고적 의견 요청에 대해서 ICJ가 답을 하여 주는 것은 국제기구의 활동에 참여하는 행위로서 원칙적으로 거부되어서는 안된다는 입장을 가지고 있다. 이러한 점 때문에 ICJ는 권고적 의견 요청에 대해서 이를 거부할 수 있는 '압도적인 이유^{compelling reason}'가 있는 경우에만 그 관할권 행사를 거부할 수 있다고 하여, 관할권 행사에 관한 재량의 여지를 상당히 좁게 보고 있다. 이 사건과 관련하여서도 ICJ는 관할권 행사를 거부할 수 있는 '압도적 이유'가 없다고 판단하였다. 관할권 행사의 재량과 관련하여 이 사건에서는 4가지 반대 의견이 있었다. 우선 복잡한 사안에 대해서 관할권 행사를 자제해야 한다는 주장에 대해서는 사안이 복잡하더라도 충분한 정보가 제공되어 있어 ICJ가 사실관계에 대해서 판단할 수 있다고 하였다. 두 번째로 총회가 자신의 기능 행사에 있어서 도움을 얻을 수 있는 상황이 아니라는 이유로 권고적 의견 요청에 대해서 답변을 거부할 수 없다고 하였다. 세 번째로 2015년 차고스 중재재판 사건의 판정이 선행하고 있기 때문에 권고적 의견에 관한 관할권 행사를 할 수 없다는 의견에 대해서는 권고적 의견 절차에 중재재판부 판정의 기판력이 미치지 않는다는 점에서 2015년 유엔해양법협약상 중재재판의 재판 결과에도 불구하고 권고적 의견 절차를 거부할 수 없다고 하였다. 마지막으로 차고스 제도의 영유권 문제가 이 사안의 핵심인 가운데 당사국의 동의 없이 분쟁 사건을 권고적 의견 절차에 회부할 수 없다는 의견이 있었다. 이에 대해서 ICJ는 이번 권고적 의견 절차의 핵심은 비식민지 과정의 국제법 합치성에 관한 문제제기일 뿐이며, 유엔 총회가 영유권 분쟁의 해결을 요청한 것도 아니기 때문에 재량권 행사를 거부할 수 없다고 하였다. 이렇게 ICJ는 이 사건과 관련하여 관할권 행사를 거부할 '압도적 이유'가 없다고 판단하였는데, 사실 ICJ에 권고적 의견이 요청된 24건의 사건 중에서 ICJ가 단 한 건도 재량권을 행사하여 재판관할권을 거부한 선례가 없었다. 관할권이 없다는 판단을 한 사례는 있었지만^{에, WHO의 핵무기 사용의 합법성 여부에 관한 권고적 의견 사건} 관할권이 인정되는 이상 반드시 이에 대해서 심사하여 왔으며, 이러한 관행은 차고스 제도에 관한 권고적 의견 사건에서도 그대로 유지되었다.

본안 단계에서 ICJ는 우선 차고스 제도를 불법적으로 분리시키고 새로운 식민지에 편입시킨 뒤에 1968년 모리셔스를 독립시켰다면 이는 비식민지 조치가 법적으로 완료된 것이 아니라고 판단하였다.

차고스 제도를 분리시킬 때에 이미 유엔총회는 결의 1514(XV)호를 통하여 국가 및 영토 중 일부만 비식민지 조치를 하는 것은 유엔헌장의 목적과 정신에 위배된다고 하였으며, 결의 제2066(XX)호에서는 군사기지를 설립할 목적으로 모리셔스에서 일부 섬을 분리시키는 행동을 하지 말 것을 요청한 바 있다는 점을 근거로 제시하였다. 또한 모리셔스가 차고스 제도 분리를 수용했다고 하더라도 이는 관련 인민의 자유롭고 진정한 의사의 표현이 아니기 때문에 받아들일 수 없다는 점도 함께 제시하였다. 이러한 판단의 연장선에서 두 번째 권고적 의견 요청 사안인 계속적인 영국의 차고스 제도 통치에 대해서 ICJ는 국가책임을 수반하는 위법행위라고 판단하였다. 특히 차고스 제도 분리 이후로 그 위법행위가 계속되고 있다는 점에서 해당 통치 행위를 즉각적으로 중지해야 한다는 의견을 내놓았다. 더불어서 민족자결권은 대세적 의무an obligation *erga omnes*이기 때문에 총회가 비식민지 조치 완료를 위한 방안을 공표하면 다른 국가들이 이에 협력할 의무가 있다는 점도 확인하였다.

ICJ는 권고적 의견 사건과 관련하여 관할권을 적극적으로 행사하려는 경향을 보여왔다. 관할권 행사는 적극적으로 하면서도 해당 사안의 핵심 쟁점에 대해서는 판단을 회피하는 경향을 보여왔는데 이 사건에서도 그런 경향이 나타나고 있다. 이 사건의 경우 －판단이 요구된 법적 문제 자체가 비식민지조치와 관련된 사항이었기 때문이기도 하지만－ 영국과 모리셔스 사이의 차고스 제도에 관한 문제를 영유권 분쟁의 시각에서 접근하지 아니하였다. 현 시점에서 누가 진정한 영토권원을 가지고 있는지 여부에 대해서 일절 언급하지 않은 것은 영토 권원 문제가 사안의 핵심 쟁점임에도 극도로 민감한 문제이기 때문이다. 이러한 경향은 민족자결권의 대세적 의무로 인한 국가책임의 내용에 관한 판단에서도 드러난다. 몇몇 국가들은 국제사회 전체에 대한 영국의 책임을 주장하였지만, 이 문제에 대해서

ICJ는 명확한 판단을 피하고 추후 유엔총회가 해당 사안의 해결을 위하여 차고스 제도를 포함한 모리셔스의 비식민지와 관련된 조치를 취하게 될 때 이에 대해서 국제사회가 협력할 의무가 있다고 결론을 내림으로써 대세적 의무의 위반으로 인한 결과에 대해서도 상당히 낮은 수위의 의무를 부과하였다.[2]

이 사건의 근원에는 식민모국과 식민국 사이 영토 문제가 놓여져 있다. 현재 일본이 독도에 대한 영유권 주장을 포기하지 않고 있기 때문에 우리와도 관련성이 있는 사안이다. 하지만 유엔총회는 이 문제를 영유권 측면에서 접근하지 않고, 비식민지 조치 위반으로 접근하였기 때문에 권고적 의견 자체에서 우리가 시사점을 얻을 수 있는 판단은 많지 않다. 관할권 행사 재량 판단에 있어서 이미 많은 국가들이 영토 분쟁을 국제소송에 회부하는 행위가 동의관할의 원칙을 저해할 수 있다고 우려를 제기한 상황에서 ICJ로서는 이에 대한 판단을 방론obiter dictum으로라도 내리기 어려웠던 것으로 판단된다. 권고적 의견 절차의 한계와 개별 국가의 반감 때문에 ICJ는 이 사건에서 영유권론領有權論에 관한 이전의 국제법 논의와는 다른 새로운 시각을 제공하는데 실패한 것이다. 하지만 차고스 제도의 영유권 문제가 완전히 해결된 것은 아니라는 점에서 추후 유엔총회 등의 논의 과정에서 이와 관련된 새로운 논의가 촉발될 가능성을 배제할 수는 없을 것이다. 이와 동시에 식민국과 식민국 사이의 영토 문제에 대해서 이전의 영유권원론을 넘어서는 새로운 논의를 촉발시킬 수 있는 이론적 근거를 제공할 필요성도 커지고 있다고 할 수 있다.

차고스 제도의 영유권과 관련하여 ICJ의 2019년 권고적 의견법적 구속력 없음이 나온 이후 유엔총회는 2019년 5월 22일 ICJ 권고적 의견을 환영함과 동시에 6개월 이내에 반환할 것을 요구하는 차고스 반환 결의문을 찬성 116개국, 반대 6개국호주, 헝가리, 이스라엘, 몰디브, 영국, 미국, 기권 56개국으로 통과시켰다. 유엔총회 결의에 법적 구속력은 없다.

그러나 영국이 비식민조치 위반이라는 ICJ의 권고적 의견 이후, 이 의견에 따른 유엔총회의 차고스 제도 반환 결의를 통하여 차고스 제도의 비식민조치와 관련하여 일정한 행동을 취하여야 할 상당한 압박감을 받을 수밖에 없는 상황이다.

한편으로 2019년 9월 24일, 모리셔스와 몰디브 간 인도양 해양경계획정에 관한 분쟁이 국제해양법재판소의 특별재판부에 양국의 특별협정에 의하여 회부되었다. 본래 모리셔스가 몰디브를 상대로 중재재판부에 해양경계획정 소송을 제기했던 것을 ITLOS 소장의 협의에 따라서 ITLOS 특별재판부에 특별협정에 따라 소를 제기하기로 한 사건이다. 이 사건에서 모리셔스는 차고스 제도를 기점으로 몰디브와의 중첩수역의 존재를 주장하고 이에 대해서 해양경계획정을 청구하였다. 이 사건의 관할권 성립 여부에 대해서는 여러 가지 논의가 전개될 것이다. 섬의 영유권 분쟁에 대해서는 ITLOS가 관할권을 행사할 수도 없으며, 영유권 분쟁의 타방 당사자인 영국이 소송의 당사자도 아니기 때문이다. 그러나 관할권 성립 여부는 별론으로 하더라도 모리셔스가 여러 가지 방식으로 영국에게 차고스 제도 반환과 관련한 압력을 가하고 있는 것만은 분명해 보인다.

---

1) http://www.un.org/en/ga/search/view_doc.asp?symbol = A/RES/71/292 (2019년 3월 1일 검색).

2) 논외로 지적하자면 이번의 ICJ 판단 역시 대세적 의무와 대세적 권리를 혼돈하고 있는 것으로 판단된다. 대세적 의무라면 영국이 모든 국가를 상대로 부담해야 할 의무를 의미하는 것이지만, ICJ는 모든 국가가 비식민지와 관련된 추후 유엔의 조치에 협력해야 한다는 의미로 파악하였는데 이는 민족자결권이 대세적 권리의 성격을 가지고 있는 것에서 기인한 판단이지 대세적 의무를 가지는 것에서 기인한 판단은 아니다.

베네수엘라 과이도 임시대통령 승인의 국제법상 의미

임예준(통일연구원 연구위원)

1. 논의의 배경

2019년 2월 25일 대한민국 외교부는 2018년 5월 실시된 베네수엘라 대선이 정당성과 투명성을 결여하여 혼란이 발생한 것에 대해 우려를 표명하며, "1월 23일 임시대통령으로 취임 선서한 과이도 국회의장을 베네수엘라의 임시대통령으로 인정한다"는 성명을 발표했다.1) 이러한 성명의 배경에는 두 달째 지속되고 있는 베네수엘라의 '한 국가 두 명의 대통령' 상황이 있다. 2019년 1월 10일 니콜라스 마두로Nicholás Maduro 대통령은 새로운 임기2019-2025를 위한 취임선서를 했다. 그러나 베네수엘라 국회는 2018년 5월 치러진 대선과정의 불공정성을 근거로 마두로의 재임을 인정하지 않았으며, 선서 다음날인 1월 11일 자신들이 베네수엘라의 유일하게 정당한 국가기관이라고 선언했다. 베네수엘라 국회의 선언에 대한 국가들의 지지가 이어지는 가운데, 2019년 1월 23일 후안 과이도Juan Guaidó 국회의장은 대통령 공석 시 국회의장이 공화국의 대통령직을 수행한다는 베네수엘라 헌법 제233조를 근거로 자신이 베네수엘라의 임시대통령interim President임을 선언했다. 불과 몇 시간이 지나지 않아 미국 트럼프 대통령은 과이도 국회의장을 베네수엘라의 임시대통령으로 '공식적으로 승인officially recognizing'한다는 성명을 발표했다.2) 이후 캐나다, 호주, 아르헨티나, 브라질, 칠레 등 다수의 국가가 과이도를 베네수엘라의 임시대통령으로 승인한다는 입장을 밝혔다. 유럽의회도 1월 31일 과이도 국회의장을 베네수엘라 헌법 제233조에 따른 베네수엘라의 임시대통령으로 승인하며, 그의 향후 계획을 지지한다는 결의를 채택했다.3) 유럽연합 차원에서는 공동의 입장을 채택하지 못했지만, 프랑스, 독일, 영국을 포함한 유럽의 19개국은 2월 4일 과이도 국회의장을 베네수엘라의 임시대통령으로 '인정acknowledge'하고 '지지support'한다는 공동선언을 발표했다. 그러나 이러한 국가들의 대응에 대해 우려하고 반대하는 입장 또한 존재한다. 러시아, 중국, 터키, 볼리비아 등은 과이도 국회의장에 대한 승인은 시기상조의 승인이며, 특히 마두로 정권의 퇴진을 요구하며 군사적 개입을 배제하지 않겠다는 미국의 입장은 국내문제에 대한 간섭이라고 비판했다.

베네수엘라의 상황을 이해하기 위해서는, 제헌의회 구성을 통한 선거관리위원의 임명, 선거과정에서의 정부자금의 유용, 야당 대표자들의 출마금지 등 대선과정의 불공정성에도 불구하고, 67.8%의 높은 지지율로 당선되어 현재 베네수엘라를 실효적으로 통치하고 있는 마두로 정권을 합법적 정부로 볼 수 있는지를 먼저 검토해야 한다. 그리고 만일 민주적 정당성을 결여한 선거결과의 무효로 인해 현재 마두로의 지위가 불법적인 정권찬탈이라면, 1월 9일 마두로 임기만료 이후를 베네수엘라 헌법 제233조에 명시된 대통령 취임 전 사망 등으로 인한 영구적 부재 상황으로 보아 다음 선거까지 국회의장의 대통령 지위 겸직을 인정할 수 있는지를 판단해야 한다. 이는 기본적으로 베네수엘라 헌법질서 내에서 해결하고 해석해야 하는 문제들로 구체적인 사실관계에 따라 답이 달라질 수 있다. 한편 '한 국가 두 명의 대통령'의 상황은 단지 베네수엘라의 국내문제로만 국

한되지 않는다. 국가주권의 수탁소이기도 한 정부라는 지위는 국제
관계에서 주권국을 대표해 국제법상 유의미한 행위를 할 수 있는 전
제가 되기 때문이다. 실효성과 함께 합헌성은 적법한 국가동의State
consent를 부여할 수 있는 권한 있는 실체를 판단하는 일차적 기준이
다. 그러나 이 글에서는 정당한 정부 지위에 대한 판단은 제외하고,
베네수엘라 사태에 대한 국제사회의 대응을 중심으로 임시대통령
승인의 국제법상 의미로 논의를 한정해 살펴보고자 한다.

2. 임시대통령 승인의 의미

국제법상 승인이란 일정한 사태 내지 법률관계의 변동에 대한 인
정을 의미한다. 국제법상 승인의 문제는 정치적 문제와 법적 문제가
긴밀히 얽혀 있는 대표적인 주제 중 하나이다. 어떠한 실체 또는 권
한의 법적 지위에 관한 의견 표명인 승인은 일방적인 재량행위로서,
국가와 정부 이외의 교전단체, 민족해방기구 등 여타 사실상황에 대
해서도 적용된다. 일반적으로 정부승인의 문제는 쿠데타와 같이 비
합헌적인 방식으로 정권이 교체되었을 경우에만 제기되며, 합헌적인
정권교체의 경우에는 논의되지 않는다. 정부승인은 개별국가간의 상
대적인 문제로 이를 통해 어떠한 실체의 국제사회에서의 보편적인
지위가 결정되는 것은 아니며, 국내적인 정권교체의 합헌성을 변경
하지 않는다. 오늘날 많은 국가들은 국가승인 정책만을 유지하고,
명시적인 정부승인 정책을 폐지했다. 그러나 명시적인 정부승인이
없다 하더라도, 국가들은 어떠한 실체가 해당 주권국가의 국제관계
에서의 대표성이 있는지를 판단하지 않을 수 없다. 즉, 공식적인 정
부승인 선언을 포기한 것이지, 그 결정 자체를 포기한 것은 아니다.
또한 정부승인 포기에 관한 정책선언이 특별한 경우 명시적 승인을
부여하는 것을 저해하지는 않는다.

그렇다면 과이도 임시대통령에 대한 승인의 의미는 무엇인가? 실제 과이도 임시대통령 지위에 관한 국가들의 승인은 다양한 방식으로 표현되고 있다. 유럽 국가들의 공동성명에서도 볼 수 있듯이, 일부 국가들은 승인이라는 용어를 피해 '인정'이라는 단어를 사용하고 있다. 대한민국 외교부 역시 '인정'이라는 단어를 세심히 선택했다. 다수 국가들이 공식적인 정부승인을 외교정책상 포기한 것도 승인이라는 단어 사용을 주저한 이유 중 하나겠지만, 마두로 정권의 실효적 통치가 유지되는 가운데, 베네수엘라 상황에 대한 예측이 어려운 상황에서 마두로 정권의 '정당성'에 관한 입장 표명 외에 승인으로 인해 구체적인 실행이 전개되는 것에 대한 부담이 작용했을 것으로 추측된다. 한편 '승인'이라는 용어를 바로 사용한 국가의 경우에도 이러한 승인이 과이도 임시대통령 지위에 대한 법률상 승인을 의도한 것인지는 불분명하다. 성명도 중요하지만, 실제 이러한 승인이 어떠한 의미를 갖는지는 국가들의 후속 실행을 통해 확인된다. 대다수 국가들의 과이도 임시대통령에 대한 승인은 베네수엘라 헌법에 기초한 과도체제 출범에 대한 정치적 지지에 가까우며, 엄밀한 의미의 정부승인에는 해당되지 않는다. 성명 이후 특별한 후속 실행이 없다는 것은 이러한 국가들의 의도를 보여준다. 그러나 미국과 일부 남미 국가들의 승인은 상징적이거나 정치적인 지지를 넘어, 과이도를 수반으로 하는 향후 수립될 과도정부의 권한을 인정하는 법률상 승인에 해당하는 것으로 보인다. 이하 후속 실행을 중심으로 임시대통령 승인의 법적효과를 살펴본다.

3. 임시대통령 승인의 법적효과

정부승인은 승인을 한 국가와의 관계에 있어 구체적인 법적결과를 가져온다. 승인의 국내법상 효과는 개별국가의 국내법에 의해 결정되기 때문에 각 국가마다 다를 수 있지만, 일반적으로 정부승인은 국내법원에서의 제소권과 법률행위 효력의 인정여부, 국가면제의 향유 등을 판단하는 기준이 된다. 또한 주권국의 권한 있는 대표자로서의 승인은 주권국의 해외재산에 대한 권한을 인정함을 의미한다. 실제 미국은 1월 29일 연방준비법 제25B호에 근거해 국무장관의 명의로 미국 연방준비은행에 있는 베네수엘라 중앙은행 및 베네수엘라 정부 계좌에 대한 과이도 임시대통령의 권한을 인정한다는 확인서를 발표했다.[4] 이는 미국 내에 있는 베네수엘라 국유 석유회사 및 자회사에 대한 접근권에도 영향을 미치고 있다. 그러나 주권국의 대표권에 관한 논란이 있는 경우, 해외재산에 대한 접근권은 허용되기보다 유보 내지 거절되는 것이 일반적이다. 영국은행의 경우 영국정부의 과이도 임시대통령에 대한 인정이 있기 전, 마두로 정권의 외화준비고에 있는 12억불 상당의 금괴에 대한 접근요청을 거절하고, 사실상 영국은행에 위탁된 베네수엘라 재산에 대한 접근권을 동결했다.

정부승인은 향후 해당 국가와의 관계에 있어 승인을 부여한 실체와 관계를 맺을 것이며, 파견 외교관의 국내법상 특권과 면제의 부여와 같은 법적결과를 수용함을 의미한다. 엄밀히 말해 정부승인과 외교관계는 별개의 문제이지만, 정부승인은 일반적으로 승인국의 신정부와의 공식적인 관계를 맺을 의지를 의미한다. 외교관계에서 상대가 바뀐다는 것은 외교관의 파견 및 접수를 위한 동의를 부여할 수 있는 주체의 변경을 의미한다. 실제 미국은 과이도 임시대통령 승인 이후, 과이도가 임명한 임시대리대사charge d'affairs를 수용했다. 마두로 정권은 미국과의 외교관계 단절을 선언하고 베네수엘라에 주재하고 있는 미국 외교관들에게 72시간 이내로 베네수엘라를 떠날 것을 요청했다. 미국은 외교관 추방에 대한 마두로 정권의 권한을 부정했으나, 결국 안전상의 문제로 3월 14일 일부 잔류한 외교관들까지 모두 철수시켰다. 베네수엘라 국내법원이 마두로를 국가원수로 인정하고 있는 상황에서, 마두로 정권의 동의 없이 베네수엘라에 남아있는 외교관의 경우 외교공관에 대한 불가침과는 별개로, 외교관으로서의 면제와 특권을 보장받지 못할 수 있다. 반면 과이도 임시대통령은 베네수엘라에 주재하고 있는 외교관들을 환영한다는 입장을 표명하고, 대사를 임명하기 시작했으며, 기존 대사들의 임명장을 철회할 것을 요청했다. 코스타리카에서는 과이도 임시대통령이 임명한 대사가 외교공관을 차지했으며, 코스타리카 정부는 마두로 정권하에 임명된 외교관들에게 90일 이내로 또는 4월 15일까지 떠날 것을 요청했다. 그러나 대다수 베네수엘라의 외교공관은 문을 닫고 있는 상태이다.

정부승인은 승인을 부여한 국가와의 관계에 있어 유효한 국가동의를 행사할 수 있는 권한을 인정함을 의미한다. 권한이 있는 실체에 의한 국가동의만이 구체적 행위의 적법성을 판단할 수 있는 기준이 된다. 국제법상 인도적 지원은 지원을 받는 국가의 요청 또는 동의를 필요로 한다. 정당한 권한이 있는 정부의 요청에 기초한 군사적 개입은 무력행사금지원칙과 국내문제불간섭원칙에 반하지 않는다. 실제 과이도 임시대통령은 국제사회의 인도적 지원을 요청할 것이며, 더 나아가 미국의 군사적 개입을 요청할 수 있다고 언급하고 있다. 미국 트럼프 대통령 또한 공공연히 베네수엘라에 대한 군사적 개입을 배제하지 않는다고 언급하고 있다. 현재로서는 직접적인 군사적 개입은 미국 국내정치상황에 비추어 어려울 것으로 예상되나, 사태의 진전에 따라 과이도 임시대통령의 동의에 근거해 무기 공급 등의 군사적 지원을 제공할 가능성이 있다. 물론 개별국가의 정부승인이 해당 실체의 국제사회에서의 객관적 지위를 보장하는 것은 아니므로, 개입이나 지원이 위법성조각사유인 유효한 동의에 기초하고 있다고 볼 수 있는지, 즉, 국제법상 적법한지는 별개의 문제이다. 실제 정부의 초청을 근거로 내세웠던 대부분의 군사 개입은 개입을 요청한 정부가 과연 그 국가를 대표할 수 있는 지위에 있었느냐에 대한 논란으로 인해 국제사회의 비난을 면치 못했다.

4. 마치며

2019년 3월 24일 러시아가 베네수엘라에 군용기와 군인을 배치함에 따라 베네수엘라를 둘러싼 미국과 러시아의 대립과 긴장이 고조되고 있다. 군용기 및 군사배치의 목적은 파악되지 않지만, 러시아의 경우 실효적으로 베네수엘라를 통제하고 있는 마두로 정권의 적법한 요청 내지 동의에 기초한 배치임을 주장할 것이다. 반면 미국이 이를 빌미로 군사개입을 시도할 경우 과이도 임시대통령의 동의에 기초한 개입이라 주장할 여지가 있다. 결국 이러한 행위들의 적법성에 대한 판단은 누가 베네수엘라를 대표하여 합법적인 동의를 제공할 수 있는 권한이 있는지, 즉, 베네수엘라의 '정부'가 누구인지에 따라 달라진다.

국제법은 정부의 체제나 변경은 국내문제로서 관여하지 않는다는 원칙을 고수하고 있다. ICJ는 1975년 서부사하라에 관한 권고적 의견을 통해 국가에 대한 특별한 구조나 형식에 관한 규정을 두고 있지 않다는 것을 재확인했으며, 1986년 니카라과 사건에서는 개별국가가 자신의 정치적, 경제적, 사회적 체제를 선택하고 이행하는 것은 기본적인 주권국가 고유의 권한에 속함을 강조했다. 국제법상 주권국가는 오직 하나의 법률상 정부를 갖는다. 따라서 한 주권국가에서 다수의 실체가 정부임을 주장할 때, 국제사회는 누구의 대표성을 인정해야 할 것인지 결정해야 한다. 어떠한 실체가 정부인가를 결정하는데 있어 전통적인 기준은 해당 실체가 영토와 주민을 실효적으로 통제하고 있는지 여부였으며, 해당 정부가 어떻게 실권을 언게 되었는지, 혹은 해당 주민을 상대로 어떠한 권력을 행사하고 있는지는 고려되지 않았다. 그러나 점차적으로 정부의 지위에 있어 국내적인 합헌성 외에도 민주주의에 기초한 대표성이나 실질적 정당성과 같은 기준이 제시되고 있다. 실제 지역기구 또는 개별 국가들은 한 주권국의 정권교체 과정에서의 헌법 및 민주주의 파괴 상황에 대해 적극적으로 입장을 표명하고 있다. 베네수엘라 사태에 대한 국가들의 대응 역시 이러한 맥락에서 이해될 수 있다. 그러나 성명을 통한 정치적 지지를 넘어 구체적인 행위로 이어질 때에는 국내문제 불간섭원칙과 무력사용금지원칙이라는 국제법의 근본원칙을 준수해야 할 것이다.

50여 개국 정도의 승인 내지 인정이 국제사회에서 과이도 국회의장의 임시대통령으로서의 객관적 지위를 보장해주는 것은 아니다. 유엔에서 베네수엘라를 대표하는 권한이 여전히 마두로 정권에게 있음은 이를 확인해준다. 그러나 임시대통령 지위에 대한 개별 국가들의 지지는 국내적인 정치기반을 높여주는 계기가 될 것이며, 궁극적으로 대내적 실효성을 높이는 결과를 가져올 수 있다. 과이도 국회의장의 계획과 같이 베네수엘라 군부가 마두로 정권에 대한 지지를 철회하고, 마두로 대통령의 사퇴가 이어지게 된다면, 베네수엘라는 과도정부를 구성하고 자유롭고 공정한 선거를 통해 민주주의를 회복할 수 있을 것이다. 물론 이러한 과정의 주체는 베네수엘라 국민이다. 향후 사태의 진전은 베네수엘라 국민의 선택에 달려 있다.

---

1) 외교부, "베네수엘라 위기에 대한 외교부 대변인 성명", 보도자료, 외교부 제19-107호, 2019.2.25. 외교부 대변인 성명은 '승인'이라는 용어를 피해 '인정'이라는 단어를 세심히 선택한 것으로 보인다. 그러나 비공식 번역본에서는 "The Government of the Republic of Korea [...] recognizes President of the Venezuelan National Assembly, Juan Guaidó, who was sworn in as interim President on January 23, as such."라고 하여 '승인'의 의미가 될 수 있는 단어를 사용하고 있다. MOFA Spokesperson's Statement on Crisis in Venezuela, Press Releases, 2019.2.25.

2) Statement from President Donald J. Trump Recognizing Venezuelan National Assembly President Juan Guaido as the Interim President of Venezuela, January 23, 2019.
3) European Parliament resolution of 31 January 2019 on the situation in Venezuela (2019/2543(RSP)). (찬성 439, 반대 104, 기권 88)
4) Protecting Venezuela's Assets for Benefit of Venezuelan People, Press Statement, Robert Palladino, Deputy Spokesperson, Washington, DC, January 29, 2019.

로힝야 사태와 국제법의 대응

김상걸(국가안보전략연구원 연구위원)

1. 서론

19세기 초반부터 미얀마 북동쪽 라카인[Rackaine]주에 거주해온 무슬림 집단인 로힝야[Rohingya]족은 미얀마의 주류인 불교도들과는 종족도 다르고, 종교도 다르다. 1940년대 후반 독립 이후 미얀마는 자국내 소수민족인 로힝야족에 대한 차별과 박해를 계속해왔다. 미얀마는 1982년 국적법 개정을 통해 로힝야족의 미얀마 국적을 박탈했으며, 무국적자가 된 로힝야족은 법적인 보호와 권익의 대부분을 상실하였다. 국제이주기구에 따르면 이미 1990년대에 30만명 이상의 로힝야 난민들이 방글라데시로 탈출하였고, 2011년부터 또다시 격화되기 시작한 미얀마군의 로힝야족에 대한 조직적 박해는 2016년 10월과 2017년 8월 그 정점에 이르렀다. 미얀마군은 로힝야족 마을을 급습하여 남자들을 학살하고, 여자들을 강간했으며, 아이들을 강물에 집어던졌다. 남녀노소에 대한 무차별적인 사살과 약탈, 방화가 이어졌고 마을은 초토화되었다. 세계적 인권NGO인 엠네스티 인터내셔널은 2017년 8월부터 9월까지 약 80개 이상의 로힝야족 거주지들이 이런 방식으로 미얀마군의 공격을 받은 것으로 추산하고 있다.[1] 결국 70만명 이상의 로힝야족은 난민이 되어 방글라데시로 피신하였다. 2017년 10월 현재 오히려 미얀마^{50만~70만}보다 방글라데시^{90만}에 더 많은 로힝야족이 거주하고 있는 것으로 추산되고 있다.[2]

약 8만 7천명의 로힝야족으로 하여금 방글라데시로 탈출하게 한 2016년 10월 사태의 심각성을 인식한 유엔은 2017년 4월 수단 다퍼와 북한에서의 대규모 인권유린 사태에 대해 그랬던 것처럼 조사위원회^{Fact-Finding Mission}를 구성하였고, 동 위원회는 2017년 9월 로힝야 사태에 대한 조사보고서^{이하 '유엔보고서'}를 발표하였다.[3] 이 보고서는 2011년 이후 미얀마군이 로힝야족에게 행한 대규모 인권유린이 '국제법상 가장 심각한 범죄들' 즉, 제노사이드, 인도에 반한 죄 및 전쟁범죄에 해당하며, 이에 대한 책임이 있는 미얀마군 최고위층을 국제형사재판소^{이하 ICC} 또는 별도의 국제재판소가 수사 및 기소할 것을 권고하였다.

지금까지 미얀마군은 아무런 국제적 책임추궁 없이 로힝야족에 대한 대규모 인권유린과 국제범죄를 자행하였다. ICC의 기본법인 로마규정 前文의 정수이자 ICC설립 이유의 핵심어인 '불처벌의 종식^{to end impunity}'은 로힝야 사태의 표제어로 부각되고 있으며, 이 '현안브리프'의 주제이다. 아래에서 로힝야 사태와 이에 대한 국제적 '불처벌의 종식' 노력을 국제법적 시각에서 풀어 이해해 보고자 한다.

2. 로힝야 사태에 대한 ICC관할권

2016년과 2017년 정점에 이른 로힝야족에 대한 대규모 인권유린 사태와 관련해 2018년 4월 ICC검찰부는 전심재판부에 ICC가 동 사태에 대해 관할권을 행사할 수 있는지에 대한 판단을 요청하였고,[4] 동년 9월 전심재판부는 ICC의 관할권을 인정하는 결정문을 발표하였다.[5] 2002년 업무를 시작한 ICC에서 검찰부가 재판부에 이러한 요청을 한 것은 처음이었는데, 로힝야 사태에 대해서는 과연 ICC가 관할권을 행사할 수 있는지에 대한 판단이 그만큼 어려웠기 때문이다. 무엇이 그렇게 어려웠는가?

ICC는 로마규정에 가입한 당사국 영토에서 발생했거나 당사국 국민이 저지른 범죄에 대해 관할권을 행사할 수 있다. 문제는 범죄 발생지나 범죄행위자의 국적이 당사국이 아닌 경우인데, 기본적으로 이 경우 ICC는 관할권을 행사하지 못한다. 다만, 예외적으로 유엔안보리가 결의를 통해 동 사안을 ICC로 회부하는 경우에는 관할권을 행사할 수 있다. 수단 다퍼 지역 사태와 리비아 사태에 대한 ICC의 관할권 행사가 바로 그런 경로를 통한 것이었다. 로힝야 사태의 경우 범죄발생지이자 범죄행위자의 국적국인 미얀마는 ICC의 당사국이 아니다. 또한, 러시아와 중국의 비토권 행사가 예견되기에 유엔안보리의 결의를 통한 동 사안의 회부도 현실성이 없다. 즉, ICC는 로힝야 사태에 대해 관할권을 행사할 수 없는 외견이 강하게 존재하는 것이다. 그럼에도 불구하고 위에서 언급한 2018년 9월의 ICC전심재판부 결정문은 범죄발생지가 ICC당사국 영토였음을 이유로 ICC의 관할권 행사 가능성을 인정하고 있다. 이러한 판단의 근거는 무엇일까?

이 질문에 대한 대답은 한마디로 미얀마군이 로힝야족에 대해 범한 '인도에 반한 죄로서의 국외추방crime against humanity of deportation' 관련 범죄발생지에 ICC당사국인 방글라데시의 영토가 일부 포함되므로 ICC는 관할권을 갖는다는 것이다. 미얀마군이 로힝야족에 대해 행한 행위들은 로마규정 제6조제노사이드, 제7조인도에 반한 죄, 제8조전쟁범죄에 열거되어 있는 세부 범죄항목들 중 여러 가지에 해당된다고 보인다. 제7조인도에 반한 죄만 생각해보아도 로힝야 사태에서는 살해, 멸절, 국외추방, 고문, 강간, 박해, 여타 비인도적 행위 등에 해당할 수 있는 범죄사실을 찾아볼 수 있다. 하지만, 로힝야 사태에 대한 ICC검찰부의 관할권 판단 요구와 전심재판부의 관할권 인정 결정문은 이러한 여러 범죄 후보군 중 '국외추방'에 초점을 맞추고 있다. 그 이유는 이 범죄의 특성이 관련 범죄발생지를 ICC당사국이 아닌 미얀마를 넘어 ICC당사국인 방글라데시까지 확장하는 것을 가능하게하기 때문이다. 이 범죄의 어떠한 특성이 그러한가?

로마규정 제7조(1)(d)항이 규정하고 있는 '인도에 반한 죄로서의 국외추방'은 한 지역에 합법적으로 거주하는 사람들을 국경을 넘어 타국으로 강제로 이주시키는 것이다. 즉, '국외추방'은 범죄의 시작과 완성이 각각 다른 국가의 영토에서 일어날 수밖에 없는 성격의 범죄이다. ICC전심재판부의 판단은 미얀마군의 로힝야족에 대한 '국외추방'은 비록 비당사국^{미얀마} 영토에서 시작되었으나 당사국^{방글라데시} 영토에서 완성되었으므로 범죄발생지를 당사국의 영토로 볼 수 있어 ICC의 관할권이 인정된다는 것이다. 동 재판부는 국제판례와 여러 국가들의 국내법을 근거로 범죄발생지라는 개념상의 '범죄'는 행위와 결과를 모두 포함하는 개념이며, 범죄의 전부가 아닌 '일부^{즉, 행위 또는 결과}'만 당사국 영토에서 발생하면 관할권 행사 조건이 충족되는 것이라고 해석하였다.6)

한편, 비록 ICC검찰부의 관할권 판단 요구는 '국외추방'에 대한 관할권만을 묻고 있으나, 전심재판부는 범죄의 일부가 당사국 영토에서 발생한 경우 '국외추방' 이외의 범죄에 대한 관할권 행사도 가능하다고 한다.7) 동 재판부는 그러한 예시로 인도에 반한 죄로서의 '박해' 및 '여타 비인도적 행위'를 들고 있다. 비록 '박해'나 '여타 비인도적 행위'를 구성하는 '행위'는 미얀마 영토에서 발생하였을지라도 '기본적 권리의 박탈'^{박해}이나 '심각한 육체적 또는 정신적 고통이나 위해'^{여타 비인도적 행위}라는 '결과'는 방글라데시에서 발생할 개연성이 크다는 이유이다. 이렇게 '국외추방' 이외의 범죄에 대한 관할권 행사 가능성 인정은 아래에서 설명하는 바와 같이 제노사이드에 대한 관할권 행사로 이어질 수 있다는 점에서 의미심장하다.

3. 로힝야 제노사이드?

제노사이드는 '범죄 중의 범죄'라고 불리며 ICC가 관할권을 가지는 범죄 중에서도 가장 심각한 범죄로 인식되고 있다. 제노사이드는 한 집단이 다른 집단에 대해서 저지르는 집단범죄이다. ICC가 관할권을 갖는 네 개의 범죄 모두 집단범죄의 성격을 갖는 것은 사실이나 제노사이드는 집단성의 정도가 가장 강하다. 특히, 제노사이드는 '국가', '종족', '인종', '종교'라는 네 가지 정체성 기준 중 하나 또는 하나 이상이 다르다는 이유로 저질러지는 범죄이다. 종족적으로 그리고 종교적으로 미얀마 주류인 불교도들과 구별되는 로힝야족은 제노사이드의 보호집단의 범주에 포함됨이 명백해 보인다.

한편, 제노사이드의 유죄입증에 있어서 핵심이 되는 범죄구성요건은 genocidal intent라고도 불리는 한 집단에 대한 '파괴의 의도'인데, 이 의도의 존재는 가해자의 발언, 행위 또는 여러 가지 관련 정황으로부터 유추할 수 있다. 이 개념은 특정 개인의 의도를 지칭하기 보다는 계획, 정책 등의 형태로 표현되는 집단의 의도를 의미한다.[8] 오랜 기간에 걸친 차별과 박해의 역사와 2011년, 2016년, 2017년의 로힝야족에 대한 구체적 공격양태를 고려할 때, ICC검찰부의 입장에서 이 genocidal intent 요건의 입증은 충분히 도전해 볼만 하다고 여겨진다. 로힝야족에 대한 공격이 제노사이드를 구성할 수 있음을 인정한 '유엔보고서'는 미얀마 군부의 genocidal intent가 미얀마군 지휘부의 발언과 구체적 폭력행위 및 관련 맥락으로부터 유추될 수 있다고 한다.

문제는 제노사이드 기소의 전제가 되는 기본행위들인 살해, 강간, 방화 등이 ICC의 당사국이 아닌 미얀마에서 발생했으므로 범죄

발생지가 당사국 영토일 것을 요구하는 로마규정상의 조건을 충족시킬 수 있느냐의 여부이다. 이에 대한 고려의 핵심은 로마규정 제6조 (a)－(e)항에 규정되어 있는 제노사이드의 5가지 범죄유형 중 '행위'와 '결과'를 분리하여 고려할 수 있는 것이 있는지, 있다면 이 두 가지 중 하나 또는 하나 이상이 ICC당사국^{방글라데시} 영토에서 발생했다고 볼 수 있는지이다. 필자의 생각에는 제6조 (d)항상의 '출생방지조치 부과 행위'와 제6조 (e)항상의 '한 집단에서 다른 집단으로 어린이들을 강제로 이동시키는 행위'는 로힝야 사태와는 관련이 없어 보이고, 제6조 (a)항상의 '살해' 또한 그 행위와 결과가 모두 비당사국인 미얀마에서 발생했으므로 고려대상에서 제외되어야 할 것으로 보인다. 따라서, 로힝야 사태에 적용될 수 있는 행위유형은 제6조 (b)항상의 '심각한 육체적 또는 정신적 위해를 가하는 행위'와 제6조 (c)항의 '한 집단의 물리적 파괴를 야기하기 위한 생활조건을 의도적으로 부과하는 행위'라고 생각된다. 일부 국제형사법 전문가들은 제6조 (c)항이 로힝야 사태에 가장 잘 부합하는 제노사이드 행위형태라고 보고 있으나,[9] 이 범죄유형은 오직 특정 생활조건을 부과하는 행위 자체만이 구성요건인 '행위범'^{결과범에 대응하는 개념}이고 로힝야 사태에 있어서의 모든 행위는 미얀마 영토에서 발생했으므로 범죄발생지가 당사국 영토여야 한다는 조건을 충족시키기 어렵다고 생각된다. 결국 '행위'와 '결과' 양자 모두를 구성요건을 삼고 있고, '육체적 또는 정신적 위해'라는 '결과'가 ICC당사국^{방글라데시}에서 발생했다고 볼 수 있는 제6조 (b)항상의 '심각한 육체적 또는 정신적 위해를 가해는 행위'가 유일하게 로힝야 사태에 적용할 수 있는 제노사이드 행위유형이라고 여겨진다.

2018년 12월 미국 하원은 398대 1로 통과된 결의안을 통해 미얀마군이 로힝야족에 대한 제노사이드를 실행해 왔음을 선언하였다.[10] 특히, 동 결의안은 트럼프 정부, 특히 폼페이오 국무장관으로 하여

금 로힝야족이 제노사이드의 피해자인지의 여부에 대한 입장을 명확히 하라고 촉구하였다. 가까운 미래에 로힝야 사태가 제노사이드로 인정된다면 이는 국제법의 발전과 성취의 중요한 추가적 실례가 될 것이다.

4. 결론

2018년 9월 유엔인권이사회는 미얀마 사태에 관한 '유엔 독립수사협의체^{UN Independent Investigative Mechanism for Myanmar(IIMM)}'을 설립하였고 이 조직은 2019년 7월 1일 공식업무를 개시하여 동년 8월 7일 첫 번째 공식 보고서를 제출하였다. IIMM은 2011년 이후 미얀마에서 발생한 핵심 국제범죄 관련 증거수집을 위한 조직으로서, 수집된 증거들은 미래에 미얀마 사태에 대한 관할권을 행사하게 될 각국 국내재판소, 지역재판소, 또는 국제재판소에서 활용될 예정이다.

ICC검찰부는 이미 2018년 9월 18일 로힝야 사태에 대한 직권에 의한 예비심사에 착수하였고, 2019년 3월초 ICC검찰부 대표단은 사상 최초로 방글라데시의 로힝야족 난민캠프를 방문하여 로힝야 난민, 유엔직원, 각종 NGO종사자들을 인터뷰하였다. 결국, 2019년 7월 4일 ICC검찰부는 로힝야 사태를 담당하는 제3번 전심재판부에 수사개시 허가를 요청하였다. 2019년 10월말 현재 동 전심재판부는 수사개시 허가 여부에 대한 검토를 진행 중이며 수개월 내에 이에 대한 결정을 내릴 것으로 예상된다. ICC검찰부의 수사개시 요청서에 따르면, 수사개시가 허가될 경우 검찰부의 수사는 2017년 8월 이후 발생한 범죄에 집중될 것으로 보인다.

마지막으로 한 가지 언급할 점은 ICC비당사국^{미얀마}와 당사국^{방글라데시} 사이의 국경을 넘어 발생한 '인도에 반한 죄로서의 국외추방 범죄'에 대한 수사 및 기소 가능성의 대두는 새롭고 창의적인 법적 시도로서 여타 비슷한 국제적 인권유린 사태에 확대적용될 가능성이 엿보이고 있다는 점이다. 예를 들어, 2018년 9월의 ICC전심재판부 결정문은 시리아 알 아사드 정권이 저지른 국제범죄를 ICC에 제소하기 위한 요르단 거주 시리아 난민들의 노력에 새로운 가능성과 활력을 제공하고 있다.11) ICC비당사국시리아과 당사국요르단 사이의 국경을 넘어 난민이 된 그들은 비슷한 사안이었던 로힝야 사태에 대한 ICC전심재판부의 법적 분석을 시리아 사태에도 적용시키려는 시도를 이어가고 있다. 세계 곳곳에서 자행되는 대규모 인권유린과 이에 대한 국제법의 대응은 날이 갈수록 이전에는 알지 못했던 새롭고 창의적인 법논리와 법적 기제의 발전으로 이어지고 있는 것이다.

〈저자 후기〉

2019년 11월 14일 결국 ICC전심재판부는 "방글라데시/미얀마" 상황에 대한 동 검찰부의 수사개시를 허가하였다. 동년 11월 11일 감비아 정부는 국제사법재판소ICJ에 미얀마 정부의 1948년 제노사이드 협약 위반에 대한 판단과 관련 잠정조치의 발동을 구하는 소를 제기하였다.

---

1) Amnesty International, Myanmar: Scorched-earth campaign fuels ethnic cleansing of Rohingya from Rakhine State, 14 September 2017, https://www.amnestyusa.org/press-releases/myanmar-scorched-earth-campaign-fuels-ethnic-cleansing-of-rohingya-from-rakhine-state/

2) Shakeeb Asrar, "Rohingya crisis explained in maps", *Al Jazeera*, 28 Oct. 2017, https://www.aljazeera.com/indepth/interactive/2017/09/rohingya-crisis-explained-maps-170910140906580.html.

3) Report of the independent international fact-finding missionon Myanmar, UN Doc. A/HRC/39/64, Human Rights Council, Thirty-ninth session, 10-28 September 2018.

4) International Criminal Court, Application under Regulation 46(3): Prosecution's Request for a Ruling on Jurisdiction under Article 19(3) of the Statute, 9 April

2018.

5) International Criminal Court, Pre−Trial Chamber I, ICC−RoC46(3)−01/08, Request under Regulation 46(3) of the Regulations of the Court: Decision on the "Prosecution's Request for a Ruling on Jurisdiction under Article 19(3) of the Statute", 6 September 2018.

6) International Criminal Court, Pre−Trial Chamber I, ICC−RoC46(3)−01/08, Request under Regulation 46(3) of the Regulations of the Court: Decision on the "Prosecution's Request for a Ruling on Jurisdiction under Article 19(3) of the Statute", 6 September 2018, paras. 63−64, and 72.

7) International Criminal Court, Pre−Trial Chamber I, ICC−RoC46(3)−01/08, Request under Regulation 46(3) of the Regulations of the Court: Decision on the "Prosecution's Request for a Ruling on Jurisdiction under Article 19(3) of the Statute", 6 September 2018, paras. 74−79.

8) 집단의 의도로서의 genocidal intent 개념에 대한 상설은, Sangkul Kim, *A Collective Theory of Genocidal Intent* (The Hague: Asser Press/Springer, 2016) 참조.

9) Kevin Jon Heller, "The ICC Has Jurisdiction over One Form of Genocide in the Rohingya Situation", Opiniojuris.org, 7 September 2018, http://opiniojuris.org/2018/09/07/33644/

10) POLITICO, "House calls Rohingya crisis a 'genocide', urges Pompeo to take a stand", 13 December 2018, https://www.politico.com/story/2018/12/13/rohingya−house−resolution−pompeo−1063111

11) The Intercept, "Syrian Refugees Use Precedent set in Rohingya Case to Try to Bring Government Officials Before the International Criminal Court", 16 March 2019, https://theintercept.com/2019/03/16/syria−conflict−internation−criminal−court/

로힝야 사태와 국제법의 대응

골란고원에 대한 이스라엘의 주권을 승인한 트럼프 대통령 포고문의 국제법상 함의

김성원(원광대학교 법학전문대학원 부교수)

1. 서론

2018년 11월 미국은 이스라엘의 골란고원 지배를 비난하는 UN 총회 결의 채택에 대하여 반대표를 던졌다. 지난 몇 년간 미국은 상기 쟁점에 관한 UN총회 결의 채택에 있어서 기권을 하여 왔지만, 처음으로 반대를 표명한 것이다. 이스라엘의 골란고원 점령에 대한 미국의 입장은 2019년 트럼프 대통령에 의해서 극적으로 변화하게 되었다. 트럼프 대통령은 2019년 3월 21일 자신의 트위터에 1967년 중동전쟁 이후 52년이 지난 지금 미국은 골란고원에 대한 이스라엘의 주권을 완전히 승인할 때가 되었음을 밝힌 바 있으며, 2019년 3월 25일 트럼프 대통령은 네타냐후 이스라엘 총리가 참석한 가운데 골란고원에 대한 이스라엘의 주권을 승인하는 포고문에 서명하였다.

트럼프 대통령의 골란고원에 대한 이스라엘의 주권 승인은 미국과 이스라엘의 국내정치와 관련된 복잡다기한 상황에서 나온 것이지만, 2018년 5월 14일 이스라엘 주재 미국 대사관을 예루살렘으로 이전한 사건[1]과 같이 국제사회에 적지 않은 반향을 일으켰다. 트럼프 대통령의 골란고원에 대한 이스라엘의 주권 승인은 중동의 상황을 더욱 악화시킬 것이라는 전망이 지배적이다. 이와 같은 상황에서 트럼프 대통령의 골란고원에 대한 이스라엘의 주권 승인이 국제법상, 특히 무력행사와 영토취득의 관점에서 어떠한 의미를 갖는지를 간략히 살펴보고자 한다.

2. 골란고원에 관한 약사(略史)

골란고원은 시리아와 이스라엘의 국경 지대에 위치한 해발 1,000m, 면적 1,800km²의 암석 고원이자 전략적 요충지이다. 16세기 오스만 터키 제국이 시리아를 정복한 후에 골란고원은 오스만 터키 제국의 일부로 편입되었다. 1차 대전 이후 골란고원은 팔레스타인 지역과 함께 영국의 통치권에 속하게 되었는데, 영국이 골란고원을 프랑스에 넘겨주면서 골란고원은 프랑스의 위임통치령이었던 시리아의 일부가 된다. 1944년 프랑스의 시리아 위임 통치가 종료되었을 때, 골란고원은 신생독립국인 시리아의 일부가 되었으며 시리아는 골란고원을 쿠네이트라주로 편입했다. 1948년과 1949년 발발한 제1차 중동전쟁 이후, 골란고원은 이스라엘 – 시리아 휴전협정에 따라 부분적으로 비무장화되었지만, 1967년 이스라엘 – 시리아의 6일 전쟁 이후, 골란고원은 이스라엘에 의해 점령되고 있는 상태이다. 시리아는 1973년 제4차 중동전쟁에서 골란고원의 탈환을 시도하였지만 실패로 돌아갔다. 이후 이스라엘은 비록 병합이라는 용어를 사용하지는 않았지만, 이스라엘의 법, 관할권 및 행정권이 골란고원에 적용되는 내용을 골자로 하는 골란고원법Golan Heights Law을 1981년 제정하여 골란고원을 병합하였다.

1967년 UN안전보장이사회는 전쟁에 의한 영토취득의 불가를 강조하는 결의 제242호를 채택하여 6일 전쟁 이후 골란고원에 대한 이스라엘의 점령을 규탄하였으며, 1981년 골란고원법 제정에 대하여 1981년 결의 제497호를 채택하여 이스라엘의 골란고원 병합은 무효이며, 국제법상 효력이 없음을 선언하였다. UN총회 또한 결의 제226호를 채택하여 이스라엘의 골란고원 병합이 무효임을 선언하였다.[2]

3. 골란고원 관련 트럼프 대통령의 포고문과 관련한 국제법적 쟁점

트럼프 대통령의 골란고원에 대한 이스라엘 주권의 승인은 국제법상 다음과 같은 세 가지 쟁점과 관련된다. 첫째, 국제법상 골란고원의 지위는 무엇인가? 둘째, 골란고원의 점령 또는 병합을 정당화하는 이스라엘 주장의 근거는 무엇이며, 국제법상 이러한 주장은 수용될 수 있는 것인가? 마지막으로, 트럼프 대통령의 골란고원에 대한 이스라엘의 주권 승인이 골란고원에 대한 국제사회의 기존 입장에 어떠한 영향을 줄 수 있는 것인가이다.

첫째, 골란고원의 국제법상 지위에 대하여 영토취득과 관련된 쟁점이 제기된다. 즉, 국제법상 무력행사를 통한 영토취득이 허용되는지가 핵심 쟁점이다. 전통 국제법 시기에 무력행사를 통한 영토취득은 불법적인 것이 아니었다. 그러나, 1928년 Kellogg-Briand 조약 및 1945년 UN헌장에 무력행사금지원칙[3]이 규정됨으로써 영토취득의 방법으로서 무력행사는 불법화되었다. 즉, 정복 또는 무력을 통한 병합은 국제법상 더 이상 적법한 영토취득의 방법이 아닌 것이 되었다.

이스라엘은 1967년 6일 전쟁 이후 시리아 영토인 골란고원을 점령하고 1981년 골란고원법을 제정하여 골란고원의 병합을 시도하여 왔다. 국제사회는 UN안전보장이사회 결의 및 UN총회 결의를 통하여 이스라엘의 불법적인 골란고원 점령 및 병합을 규탄한 바 있다.

이러한 맥락에서 골란고원은 국제법상 어떠한 지위를 갖는가? 무력행사를 통한 영토취득이 불법화된 이상, 이스라엘은 골란고원에 대하여 무력충돌 후 타국 영토의 일부 또는 전부를 실효적으로 지배하는 전시점령belligerent occupation4)을 주장할 수 있을 뿐이다. 무력행사를 통한 영토취득이 불법화 된 바, 시리아 영토인 골란고원은 국제법상 주권의 이전transfer of sovereignty과 무관한 이스라엘의 전시점령지에 해당된다. 전시점령법상 점령국인 이스라엘은 전시점령과 관련된 의무를 이행하고 제한된 권리를 행사할 수 있지만, 주권의 이전과 같은 전시점령지의 법적 지위를 변경할 수는 없다.

둘째, 이스라엘은 골란고원의 점령 및 병합의 필요성을 강조하기 위하여 자위권 행사로서 방어전쟁defensive war을 주장하고 있다. UN헌장은 제51조에 따른 자위권 행사와 제7장에 따라 UN안전보장이사회의 승인을 얻은 군사적 강제조치를 무력행사금지원칙의 두 가지 예외로 허용하고 있다. 이스라엘과 이스라엘을 지지하는 미국은 침략전쟁aggressive war으로 영토는 취득될 수 없지만 방어전쟁으로 침략국의 영토를 취득하는 것은 허용되어야 한다고 주장한다. 골란고원은 6일 전쟁에 대한 이스라엘의 자위권 행사, 즉 방어전쟁으로 획득된 것인 바, 골란고원에 대한 이스라엘의 점령 및 병합은 정당화된다는 것이다.5) 전 ICJ 판사인 슈위벨 또한 이스라엘의 골란고원 점령 및 병합에 관한 문제는 정복에 대한 관점이라기보다 방어조치에 대한 관점에서 논의되어야 할 것을 강조한다. 즉, 슈위벨은 이스라엘을 둘러싼 주변 중동 국가들의 무력위협에 대응하기 위한 이스라엘의 전략적 필요성이 골란고원 관련 문제에 있어서 중요하게 고려되어야 한다는 입장을 밝히고 있다.6) 골란고원에 대한 이스라엘의 점령 및 병합이 크림반도에 대한 러시아의 병합과 어떠한 차이점이 있는가에 대한 질문에 대하여 미국무장관 폼페이오는 영토취득에 있어서 방어전쟁과 침략전쟁은 구분되어야 한다는 입장을 취하고 있는

데, 이 또한 같은 맥락이다.[7)]

일견, 이스라엘이 직면한 안보위협 및 주변 중동 국가들의 평화 체제 전환에 대한 태도를 감안할 때, 상기 주장의 타당성을 부인하기는 쉽지 않다. 그럼에도 불구하고, 무력행사를 통한 영토취득은 불법화되었으며, 영토취득과 무력행사의 상관관계를 고려함에 있어서 무력행사의 성격, 즉 침략전쟁과 방어전쟁을 구분하지 않는다는 점을 감안할 때, 이스라엘의 골란고원 점령 및 병합의 정당화 근거로서 자위권 행사 또는 방어적 필요성은 수용되기 어렵다. 자위권 행사를 통한 방어전쟁의 목적은 침략국을 자국의 영토에서 몰아내는 것이지, 침략국의 영토를 획득하는 것이 아니기 때문이다. 주변 중동 국가의 무력위협에 대응하기 위하여 이스라엘은 골란고원의 점령 및 병합 필요성을 주장하고 있는 바, 이스라엘은 국가책임법상 필요성 또는 긴급피난necessity을 원용하여 무력행사를 통한 영토취득의 위법성 조각을 시도할 수 있을 것이다.[8)] 그러나, 필요성 또는 긴급피난이 위법성 조각사유로 원용되기 위해서는 중대하고 절박한 위험에 대하여 본질적 이익을 수호하기 위한 유일한 방법과 관련된 엄격한 기준이 충족되어야 한다. 설령 이스라엘의 골란고원의 점령 및 병합이 상기 기준을 충족한다 하여도 위법성 조각사유와 강행규범 준수와의 관계를 감안할 때,[9)] 이는 수락되기 어려운 주장이다.

마지막으로 골란고원에 대한 이스라엘의 주권을 승인한 트럼프 대통령의 행위가 골란고원에 대한 국제사회의 기존 입장에 변화를 가져올 수 있는지를 살펴본다. 기본적으로 승인recognition은 법적 효과를 발생시키는 개별 국가의 정치적 재량 행위이다.[10)] 트럼프 대통령의 골란고원에 대한 이스라엘의 주권 승인에 대하여 EU를 비롯한 다수의 국가들은 트럼프 대통령의 행위가 골란고원의 법적 지위에 대한 국제사회의 기존입장에 어떠한 영향도 주지 않는다는 점을 분명히 밝히고 있다.[11)] 즉, 골란고원 관련 이스라엘의 지위와 시리아의 주권에 어떠한 영향도 주지 않는다는 점을 분명히 한 것이다.

　상기에서 언급한 바와 같이 골란고원은 이스라엘의 전시점령지인 바, 이스라엘은 골란고원에 대하여 자국의 주권 이전을 주장할수 없다. 골란고원법을 통한 이스라엘의 병합 시도에 대한 국제사회의 비난을 고려할 때, 트럼프 대통령의 골란고원에 대한 이스라엘의 주권 승인은 전시점령국으로서 이스라엘의 법적 지위에 악영향을미칠 수 있다. 또한, 국가책임법에 따라 국가는 강행규범의 중대한위반을 통해 창설된 상황을 합법적인 것으로 승인해서는 아니된다.[12] 비록 이스라엘은 골란고원의 점령 및 병합의 정당화 근거로써 UN헌장에 규정된 자위권 행사로서 방어전쟁을 주장하나, 이 또한 영토취득과 관련하여서는 UN헌장에 반하는 무력행사로 강행규범 위반에해당된다. 따라서, 트럼프 대통령의 골란고원에 대한 이스라엘의 주권 승인은 강행규범 위반 상황에 대한 불승인 의무를 위반하는 것이되는 것이다.

4. 평가와 전망

　트럼프 대통령의 골란고원에 대한 이스라엘의 주권 승인은 관련쟁점에 대한 국제법적 평가와 국제정치적 함의 사이의 복잡한 상관관계를 보여주는 것이다. 평화체제로의 전환이 교착상태에서 진전의기미가 보이지 않으며, 주변 중동 국가들의 이스라엘에 대한 무력위협을 감안할 때, 자위권 행사 또는 방어적 필요성에 근거한 이스라엘의 골란고원 점령 및 병합의 사실상 및 전략상 필요성을 무시하기는 쉽지 않다. 그럼에도 불구하고, 무력행사금지원칙 및 무력행사를통한 영토취득의 불법화는 반드시 준수되어야 하는 것이다.

　자위권 행사 또는 방어적 필요성에 근거한 이스라엘의 골란고원점령 또는 병합에 대한 주장은 무력행사금지원칙을 수호하기 위한 노력을 경주해 온 국제사회의 노력을 무의미한 것으로 만드는 것이다. 만약 이스라엘과 미국의 주장이 수용된다면, 강대국이 주변 약소국을 도발하여 전쟁을 유발하고 이에 대하여 방어전쟁으로 자위권을 행사함으로써 약소국의 영토를 취득하게 되는 상황이 정당화될 것이다. 무엇보다도 트럼프 대통령의 골란고원에 대한 이스라엘의 주권 승인은 중동 상황의 악화를 야기함으로써 국제사회에 적지 않은 부담을 안겨줄 것이다. 1928년 Kellogg-Briand 조약 및 1945년 UN헌장 체제의 수립으로 확립된 무력행사금지원칙 준수에 대한 국제사회의 노력은 존중되어야 하며, 무력행사금지원칙의 절대성은 아무리 강조해도 지나치지 않는 것이다. 국제사회가 강대국의 이해에 따라 법의 지배원칙이 훼손되는 것을 좌시할 수 없음은 당연한 것이다.

---

1) 동 사건에 대한 국제법적 평가는 이성덕, "이스라엘 주재 미국 대사관 예루살렘 이전 무엇이 문제인가?", 국제법현안 Brief (2018-제4호, 대한국제법학회) (http://www.ksil.or.kr/sub/sub_05_05, 2019. 5. 11) 참조.

2) United Nations Security Council Resolution 242(S/RES/242) (1967), United Nations Security Council Resolution 497 (S/RES/497) (1981), United Nations General Assembly Resolution 226 (A/RES/36/226) (1981).

3) UN헌장 제2조 4항은 타국의 영토보전, 정치적 독립 또는 UN의 목적과 양립하지 않는 무력의 위협이나 행사를 금지하고 있다.

4) E. Benvenisti, "Occupation, Belligerent", in Max Planck Encyclopedia of Public International Law, Vol. VII, (OUP, 2012), p. 920.

5) E. Kontorovich, "International Law and the Recognition of Israeli Sovereignty in the Golan Heights", Hearing before the U.S. House of Representatives, Committee on Oversights Subcommittee on National Security, July 17, 2018.

6) S. Schwebel, "What Weight to Conquest?", 64 AJIL, 344 (1970), p. 347.

7) "Pompeo flounders on why annexation is good for the Golan but not for Crimea", The Guardian, April 11, 2019.

8) 국가책임법 초안 제25조 참조.

9) 국가책임법 초안 제26조 참조.

10) 국제법상 승인의 효과에 관하여는 임예준, "베네수엘라 과이도 임시대통령 승인의 국제법상 의미", 국제법현안 Brief (2019-제6호, 대한국제법학회) (http://www.ksil.or.kr/sub/sub_05_05, 2019. 5. 11) 참조.

11) "EU 골란고원에 대한 이스라엘 주권 인정 안 해", 연합뉴스, 2019년 3월 22일자 보도 참조.
12) 국가책임법 초안 제41조 참조.

제 2 부

국제법이 바라본 해양질서

2016년 남중국해 중재판정 그 후, 지속되는 '항행의 자유 작전'과 국제법

이기범(아산정책연구원 연구위원, 법학박사)

1. 들어가며

2016년 7월 12일 유엔해양법협약United Nation Convention on the Law of the Sea '제7부속서 하에서 구성된 중재재판소'이하 '중재재판소'는 필리핀과 중국 간 남중국해 분쟁에 대하여 역사적인 중재판정을 내렸다. 하지만 중재판정이 내려진 이후 몇 년의 시간이 흘렀으나 남중국해를 둘러싼 중국과 베트남, 인도네시아 등 남중국해 연안국들 그리고 중국과 미국의 갈등은 여전히 진행 중이다. 참고로 2013년 1월 22일 중재재판소에 분쟁을 회부했던 필리핀은 로드리고 두테르테 대통령 취임 이후 다소 친중^{親中}에 가까운 행보로 오늘 현재 중국과의 분쟁을 악화시키지는 않고 있다. 특히 미국은 남중국해에서 소위 '항행의 자유 작전'freedom of navigation operations1)을 지속적으로 수행하면서 2016년 중재판정 이후 불리해진 중국의 법적 입장을 한층 더 수세로 몰고 있다.

항행의 자유 작전의 구체적인 사례로는 2018년 5월 27일 미국 해군 함정 2척이 '파라셀 제도'Paracel Islands(중국명: 西沙群島)에 속하는 'Woody Island'^{중국명: 永興島} 등 몇몇 암석들의 영해기선 12해리 이내로 진입하

2
0
1
6
년
남중국해
중재판정
그
후,
지속되는
「항행의
자유
작전」
과
국제법

여 항행하면서 수행한 항행의 자유 작전 등을 들 수 있다. 중국은 지난 2012년 6월 파라셀 제도 내에서 가장 큰 섬인 Woody Island에 군사적 목적을 가진 행정도시라 간주될 수 있는 'Sansha City'^{중국}명: 三沙市를 건설하고 영유권 강화 정책을 적극적으로 추진하고 있는데, 이 파라셀 제도에 대하여는 베트남도 주권을 주장하고 있다.2) 이하에서는 미국이 남중국해에서 수행하고 있는 항행의 자유 작전에 대한 국제법상 쟁점을 알아보고, 이 쟁점을 2016년 중재판정 내용에 비추어 살펴보고자 한다.

2. 남중국해에서 수행되고 있는 미국의 항행의 자유 작전

미국의 '항행의 자유 프로그램'^{Freedom of Navigation Program}은 공식적으로 1979년에 만들어졌다.3) 항행의 자유 프로그램이 만들어진 이유는 미국 군사력의 '지구적 이동성'^{global mobility}을 보장하고 해상운송이 그 어떤 방해도 받지 않는 상태를 유지하고자 했기 때문이다.4) 이를 위해 미국 국무부와 미국 국방부는 다소 다른 역할을 수행했다. 즉, 미국 국무부는 연안국들의 과도한 해양 권원 또는 해양 권리 주장에 대하여 외교적으로 항의를 해왔으며, 미국 국방부는 국무부의 외교적 항의를 실질적으로 보완하기 위해 연안국들의 과도한 해양 권원 또는 해양 권리 주장에 대하여 '작전'을 수행하여 이와 같은 과도한 주장을 봉쇄해왔다. 이는 항행의 자유 작전이 바로 미국 국방부가 항행의 자유 프로그램을 이행하는 구체적인 방법이라는 것을 의미한다.

그렇다면 구체적으로 미국이 남중국해에서 항행의 자유 작전을 수행하는 목적은 무엇인가? 첫째, 중국이 영해기선으로부터 12해리에 이르는 자국 영해 내에서 미국을 포함한 외국 군함의 (중국 정부의 허가를 필요로 하지 않는) 무해통항권 향유를 인정하도록 압박하는 것을 목적으로 하고 있다. 둘째, 중국이 암석이 아닌 간조노출지^{low-}

tide elevations 또는 인공섬 등을 이용하여 12해리에 이르는 영해를 주장하는 것을 무력화시키고자 하는 목적도 포함한다.

미국이 남중국해에서 2018년에 수행한 항행의 자유 작전 사례 각각을 살펴보면 이와 같은 두 가지 목적 중 하나를 포함하고 있다. 예를 들어, 미국이 2018년 5월 27일 파라셀 제도에서 수행한 항행의 자유 작전은 중국이 12해리에 이르는 자국 영해 내에서 미국^{또는 외국} 군함의 무해통항권 행사를 인정할 것을 압박했다. 마찬가지로 미국이 2018년 1월 17일 스카버러 사주^{Scarborough Shoal(중국명: 黃岩島)5)}의 12해리 이내로 군함을 진입시킨 항행의 자유 작전 역시 중국이 12해리에 이르는 자국 영해 내에서 미국 군함의 무해통항권 향유를 인정하도록 압박하는 것을 목적으로 삼았다고 볼 수 있다.

지난 1992년 발효된 중국의 '영해 및 접속수역법' 제6조는 "(외국) 군함이 중국 영해에 진입하려면 중국 정부의 허가를 얻어야 한다."고 규정하고 있다. 하지만 미국은 어떤 연안국의 영해 내에서도 외국 군함의 무해통항권 행사는 인정되어야 한다는 입장을 강력히 견지하고 있기 때문에 미국 입장에서는 중국이 '허가'라는 절차를 통해 중국 자신의 영해 내에서 외국 군함의 무해통항권 향유를 통제하는 것은 중국의 과도한 해양 권리 주장에 해당한다. 이와 같은 과도한 주장에 도전하기 위해 미국은 항행의 자유 작전을 수행하고 있는 것이다. 물론 미국이 파라셀 제도에서 수행한 항행의 자유 작전은 중국의 과도한 직선기선 주장에 대한 반대의 뜻도 내포하고 있다.⁶⁾

외국 군함의 무해통항권 행사 인정을 압박하는 목적 이외에도 남중국해에서 수행되는 미국의 항행의 자유 작전은 '기본적으로' 12해리에 이르는 영해를 주장할 수 없는 간조노출지⁷⁾ 또는 인공섬 등으로부터의 영해 주장을 무력화하기 위해서도 이루어지고 있다. 예를 들어, 2018년 3월 23일 미국이 미스치프 암초^{Mischief Reef(중국명: 美济礁)}의 12해리 이내로 군함을 진입시킨 항행의 자유 작전은 간조노출지에 인공적으로 시설을 만들어 영해를 주장하는 것에 대한 반대를 표현하기 위한 목적으로 수행되었다. 특히 미스치프 암초는 지난 2016년 중재판정의 대상 지형이었기 때문에 2018년 3월 23일 항행의 자유 작전은 중재판정 내용에 부합될 수 있는 작전이라 평가할 수 있을 것이다.

3. 미국의 항행의 자유 작전은 남중국해 중재판정에 부합하는가?

2016년 중재재판소가 내린 남중국해 중재판정은 일방적으로 분쟁을 중재재판소에 회부한 필리핀의 청구취지가 15개에 이르는 등 한 눈에 법적 쟁점을 파악하기 쉽지 않은 사건이다. 다만 중재판정 내용 중 남중국해에서 이루어지고 있는 미국의 항행의 자유 작전과 직·간접적으로 관련이 있는 주요 내용은 (i) 소위 '9단선'nine-dash line 에 의해 둘러싸인 해양영역에 대하여 중국이 주장하는 권리는 유엔해양법협약 하에서 중국이 주장할 수 있는 해양 권원을 초과하는 한 유엔해양법협약에 반하고 법적 효과가 없다는 것, (ii) 스카버러 사주는 배타적 경제수역 또는 대륙붕에 대한 권원을 발생시킬 수 없는 유엔해양법협약 제121조 제3항8) 하의 '암석'에 해당하는 해양지형이라는 것, (iii) 미스치프 암초는 영해에 대한 권원을 발생시킬 수 없는 간조노출지이며 영유할 수 있는 해양지형이 아니라는 것, (iv) 미스치프 암초는 필리핀의 배타적 경제수역 및 대륙붕 내에 위치하고 있다는 것 등이다.

위에서 언급한 것처럼 미국이 남중국해에서 수행하고 있는 항행의 자유 작전은 두 가지 목적 중 하나를 포함하고 있다. 이 중에서 중국이 12해리에 이르는 자국 영해 내에서 외국 군함의 무해통항권 행사를 인정하도록 압박하고자 하는 목적을 가지고 수행되는 항행의 자유 작전은 2016년 중재판정과 직접적인 관련이 없다. 다만 미국 군함이 9단선 내로 진입한다는 것 자체가 중국이 주장해왔던 9단선 개념에 대한 간접적인 불인정 정도로 해석될 수는 있을 것이다.

미국이 수행하고 있는 항행의 자유 작전이 중국이 간조노출지 또는 인공섬 등을 이용하여 12해리에 이르는 영해를 주장하는 것을 무력화시키기 위한 목적을 가지고 있다면 이는 2016년 중재판정 내용과 부합하는 작전이라 평가할 수 있을 것이다. 그러나 이러한 평가도 조심스러운 분석을 필요로 한다. 즉, 미국이 특히 미스치프 암초의 12해리 이내에서 수행하고 있는 항행의 자유 작전은 2016년 중재판정에 의하면 '필리핀'의 배타적 경제수역에서 이루어지는 항행의 자유 행사가 된다. 연안국들의 배타적 경제수역에서도 공해에서와 마찬가지로 기본적으로 항행의 자유가 인정되기 때문에 이와 같은 항행의 자유 작전은 국제법상 큰 문제를 야기하지는 않는다. 그러나 미국은 필리핀을 포함하여 연안국들의 배타적 경제수역을 국제법상 사용되지 않는 개념인 소위 '국제수역'international waters에 포함된다고 전제하고 있다.9) 따라서 미국이 소위 국제수역에서 수행하는 항행의 자유 작전은 연안국들의 배타적 경제수역에서 항행의 자유가 인정되어야 한다는 차원에서 결과론적으로 2016년 중재판정에 부합하는 것이지 소위 국제수역이라는 그 전제부터 국제법에 완벽히 부합하는 것으로 평가될 수는 없다는 것이다.

4. 나가며

2016년 7월 12일 남중국해 중재판정은 1948년부터 계속되어 왔던 중국의 9단선초기에는 11단선 주장을 법적 근거가 존재하지 않는 것으로 확인했으며, 남중국해에서 중국이 간조노출지 또는 인공섬 등을 이용하여 과도한 해양 권원 또는 해양 권리를 주장하는 것을 봉쇄했다는 차원에서 큰 의의를 가진다. 하지만 위에서 언급한 것처럼 미국의 항행의 자유 작전은 사실 필리핀과 중국 간 남중국해 분쟁과는 다른 맥락에서 시작되었고, 따라서 현재 수행되고 있는 항행의 자유 작전은 미국과 중국 간 갈등에 대한 미국의 도전 또는 반응이라 보는 것이 옳다.

그럼에도 2016년 중재판정으로 인해 미국이 항행의 자유 작전을 수행하는데 있어 합법성^{legality}까지는 아니라 하더라도 어느 정도 '정당성'^{legitimacy}을 확보했다고 결론짓는 것은 큰 무리가 없다. 중국이 12해리에 이르는 자국 영해 내에서 외국 군함의 무해통항권 행사를 인정하는 문제 자체가 2016년 중재판정과 직접적인 관련이 있는 것은 아니지만 중재판정의 전체적인 취지가 유엔해양법협약이 허용하지 않고 있는 과도한 해양 권원 또는 해양 권리 주장을 인정하지 않고자 하는 것임을 염두에 두어야 한다. 미국은 기본적으로 어느 정도 설득력 있는 국제법적 논리 하에 2016년 중재판정과 같은 맥락에서 과도한 해양 권원 또는 해양 권리 주장에 대한 반대의 뜻을 행동으로 보여주고 있는 항행의 자유 작전을 수행하고 있다. 따라서 비록 미국의 항행의 자유 작전이 2016년 중재판정을 이행하고 있는 것은 아니나 과도한 해양 권원 또는 해양 권리 주장을 배척하고자 하는 중재판정으로 인해 결과론적으로 미국이 항행의 자유 작전을 수행하기에는 좀 더 좋은 법적 환경이 조성되었다는 평가가 가능하다.

[그림 1] 파라셀 제도와 스카버러 사주를 포함한 남중국해 영역
2016년 7월 12일 중재판정 p. 9 참조

[그림 2] 미스치프 암초가 위치한 남중국해 영역
2016년 7월 12일 중재판정 p. 125 참조

1) 항행의 자유 작전은 약칭으로 'FONOPs'라 불린다.

2) *Note Verbale* 86/HC−2009 from the Permanent Mission of the Socialist Republic of Viet Nam to the Secretary−General of United Nations, http://www.un.org/depts/los/clcs_new/submissions_files/mysvnm33_09/vnm_chn_2009re_mys_vnm_e.pdf.

3) U.S. Department of Defense, 2017 Annual Freedom of Navigation Report (to Congress), https://policy.defense.gov/Portals/11/FY17%20DOD%20FON%20Report.pdf?ver=2018−01−19−163418−053, p. 2.

4) *Ibid.*

5) 스카버러 사주의 주권을 놓고 필리핀과 중국이 분쟁 중이나 미국은 스카버러 사주의 주권이 어느 국가에게 속하는지에 대하여는 관심이 없다. 즉, 현재 스카버러 사주를 중국이 점령(occupation)하고 있는 상황에서 2018년 1월 17일 항행의 자유 작전 대상 국가가 자국 영해 내에서 외국 군함의 무해통항권 행사를 인정하지 않고 있는 중국이 되었을 뿐이다. Visit https://thediplomat.com/2018/01/in−2017−us−freedom−of−navigation−operations−targeted−10−asian−countries−not−just−china/.

6) U.S. Department of Defense, *supra* note 3, p. 3.

7) 유엔해양법협약 제13조 제1항은 "간조노출지는 썰물일 때에는 물로 둘러싸여 물 위에 노출되나 밀물일 때에는 물에 잠기는 자연적으로 형성된 육지지역을 말한다. 간조노출지의 전부 또는 일부가 본토나 섬으로부터 영해의 폭을 넘지 아니하는 거리에 위치하는 경우 그 간조노출지의 저조선을 영해기선으로 사용할 수 있다."고 규정하고 있다. 이러한 경우 간조노출지의 저조선이 영해기선으로 활용될 수는 있다. 하지만 유엔해양법협약 제13조 제2항이 "간조노출지 전부가 본토나 섬으로부터 영해의 폭을 넘는 거리에 위치하는 경우, 그 간조노출지는 자체의 영해를 가지지 아니한다."고 규정하고 있는 것처럼 간조노출지는 기본적으로 12해리에 이르는 영해를 가지지 않는다.

8) "인간이 거주할 수 없거나 독자적인 경제활동을 유지할 수 없는 암석은 배타적 경제수역이나 대륙붕을 가지지 아니한다."

9) 미국 국방부는 2016년 12월 중국이 미국 해군 소속 해양측량선인 바우디치(Bowditch)호가 회수하고 있던 수중드론(underwater drone) 하나를 압류한 사건이 일어난 장소인 필리핀 수비크만(Subic Bay)으로부터 북서쪽 방향으로 약 50해리 정도 떨어진 필리핀의 배타적 경제수역을 '국제수역'이라 불렀다. Visit https://www.defense.gov/News/ News−Releases/News−Release−View/Article/1034224/statement−by−pentagon−press−secretary−peter−cook−on−return−of−us−navy−uuv/.

동티모르-호주 해양경계조약의 주요 내용과 시사점

김원희(한국해양수산개발원 전문연구원)

1. 티모르해 해양분쟁의 배경 및 경과

동티모르와 호주는 동남아시아와 오세아니아 사이에 위치한 티모르해를 중간에 두고 서로 마주보고 있는 인접국가이며, 양국의 육지 간 가장 가까운 거리는 약 243해리이다. 역사적으로 동티모르는 포르투갈의 식민지배를 받았다가 1975년에 독립하였으나, 인도네시아가 곧 바로 동티모르를 침공하여 1999년까지 군사점령하였다. 군사점령 기간 동안 인도네시아는 동티모르를 대신해 호주와 티모르해 공동개발에 관한 여러 합의를 체결하였다. 이후 국제사회의 탈식민화 경향에 따라 인도네시아의 군사점령이 종식되었고, 유엔 동티모르 과도정부의 임시통치를 거치면서 동티모르는 2002년에 독립을 달성하였다. 동티모르는 독립한 이후에도 호주의 요구에 따라 기존에 체결된 해양자원 공동개발 합의를 수정하는 일련의 협정들을 체결하였다. 그러나 2006년 티모르해 특정해역체제 조약을 협상하는 과정에서 호주가 동티모르 대표단을 도청했다는 사실이 밝혀졌다. 이에 동티모르는 자국에게 불리하게 체결된 조약의 유효성을 둘러싼 호주와의 분쟁을 중재재판 등 다양한 국제분쟁해결 수단에 회부

하였다.[1]

중재재판을 계속 진행하면서 동티모르는 2016년 4월 11일 티모르해를 둘러싼 호주와의 분쟁을 유엔해양법협약^{이하 '협약'} 제5부속서 강제조정절차에 일방적으로 회부하였다. 분쟁당사국인 동티모르와 호주 이외에 티모르해 석유가스 합작투자사들도 조정위원회가 주재한 조정절차에서 개발구상에 관한 논의에 참여하였다. 마침내 2018년 3월 6일 동티모르와 호주는 티모르해에서 양국의 해양경계선을 획정하고, 그레이터 선라이즈 공동개발 특별체제를 설립하는 해양경계조약에 서명하였다.[2] 양국은 동티모르 독립을 위한 국민투표 20주년이 되는 2019년 8월 30일에 비준서 교환식을 거행하였으며, 티모르해 해양경계조약은 이날부터 양국에게 발효되었다. 이 조약은 협약 제5부속서 강제조정 절차를 활용하여 체결된 최초의 해양경계 합의이며, 지난 40년 간 티모르해 해양분쟁을 일단락 짓고 양국 관계에 새로운 장을 연 것으로 평가받고 있다.[3]

우리나라 역시 일본과 1974년 대륙붕 공동개발협정을 체결한 바 있으며, 협약 발효 이후 일본과 해양경계획정 협상을 계속하고 있는 상황이다. 대륙붕 공동개발 체제가 존재했던 경계미획정 수역에 대한 해양경계획정이 이루어진 이번 사례는 우리나라에게도 많은 시사점을 제공할 것으로 보인다. 이하에서는 동티모르-호주 해양경계조약의 주요 내용을 간략히 소개하고, 해양경계획정에 관한 시사점을 검토하고자 한다.

2. 동티모르-호주 해양경계조약의 주요 내용

1) 영구적인 해양경계선의 획정

동티모르와 호주는 해양경계획정의 방식, 티모르해 해저의 성격, 관련사정^{relevant circumstance}의 존재 등에 관하여 큰 입장 차이를 보여

왔다. 동티모르는 중간선 원칙에 따라 티모르해의 대륙붕과 배타적 경제수역 모두에 적용되는 단일해양경계선을 설정해야 하며, 중간선을 조정해야 할 관련사정은 존재하지 않는다는 입장을 취하였다. 나아가 티모르는 호주와의 중간선을 영구적인 해양경계선으로 수립하는 것이 독립국가로서 주권을 완성하는 것이라고 주장하면서, 그동안 자국에게 불리하게 체결된 공동개발 합의를 재협상하려는 전략을 취하였다. 이에 반해 호주는 티모르해 대륙붕의 지질학적, 지형학적 및 생태학적 특징이 관련사정에 해당하므로 대륙붕과 배타적경제수역 각각에 적용되는 이중해양경계선을 설정해야 한다고 주장하였다. 호주는 대륙붕의 자연적 연장론에 따른 이중해양경계선의 획정을 주장하면서, 해양경계획정 합의를 도출하지 못하더라도 티모르해 해양자원의 안정적인 개발과 이용을 추구하려는 협상전략을 취하였다.

결국 양국은 조정위원회가 제시하는 쟁점정리와 타협안을 통해 이견을 좁혀 나감으로써 영구적인 해양경계선 획정에 합의하였다. 조정위원회는 해양경계획정에 관하여 다툼 있는 법적 쟁점에 대해 결론을 제시하지는 않았지만 합의가 필요한 쟁점들을 정리하고 타협안을 제시함으로써 양국이 합의를 이끌어내는 데 기여하였다. 비공개로 진행된 강제조정절차를 통해 동티모르와 호주는 소위 티모르갭Timor Gap이라고 불리던 중첩수역의 배타적경제수역과 대륙붕에 대해 대체로 중간선 원칙에 따른 단일해양경계선을 설정하였다. 단일해양경계선을 제외한 나머지 경계선은 대륙붕 경계선으로 합의되었으며, 단일경계선의 동쪽과 서쪽에 있는 대륙붕의 경계를 획정하기 위해 측면 경계선도 설정되었다. 동쪽과 서쪽의 측면 대륙붕 경계선은 각각 단일해양경계선의 끝점으로부터 동티모르 해안 방향으로 진행하여 1972년 호주-인도네시아 대륙붕 경계선과 교차하는 지점까지 설정되었다.

[지도] 2018년 티모르해 해양경계조약에 따른 경계선

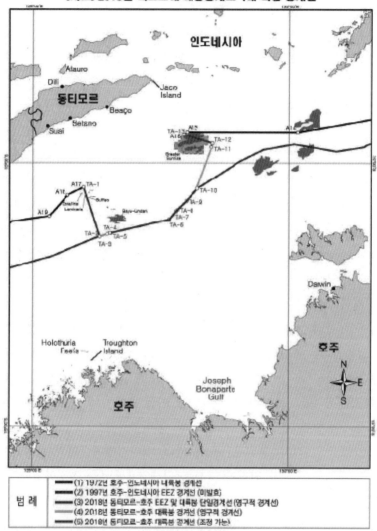

범례
- (1) 1972년 호주-인도네시아 대륙붕 경계선
- (2) 1997년 호주-인도네시아 EEZ 경계선 (미발효)
- (3) 2018년 동티모르-호주 EEZ 및 대륙붕 단일경계선 (영구적 경계선)
- (4) 2018년 동티모르-호주 대륙붕 경계선 (영구적 경계선)
- (5) 2018년 동티모르-호주 대륙붕 경계선 (조정 가능)

출처. Report and Recommendation, p. 79의 지도를 필자가 수정 보완한 것임

이 지도의 컬러색 원본은 「국제법현안 Brief 2019-제4호」 참조(http://www.ksil.or.kr/sub/sub_05_05).

[지도]에서 보이는 동티모르 측에 가까운 두 가지 경계선은 1972년 호주와 인도네시아 사이의 대륙붕 경계선이다. 호주－인도네시아 대륙붕 경계선과 평행하게 호주 측에 가깝게 설정된 두 가지 경계선은 1997년 퍼스조약에 따른 호주와 인도네시아 사이의 배타적경제수역 경계선이다. [지도]에서 동티모르와 호주 사이에 설정된 경계선(TA－5~TA－10)은 배타적경제수역 및 대륙붕의 경계를 획정한 단일경계선이다. 이 단일경계선에서 각각 동쪽과 서쪽으로 이어지는 두 가지 경계선(TA－2~TA－5, TA－10~TA－11)은 동티모르와 호주 사이의 영구적인 대륙붕 경계선이다. 한편 대륙붕 경계선에서 이어지는 두 가지 경계선(TA－1~TA－2, TA－11~TA－13)도 양국의 대륙붕 경계선이지만, 동티모르와 인도네시아가 앞으로 합의할 대륙붕 경계선에 따라 자동적으로 조정될 수 있도록 규정한 잠정적인 대륙붕 경계선이다.

2) 제3국과의 대륙붕 경계 합의를 고려한 경계선의 조정

동티모르－호주 해양경계조약의 중요한 특징 중 하나는 제3국과 장래에 체결하게 될 대륙붕 경계선을 상정하여 양국 간의 측면 경계선이 자동적으로 조정adjustment되도록 규정하고 있다는 점이다. 해양경계조약 제3조는 동티모르가 인도네시아와 장래에 합의하게 될 대륙붕 경계를 상정하여 동티모르와 호주 사이의 대륙붕 경계선의 외측한계가 자동적으로 조정되도록 규정하고 있다. 해양경계조약 제3조 제2항 및 제3항은 서쪽 측면 경계선, 제3조 제4항은 동쪽 측면 경계선의 조정에 대해 규정하고 있다.

먼저, 서쪽의 측면 경계선(TA－1~TA－2)은 동티모르와 인도네시아 간의 대륙붕경계획정 합의가 발효되는 경우 또는 라미나리아 Laminaria 유정과 코랄리나Corallina 유정이 상업적으로 소진Commercial Depletion 되는 경우 중에서 더 늦은 시기에 다음과 같이 조정된다. 첫째, 동티모르와 인도네시아가 합의하게 될 경계선이 티모르섬의 시작점에서 출발하여 A17~A18 사이의 지점까지 계속되는 경우, 동티모르－호주의 서쪽 측면 경계선은 TA－2에서 출발하여 동티모르와 인도네시아가 합의한 A17~A18 사이의 지점까지 이어지게 된다. 둘째, 동티모르와 인도네시아가 합의한 대륙붕 경계선이 A18 지점 보다 더 서쪽에 위치한 지점으로 결정되면, 동티모르와 호주의 서쪽 측면 경계선은 TA－2에서 출발하여 A18 지점에 이르는 선으로 조정된다. 따라서 현재의 서쪽 측면 경계선이 A17~A18 사이의 지점 또는 A18 지점보다 더 서쪽으로 이동하게 되면 동티모르의 대륙붕은 그만큼 확장될 것이다.

다음으로, 동쪽의 측면 경계선(TA－11~TA－13)은 그레이터 선라이즈 유정이 상업적으로 고갈되는 경우 또는 동티모르와 인도네시아 사이의 대륙붕 경계획정 합의가 발효하는 경우 중에서 더 늦은 시기에 다음과 같이 조정되어야 한다. 동쪽 측면 경계선은 TA－11 지점에서 출발하여 동티모르와 인도네시아가 앞으로 합의할 대륙붕 경계선과 1972년 호주－인도네시아 대륙붕 경계선이 만나는 지점까지 이어지도록 조정되어야 한다. 동티모르와 인도네시아가 합의하는 대륙붕 경계선이 A15 지점보다 동쪽으로 이동하게 되면 그레이터 선라이즈 유정의 대부분은 동티모르의 대륙붕으로 귀속될 가능성이 높다.

동티모르와 인도네시아의 추후 합의에 따라 동티모르－호주의 측면 해양경계선이 각각 동쪽과 서쪽으로 더 이동되어 공동개발 유정이 동티모르의 대륙붕에 속하게 되더라도, 공동개발에 관한 현상이 유지될 수 있도록 특별체제가 수립되었다. 즉 동티모르와 호주가 잠정적으로 합의한 대륙붕 경계선이 이동되어 공동개발 유정이 동티모르의 대륙붕에 속하더라도, 라미나리아 유정과 코랄리나 유정에 대해서는 동티모르가 배타적인 관할권을 행사하고 그레이터 선라이즈 유정에 대해서는 동티모르와 호주가 공동으로 관할권을 행사하게 된다. 해양경계조약 부속서 B[4]는 이와 같은 해양경계선의 조정 가능성을 상정하여 그레이터 선라이즈 유정에서의 석유가스 개발 및 생산 활동에 관한 특별체제를 규율하고 있다.

3) 그레이터 선라이즈 유정의 공동개발을 위한 특별체제

해양경계조약 제7조와 부속서 B는 그레이터 선라이즈 유정의 개발과 이익배분을 위한 특별체제Greater Sunrise Special Regime에 대해 규정하고 있다. 이번 해양경계조약에서 합의된 동쪽 측면 경계선에 따르면, 기존에 공동개발구역이었던 그레이터 선라이즈 유정의 70%가 동티모르의 해역에 속하게 되었다. 그레이터 선라이즈 유정이 동티모르와 호주의 경계선에 걸쳐있기 때문에, 해양경계조약과 부속서 B는 그레이터 선라이즈 유정이 고갈될 때까지 광구통합 방식을 적용하도록 규정하고 있다. 또한 부속서 B 제2조는 동티모르와 호주가 그레이터 선라이즈 유정에서 생산되는 모든 석유에 대해 공통의 권원을 보유하지만, 생산된 석유 가스를 위한 관선pipeline이 설치되는 지역에 따라 수익배분율이 달라지도록 규정하였다.[5]

강제조정절차가 진행되는 중간에 동티모르, 호주 및 합자투자사들은 그레이터 선라이즈 유정의 개발구상development concept에 관한 합의를 도출하지 못하였다. 동티모르는 그레이터 선라이즈 유정에서 개발되는 석유가스의 관선을 동티모르에 설치하는 개발구상을 주장하였으나, 합작투자사들은 호주에 이미 설치되어 있는 관선을 확장하여 이용해야 한다는 입장을 고수하였다. 호주는 두 가지 개발구상 중 어느 하나에 대한 선호도를 주장하지 않았지만 상업적으로 실행 가능한 개발구상이 선정되어야 한다는 입장을 유지했다.

이러한 입장 차이로 인해 동티모르와 호주는 개발구상을 결정하기 위한 행동계획action plan을 통해 조정위원회를 관여시킴으로써 개발구상에 관한 합의 도출을 시도하였다. 그러나 조정위원회의 관여에도 불구하고 그레이터 선라이즈 유정에서의 관선 설치 지역과 이익배분 등 구체적인 개발구상에 관하여 동티모르와 합자투자사들 간의 입장은 계속해서 평행선을 달렸다. 이러한 상황에서 조정위원회는 개발구상에 관한 결론을 내리지 않고 양측의 입장을 모두 해양경계 조약에 규정하는 절충안을 제시하였고 그것이 그대로 조약문에 반영되었다.

해양경계조약 부속서 B는 관선이 동티모르에 설치되는 Timor LNG 개발구상이 채택되면 동티모르와 호주가 70:30으로, 호주에 설치되는 Darwin LNG 개발구상이 채택되면 동티모르와 호주가 80:20으로 수익을 배분하도록 규정하였다.[6] 결국 동티모르와 호주는 그레이터 선라이즈 개발구상을 확정하지 못한 상태에서 해양경계조약문에 서명하였다. 동티모르와 호주 중 어느 곳에 관선을 설치할 것인가의 개발구상 문제는 앞으로 양국과 합작투자사들 간의 추가 협의를 통해 결정되어야 할 것이다.

3. 해양경계획정 관련 시사점

동티모르와 호주 간 해양경계조약은 협약 제5부속서 강제조정절차의 최초 활용, 대륙붕 공동개발협정 이후의 해양경계선 획정, 제3국을 고려한 경계선의 조정, 해양자원의 공동개발체제 수립 등 여러 가지 측면에서 면밀한 검토와 분석이 필요한 합의이다. 이 글에서는 지면의 제약상 해양경계획정에 관한 강제관할권 배제선언, 해양경계획정과 공동개발 체제의 존재, 제3국과의 해양경계 합의를 상정한 경계선 합의가 우리나라에게 주는 시사점을 살펴보고자 한다.

첫째, 협약 제298조에 따라 해양경계획정에 관한 강제분쟁해결절차의 선택적 배제선언을 기탁했더라도, 해양경계 분쟁과 관련하여 협약 제5부속서의 강제조정절차가 일방적으로 개시될 수 있는 가능성에 대비해야 한다. 우리나라는 2006년 4월 18일, 중국은 2006년 8월 25일에 강제분쟁해결절차 배제선언을 기탁하였으나, 일본은 그러한 배제선언을 기탁하지 않았다. 그동안 우리나라 학계에서는 강제절차 배제선언으로 독도 문제나 해양경계획정 분쟁이 유엔해양법협약상 강제절차에 회부될 가능성이 모두 차단된 것인지에 대한 논쟁이 있었다. 이번 사례를 볼 때 적어도 해양경계획정 분쟁에 대해서 일본이 우리나라를 제5부속서 강제조정절차에 일방적으로 회부할 가능성이 열려있다는 점은 확인되었다. 즉, 일본이 우리나라와의 해양경계 분쟁을 협약 제5부속서의 강제조정절차에 일방적으로 회부하면 우리나라가 그 조정절차에 동의하는지 여부와는 상관없이 협약 제298조 제1항(a)(i)의 단서 요건 충족 여부에 따라 강제조정 절차가 진행될 것이다. 다만 중국은 우리나라와 같이 배제선언을 하였기 때문에 협약 제298조 제3항에 따라 우리나라를 상대로 강제조정을 신청할 수는 없다.[7] 따라서 우리나라는 일본이 해양경계 분쟁을 강제조정절차에 일방적으로 회부할 가능성이 있다는 사실을 염두에 두고 경계획정 협상에 대비할 필요가 있다.

둘째, 이번 동티모르 – 호주 해양경계협정은 새로운 해양경계선의 획정에도 불구하고 기존의 공동개발 체제의 현상유지를 승인한 사례로서 한일 대륙붕 공동개발협정 체제 및 해양경계 협상 시에 선례로 참고할 수 있다. 동티모르와 호주는 마주 보는 티모르해에서 대체적으로 중간선 원칙에 따라 단일해양경계선을 설정하였으나, 동쪽 그레이터 선라이즈 유정이 있는 대륙붕에 대해서는 중간선이 조정된 측면 경계선을 설정하였다. 또한 그레이터 선라이즈 유정에 대한 대륙붕 경계획정에도 불구하고 기존 공동개발구역 체제의 현상유지를 인정하는 선에서 타협안을 도출하였다. 전반적으로 등거리선을 경계선으로 합의하고 측면 대륙붕 경계선의 조정 가능성을 규정한 것은 동티모르의 입장이 관철된 것이지만, 그레이터 선라이즈 유정에 대륙붕 경계선을 획정하고 공동개발 체제의 현상유지를 인정한 것은 호주의 입장이 관철된 것으로 볼 수 있다.

조정위원회의 임무는 국제재판소와는 달리 분쟁당사국들이 분쟁을 평화적으로 해결할 수 있도록 도와주고, 법적 구속력은 없지만 분쟁해결을 위한 권고안을 제시하는 것이다. 조정위원회는 이러한 강제조정의 임무와 기능을 강조하면서 해양경계획정 방식과 관련하여 다투어진 법적 쟁점에 대해 명확한 결론을 제시하지는 않았다. 다만 조정위원회는 경계획정방식에 관한 동티모르와 호주의 주장이 모두 정확한 것은 아니었으며, 이 사건에서 형평한 결과에 도달하기 위해 등거리선을 조정해야 할 관련사정이 존재했다는 점을 조정보고서에서 명시적으로 언급하였다.[8] 이 사건의 강제조정절차가 대부분 비공개로 진행되었기 때문에 어떠한 관련사정이 인정되었는지, 그리고 중간선이 어느 정도 조정된 것인지를 정확히 파악할 수 없는 한계가 있지만, 동티모르해 해양자원과 공동개발체제의 존재는 해양경계획정 협상에서 중요한 고려요인으로 인정된 것으로 보인다. 앞으로 관선 설치 지역의 선정 등 구체적인 개발구상에 관한 합의가 험난한 과제로 남아 있지만, 동티모르와 호주의 해양경계조약은 새로운 해양경계 수립에도 불구하고 기존의 공동개발 체제의 현상유지가 인정된 선례로 원용될 수 있을 것이다.

셋째, 해양경계 협상을 할 때 제3국과의 해양경계 합의에 따라 경계선이 조정될 수 있는 가능성을 상정하여 경계획정 합의를 도출하는 방안을 검토할 필요가 있다. 이번 해양경계조약은 동티모르와 인도네시아가 앞으로 체결하게 될 해양경계 합의를 상정하여 동티모르－호주 해양경계의 측면 경계선들이 자동적으로 조정되도록 규정하고 있다. 물론 이것이 가능했던 것은 호주와 인도네시아가 이미 대륙붕과 배타적경제수역의 경계를 획정하는 조약을 체결한 상황에서 조정가능한 경계선 기점들을 확인할 수 있었기 때문이다. 우리나라는 일본과 대륙붕 북부구역 경계획정 협정을 체결한 것 이외에는 해양경계 합의를 체결한 바 없기 때문에 동티모르 – 호주의 사례를 직접적으로 유추적용하기는 곤란한 측면이 있다. 그러나 우리나라가 중국이나 일본과 해양경계 협상을 할 때 직접적인 협상 대상국이 아닌 국가와의 해양경계를 염두에 두고 협상을 진행하게 될 것이므로, 해양경계선의 자동적 조정 가능성을 규정한 동티모르 – 호주 사례는 한, 중, 일 3국에게도 참고할 만한 사례가 될 것이다.

---

1) Report and Recommendations of the Compulsory Conciliation Commission between Timor – Leste and Australia on the Timor Sea (이하 'Report and Recommendations'), 9 May 2018, paras. 14 – 50. <https://pcacases.com/web/sendAttach/2327>

2) Treaty between the Democratic Republic of Timor – Leste and Australia establishing their Maritime Boundaries in the Timor Sea, singed on 6 March 2018.

3) Donald Rothwell, "2018 Timor Sea Treaty: a new dawn in relations between Australia and Timor – Leste?", LSJ, Issue 44, May 2018, p. 70; Nigel Bankes, "Settling the maritime boundaries between Timor – Leste and Australia in the Timor Sea", Journal of World Energy Law and Business, 2018, p. 1.

4) Annex B: Greater Sunrise Special Regime.

5) Article 2 of Annex B.

6) *Ibid.*

7) 유엔해양법협약 제298조 제3항 참조. "A State Party which has made a declaration under paragraph 1(a) shall not be entitled to submit any dispute falling within the excepted category of disputes to any procedure in this Convention as against another State Party, without the consent of that party."

8) Report and Recommendations, para. 240.

해양 플라스틱 쓰레기 문제의 국제적 규제

김현정(연세대학교 정치외교학과 부교수)

1. 머리말

2019년 2월, 일명 '태평양 쓰레기섬'Great Pacific Garbage Patch에서 한국어가 쓰인 마요네즈 플라스틱 용기가 발견되었다는 사실이 국내 언론을 통해 보도되었다. '태평양 쓰레기섬'은 미국 하와이와 캘리포니아 사이에 떠다니는 거대한 쓰레기 더미로, 쓰레기의 상당수가 매우 작은 플라스틱 조각들로 알려져 있다. 우리가 손쉽게 사용하는 플라스틱 제품이 해양으로 유입되어, 우리나라에서 멀리 떨어진 태평양 한가운데 쓰레기 더미에서 발견된 것이다.

20세기 이후 현대사회는 플라스틱 공화국이라 불려도 될 만큼, 플라스틱은 일상생활에서 매우 빈번하게 사용되고 있다. 우리나라도 예외는 아니어서, 우리 국민의 연간 1인당 플라스틱 소비량은 세계 최대 수준으로 알려져 있다. 우리가 사용하고 버린 플라스틱은 어디로 가는 것일까? *The Economist*에 따르면, 1950년대 이래로 63억 톤의 플라스틱 쓰레기가 발생한 반면, 이중 재활용된 것은 전체의 9%, 소각된 것은 12%에 불과하다고 한다.[1) 나머지 플라스틱 쓰레기는 육지의 어딘가에, 또는 바다의 어딘가에 버려진다. 플라스틱은 그

재질상 분해되는데 500년 이상 걸리기 때문에, 유엔환경계획UNEP은 현재의 플라스틱 사용 추세가 개선되지 않는 한 2050년에는 바다에 어족자원보다 플라스틱이 더 많아 지리라고 경고하고 있다.

국제사회는 문제의 심각성을 인지하고 있다. 2018년 G7 정상회의 참가국들은 해양 플라스틱 헌장에 서명하였으며, 유엔은 지속가능발전목표SDGs 중 하나로 2025년까지 해양 쓰레기를 포함한 육상활동으로 인한 모든 종류의 해양 오염을 예방하고 현저하게 저감시킬 것을 포함시켰다. 이처럼 해양 플라스틱 쓰레기 문제를 해결하기 위한 다양한 방안들이 논의되고 있다. 이 글에서는 국제법적 측면에서 해양 플라스틱 쓰레기 규제 현황을 살펴보고, 앞으로의 규제 방향에 대해 생각해본다.

2. 문제의 심각성

플라스틱이란 "가열·가압 또는 이 두 가지에 의해서 성형이 가능한 재료, 또는 이런 재료를 사용한 수지제품"을 뜻하는 용어로서, 1868년 셀룰로이드 당구공이 최초의 플라스틱 제품으로 알려져 있다.[2] 플라스틱은 오늘날 다양한 일회용품, 의류, 자동차, 가구와 같은 제품 제조뿐 아니라, 포장재로 널리 사용되고 있다.

플라스틱은 사용 후 재활용, 소각되지 않으면 육지에 매립되거나 육지, 강, 해양 등에 버려진다. 해양 플라스틱 쓰레기의 구체적인 유입경로는 명확하지 않으나, 일반적인 해양 오염과 마찬가지로 대부분 육지 기인으로 알려져 있다. 육지 기인 해양 쓰레기의 양에 대한 명확한 통계는 없지만, Jambeck et al.이 *Science*에 발표한 논문에 따르면 2010년 기준 192개 연안국에서 9,950만 미터톤의 플라스틱 쓰레기가 발생했다고 추정되며, 이들 중 480만에서 1,270만 미터톤 정도의 플라스틱 쓰레기가 해양으로 유입되었다고 추정된다.[3] 최근에는 일반 플라스틱 제품뿐 아니라, '미세플라스틱microplastics'이라 불리는 직경 5mm 이하인 플라스틱 입자로 인한 환경문제에 관심이 고조되고 있다. 미세플라스틱은 치약, 화장품 등에 사용될 목적으로 작게 만들어진 마이크로비즈microbeads라 불리는 플라스틱, 그리고 일반적인 플라스틱 제품이 생산 이후 해류 등에 의해 작게 부서진 경우를 말한다. 해양에 존재하는 미세플라스틱은 51조 개에 이를 것으로 추산된다.[4]

해양 플라스틱 쓰레기는 수거가 어려울 뿐 아니라, 장기간 분해되지 않고 해류를 타고 돌아다니기 때문에 항행과 어업을 포함한 해양 활동 전반에 대해 장애를 초래한다. 뿐만 아니라, 플라스틱 쓰레기는 해양 생태계에도 악영향을 미친다. 해양 생물들이 해양에 버려진 플라스틱 쓰레기를 섭취하다 질식사할 수 있으며, 먹이사슬에 의해 이들이 섭취한 플라스틱을 인간도 간접적으로 섭취할 수 있다. 우리나라에서도 2018년 수산물과 천일염에서 미세플라스틱이 검출된 바 있다. 관련 연구에 따르면, 해양 플라스틱 쓰레기가 독성 화학물질을 포함하거나 운반할 가능성도 있기 때문에 이로 인한 위해성은 더 높아질 수 있다.[5] 인간이 미세플라스틱을 직·간접적으로 섭취할 때, 인체에 미치는 영향에 대해 아직 명확하게 밝혀진 바는 없지만, 체내에 침투·축적되어 신체 기관에 악영향을 미칠 가능성이 있다는 연구 결과도 있다.[6]

3. 국제협약을 통한 규제

이처럼 해양 플라스틱 쓰레기 문제는 우리가 인지하지 못하는 동안 해양 생태계에 악영향을 미쳐왔으며, 더 나아가 인간에게도 영향을 미칠 수 있는 상황에 이르렀다. 이 문제는 해양이라는 공간에서 발생한다는 점에서 해양법의 적용대상이자, 동시에 초국경적 환경문제라는 측면에서 국제환경법의 관심대상이 된다. 해양 플라스틱 쓰레기만을 다루는 국제협약이나 국제관습이 존재하지는 않지만, 기존의 해양 환경 관련 국제협약을 통한 규제를 생각해볼 수 있을 것이다. 과연 현재 발효 중인 국제협약은 전 지구적인 해양 플라스틱 쓰레기 문제에 대응하기에 충분한가?

해양법의 '헌장'이라 불리며 2019년 4월 현재 168개국이 당사국인 유엔해양법협약에는 플라스틱 쓰레기 규제에 관한 구체적인 규정이 존재하지 않는다. 다만 협약상 육지 또는 해양 기인 해양 플라스틱 쓰레기는 직·간접적으로 해양 환경에 해로운 결과를 가져오거나 그러할 가능성이 있는 물질을 인간이 해양에 투입함으로써 발생한다는 점에서 협약상의 "해양환경오염"에 해당한다. 따라서 해양 환경을 보호·보전할 의무^{제192조}와 개별, 공동으로 해양 환경 오염의 방지·경감·통제를 위해 필요한 조치를 취할 의무^{제194조}와 같은 일반 의무들은 해양 플라스틱 쓰레기 문제에도 적용된다. 의무 내용의 일반성, 추상성으로 인해 구체적인 국가의 행동을 규제하기에 충분하지 않다는 비판을 할 수 있지만, 모든 수역에 대하여 적용되기 때문에 최소한의 안전장치로 작용한다는 의의가 있다.

해양 환경 보호 관련 국제의무는 다른 여러 협약에 의해 구체화되고 있다. 폐기물 및 그 밖의 물질의 투기에 의한 해양오염방지에 관한 1972년 협약과 1996년 의정서^{런던협약과 의정서}에 따르면 모든 해양 투기는 금지되며 의정서 제1부속서에 열거된 물질의 경우에만 예외적으로 허용된다. 따라서 런던협약과 의정서에 따르면 플라스틱 쓰레기 투기는 원칙적으로 금지된다. 그러나 협약과 의정서의 "투기"에 포함되지 않는 활동에서 발생하는 플라스틱 쓰레기의 해양 유입이 있을 수 있다는 점, 그리고 플라스틱이 예외적으로 허용된 투기 물질의 구성 재료로 사용된 경우 플라스틱이 해양으로 버려지는 것을 막지 못한다는 한계가 있다. 실제로 2016년 발행된 '런던협약과

의정서상의 해양에 투기되는 폐기물 속의 해양 쓰레기에 관한 최종
보고서'[7])에 따르면, 의정서 제1부속서의 허용된 투기 물질인 준설물
질과 하수오니^{sewage sludge}에 플라스틱 쓰레기가 포함될 가능성이 높다
고 한다.

선박으로부터의 해양오염방지를 위한 국제협약^{MARPOL 73/78} 제5부
속서는 선박에 의한 폐기물오염방지규칙이다. 이에 따르면 선박에서
모든 플라스틱류를 해양에 처분하는 것이 금지된다. 선박 기인 해양
플라스틱 오염을 사전에 전면 차단한다는 점에서 중요한 국제문서
이다. 하지만 플라스틱 쓰레기의 대부분이 육지에서 발생한다는 사
실을 고려할 때, 협약 제5부속서를 통한 해양 플라스틱 오염 방지
효과는 제한적일 수밖에 없다.

유해 폐기물의 국가 간 이동 및 그 처리의 통제에 관한 바젤협약
을 통해서도 해양 플라스틱 쓰레기 규제가 어느 정도 가능하다. 바
젤협약은 유해 폐기물과 그 밖의 폐기물 및 이들의 국가 간 이동으
로 인하여 초래되는 피해로부터 인간의 건강과 환경을 보호하기 위
하여 체결되었다. 바젤협약상 "유해 폐기물"이란 제3부속서상의 유
해특성을 포함한 제1부속서의 통제대상 폐기물이거나, 이에 속하지
않더라도 수출·수입 및 경유국 국내법에 의해 유해 폐기물로 규정
되는 경우를 말한다.^{제1조 제1항} "그 밖의 폐기물"은 국가 간에 이동되
는 특별고려를 요하는 폐기물로서 가정에서 수거된 폐기물과 가정
폐기물의 소각잔재물을 말한다.^{제1조 제2항} 플라스틱 자체가 협약상 폐
기물로 명시되지는 않았다. 하지만 플라스틱이 유해 폐기물이나 그
밖의 폐기물의 일부를 구성한다면, 바젤협약의 규제를 받게 된다.
바젤협약은 당사국 간 폐기물의 수출입, 이동 시 일정한 요건을 부
과하고 비당사국과의 수출입을 금지하는데, 이러한 규제는 해양을
통한 폐기물 이동을 감소시킴으로서 이동 시 폐기물 유출 등으로 인
한 해양 오염 가능성을 낮추는 효과가 있을 것이다. 더불어 바젤협

약 당사국은 폐기물의 생산 감소를 위한 적절한 조치를 취할 일반의무를 부담한다. 플라스틱이 함유된 폐기물 발생 자체를 줄이면 플라스틱이라는 오염원의 발생 또한 감소되고, 결국 해양으로 유입되는 플라스틱의 절대량이 줄어들 것이다. 뿐만 아니라 2019년 4월말 개최된 바젤협약 당사국 회의에서 당사국들은 플라스틱 쓰레기를 바젤협약 규제대상에 포함하기 위해 협약 부속서를 개정하기로 결정하였다. 개정된 부속서가 2021년 1월 발효되면, 플라스틱은 그 자체로 바젤협약의 규제대상이 된다. 그리고 바젤협약 당사국들은 국가 간에 이동되는 플라스틱 쓰레기 자체의 생산 감소를 위해 적절한 조치를 취해야 할 국제의무를 부담하게 된다. 다만 이러한 "적절한 조치"를 취할 의무에 대한 해석은 국가마다 다를 수 있으며, 가용자원의 한계 등으로 인해 제대로 조치를 취하지 못하는 국가들이 있을 수 있다는 우려가 있다.

4. 전망과 과제

앞서 살펴본 바와 같이 현재 국제협약들은 해양 플라스틱 쓰레기 문제를 규제할 수 있긴 하지만, 관련 의무가 일반적이거나 적용범위가 제한적이어서 여전히 육지 기인 플라스틱 쓰레기 규제에 공백이 존재한다. 이 때문에 일부에서는 해양 플라스틱 쓰레기 규제를 위한 새로운 국제협약을 만들자는 주장을 제기하기도 한다.

해양 플라스틱 쓰레기의 국제적 대응은 다음과 같은 문제의 특성을 고려하여 추진될 필요가 있다. 첫째, 해양 환경의 훼손 후 복구는 장기간이 소요되는 매우 어려운 일이다. 따라서 플라스틱 쓰레기로 인한 해양 오염의 사전예방이 중요하다. 해양 플라스틱 쓰레기 문제의 주원인은 해양이 아닌 육지에서의 인간 활동이기 때문에, 해양에서 규제하는 것만으로는 예를 들어, 선박에서의 투기 등의 규제 문제를 근본적으로 해결할 수 없다. 플라스틱 쓰레기가 해양으로 유입되지 않도록 육지에서 발생하는 쓰레기양을 감소시켜야 하며, 쓰레기의 재활용 비율을 높이는 방안을 강구하여야 한다. 둘째, 플라스틱은 모든 사람들이 일상생활에서 흔히 접하는 것으로, '쉽게 사용하고 쉽게 버리는' 문화가 바뀌지 않는 한 해양 플라스틱 쓰레기 문제는 상존할 것이다. 학계와 NGO 등에서 지적하는 바와 같이 플라스틱 문제에 대한 사회 전반의 인식과 행동 변화가 요구된다. 이를 위하여 국제법형성 과정에서부터 플라스틱 제조 기업, 개인, 시민사회의 관심을 유도하고 의견을 반영하는 것이 필요하다.

결론적으로 해양 플라스틱 쓰레기 문제를 해양에서 사후적으로 해결하려기보다는, 모든 이해관계자가 동참하여 쓰레기 발생을 방지·감소시키고 쓰레기를 환경적으로 건전하고 효율적으로 관리하는 사전적 조치가 요구된다. 국제적 차원에서 규제 공백을 없애기 위하여 바젤협약과 같이 기존 협약을 개정하는 방식을 고려할 수도 있고, 모든 이해관계자가 참여하는 새로운 제도를 만들 수도 있다. 후자의 예로, 유엔환경계획을 중심으로 한 국제적 대응은 주목할 만하다. 유엔환경총회UNEA에는 193개국 유엔 회원국 대표뿐 아니라, 유엔 전문기구와 같은 국제기구와 NGO도 함께 참여한다. 따라서 민간부문의 행동 변화가 중요한 해양 플라스틱 쓰레기 문제를 논의하기 위한 적절한 장場이라 생각된다. 실제로 유엔환경총회는 2014년 제1차 회기 때부터 해양 플라스틱 쓰레기와 미세플라스틱 관련 결의를 채택하여, 플라스틱의 해양 유입을 막기 위한 국내적 조치를 취할 것과 이들의 발생 방지와 감소를 위한 지역적·국제적 차원의 협력을 강조하고 있다. 뿐만 아니라 2012년 유엔 지속가능발전회의에서 출범한 해양쓰레기 글로벌 파트너쉽Global Partnership on Marine Litter: GPML8) 또한 국가, 국제기구, 학계, 산업계, 시민사회 등 다양한 행위자들이 함께 참여하고 있다. 파트너쉽은 해양 쓰레기로 인한 피해를 줄이고, 국제협력을 강화하며, 정보 공유와 쓰레기 관리 개선에 관한 호놀룰루 전략[2011년]의 이행을 촉진하고 있다. 각국은 국제협약에서 부과되는 의무뿐 아니라 연성법적 문서에서 합의된 내용 또한 성실히 준수해야 하며, 국내차원에서의 이행을 확보하기 위하여 최선의 노력을 다해야 한다. 이러한 점에서 우리나라가 2019년 1월부터 대형마트, 슈퍼마켓에서 일회용 봉투 사용을 억제하고 제과점업에서 무상 제공을 금지하도록 '자원의 절약과 재활용촉진에 관한 법률 시행규칙'[환경부령 제798호]을 개정한 조치는 해양 플라스틱 쓰레기 문제 해결을 위한 국제적 노력에 대한 동참으로 평가할 수 있다. 전 지구적 쓰레기 대란을 해소할 수 있는 국제사회, 국가, 개인 차원의 노력이 지속되기를 기대한다.

1) "Too much of a good thing", *The Economist* (3 March 2018), pp. 55−57.

2) "플라스틱", http://www.doopedia.co.kr (2019.03.18. 최종검색).

3) J.R. Jambeck *et al.*, "Plastic waste inputs from land into the ocean", *Science*, Vol. 347, Issue 6223 (13 February 2015), p. 767.

4) 앞의 주 1.

5) R.C. Thompson *et al.*, "Lost at sea: Where is all the plastic?", *Science*, Vol. 304, Issue 5672 (7 May 2004), p. 838.

6) W.S. Lee *et al.*, "Bioaccumulation of polystyrene nanoplastics and their effect on the toxicity of Au ions in zebrafish embryos", *Nanoscale*, 2019, Vol. 11, pp. 3173−3185.

7) Office for the London Convention/Protocol and Ocean Affairs, International Maritime Organization, *Review of the current state of knowledge regarding marine litter in wastes dumped at sea under the London Convention and Protocol*, Final report (2016), available at http://www.imo.org/en/OurWork/Environment/LCLP/newandemergingissues/Documents/Marine%20litter%20review%20for%20publication %20April%202016_final_ebook_version.pdf (2019.04.05. 최종검색).

8) https://www.unenvironment.org/explore−topics/oceans−seas/what−we−do/addressing−land−based−pollution/global−partnership−marine (2019.04.07. 최종검색).

국제해양법재판소의 *M/V "Norstar"*호 사건에 대한 판결
: 공해의 자유 보장을 위한 역외입법관할권의 제한

이기범(아산정책연구원 연구위원, 법학박사)

1. 들어가며

2019년 4월 10일, 독일 함부르크에 위치하고 있는 국제해양법재판소International Tribunal for the Law of the Sea는 파나마와 이탈리아 간 분쟁인 *M/V "Norstar"*호^{이하, '노르스타호'} 사건에 대한 최종적인 판결을 내렸다. '선결적 항변' 문제에 대한 판결이 내려진 2016년 11월 4일 이후 약 2년 5개월만에 최종적인 판결이 내려진 것이다. 이번 최종적인 판결은 국제해양법의 근본 원칙이라 할 수 있는 '공해의 자유'를 최대한 보장하기 위해 국가들의 역외입법관할권도 제한될 수 있다는 것을 보여주었다. 이외에도 노르스타호 사건에 대한 판결은 유엔해양법협약 제300조의 해석 또는 적용 등과 같은 국제해양법에 관한 몇몇 쟁점을 포함하고 있다. 아래에서는 노르스타호 사건에 대한 사실관계, 국제법적 쟁점, 판결의 함의 등을 살펴보기로 한다.

2. 사실관계

노르스타호 사건에 대한 사실관계는 다음과 같이 정리될 수 있다.

판결문 제69문단~제86문단 참조 노르스타호는 파나마 국적의 유조선으로 이 선박의 소유주는 노르웨이에 등록된 Inter Marine & Co AS라는 회사였다. 노르스타호는 1994년부터 1998년까지 이탈리아, 프랑스, 스페인 인근 수역에서 대형요트에 경유를 공급하는 역할을 수행했다. 참고로 파나마는 노르스타호가 급유 활동을 행하던 수역을 이탈리아, 프랑스, 스페인 영해 이원의 '국제수역'international waters이라고 주장한 반면에 이탈리아는 이탈리아, 프랑스, 스페인 인근 수역이라고만 묘사했다. 노르스타호의 급유 활동에는 이탈리아에 등록된 Rossmare International S.A.S.라는 회사가 중개인으로 관여했다.

이탈리아 당국은 1997년 Rossmare International S.A.S.와 노르스타호의 활동에 대하여 조사를 벌였다. 그리고 조사 결과 노르스타호가 이탈리아에서 면세로 구입한 경유를 국제수역즉, 공해에서 이탈리아 국적 선박은 물론 다른 국적 선박에게 공급함으로써 탈세를 초래한 혐의가 드러났다. 이는 노르스타호 선장은 물론 선박의 소유주인 Inter Marine & Co AS와 중개인인 Rossmare International S.A.S.의 관계자들에 대한 형사소추로 이어졌다.

개인들에 대한 형사소추와 함께 1998년 8월 11일 이탈리아 검찰은 노르스타호에 대하여 '나포 명령'Decree of Seizure을 내렸다. 하지만 나포 명령이 내려질 당시 노르스타호는 이탈리아의 항구 또는 영해에 위치하지 않았으므로 이탈리아 검찰은 다른 국가와의 사법공조를 추진했다. 그리고 스페인과의 사법공조 결과 노르스타호는 1998년 9월 25일 스페인 당국에 의해 나포되었다.

1999년 3월 11일, 이탈리아 검찰은 2억 5천만 리라의 보석금을 조건으로 노르스타호가 석방될 수 있다는 사실을 선박의 소유주인

Inter Marine & Co AS에게 전달했다. 하지만 보석금은 납부되지 않았고, 노르스타호는 억류 상태로 남아 있게 되었다.

그런데 재판을 진행한 이탈리아 사보나^{Savona} 재판소는 영해 이원에서 공급받은 경유를 영해로 진입하는데 사용한다 하더라도 반드시 관세 의무가 부과되는 것은 아니라는 이유 등을 들면서 2003년 3월 14일 관련 피고인들에게 무죄를 선고했을 뿐만 아니라 노르스타호가 선박의 소유주에게 반환되어야 한다는 판결을 내렸다. 이 판결 당시 노르스타호는 여전히 스페인 당국에 의해 억류되어 있었으므로 이탈리아 사보나 재판소는 스페인 팔마데마요르카^{Palma de Mallorca} 재판소에 노르스타호의 석방을 요청했을 뿐만 아니라 선박의 소유주에게 노르스타호를 찾아갈 것을 요청했다. 하지만 선박의 소유주는 노르스타호를 되찾아가지 않았다.

선박의 소유주가 노르스타호를 장기간 방치한 가운데 스페인의 한 항구에 정박해 있던 노르스타호는 2015년이 되어서야 공매 절차에 들어갔다. 공매 결과 노르스타호는 재활용 목적으로 매각되었고, 2015년 8월 해체를 위해 스페인을 떠나게 되었다.

노르스타호가 스페인을 떠난 이후 파나마는 2015년 11월 16일자 소장을 통해^{이 소장이 국제해양법재판소 사무국에는 2015년 12월 17일 접수됨} 이탈리아를 상대로 소송을 제기했다.^{판결문 제1문단} 소송의 주제는 이탈리아에 의한 노르스타호의 나포 및 억류와 관련된 유엔해양법협약의 해석 또는 적용 문제였다.

3. 판결의 국제법적 쟁점

1) 공해의 자유 관련 유엔해양법협약 제87조 위반 여부

노르스타호 사건에 대한 판결 중 국제법적으로 가장 쟁점이 되었던 주제는 이탈리아가 나포 명령을 내린 것, 이탈리아가 스페인 당국에게 나포를 요청한 것 그리고 실제로 노르스타호를 나포하고 억류한 것이 공해의 자유를 언급하고 있는 유엔해양법협약 제87조를 위반했는지 여부였다. 유엔해양법협약 제87조는 항행의 자유, 상공비행의 자유 등을 포함한 공해의 자유에 대한 내용을 규정하고 있다.

이탈리아는 나포 명령과 이 명령의 집행이 항행의 자유와는 무관하다는 입장을 밝혔다.^{판결문 제153문단} 물론 파나마는 이와 반대의 입장을 견지했다. 국제해양법재판소는 이탈리아가 내린 나포 명령 내에 노르스타호가 공해에서 급유 활동을 해왔던 것, 노르스타호의 나포가 영해 이원이라 할지라도 수행되어야 한다는 것 등이 언급되어 있음을 발견했다.^{판결문 제172문단} 그리고 스페인에게 보낸 나포 요청 문서에도 이탈리아 영해의 한계 근처에서^{즉, 영해 이원에서} 이루어진 급유 활동이라는 취지의 표현이 포함되어 있었다.^{판결문 제173문단} 이와 같은 나포 명령 및 나포 요청 문서 그리고 추가적인 몇몇 문서의 내용은 공해의 자유를 언급하고 있는 유엔해양법협약 제87조의 해석 또는 적용 문제가 이 사건의 주요 쟁점이라는 것을 보여주었다.

이어서 국제해양법재판소는 이 사건에서 실제로 유엔해양법협약 제87조가 적용될 수 있는지 그리고 그렇다면 이탈리아가 제87조를 위반했는지를 살펴보기 시작했다. 일단 국제해양법재판소는 공해의 자유를 설명하면서 예외적인 경우를 제외하고 어떤 국가도 외국 선박에 대하여 공해에서 관할권을 행사할 수 없다고 전제했다.^{판결문 제216문단} 이 점은 유엔해양법협약 제92조 제1항이 "국제조약이나 이 협약에 명시적으로 규정된 예외적인 경우를 제외하고는 선박은 어느 한 국가의 국기만을 게양하고 항행하며 공해에서 그 국가의 배타적인 관할권에 속한다."고 규정한 것에 비추어도 확인된다고 덧붙였다.

국제해양법재판소는 공해에서의 급유 활동이 과연 항행의 자유에 속하는지에 대하여도 논의를 전개했다. 2014년 M/V "Virginia G"호 사건에 대한 자신의 판결을 인용하며 국제해양법재판소는 노르스타호가 수행한 공해에서의 급유 활동은 항행의 자유에 속한다는 결론을 내렸다.^{판결문 제219문단}

그렇다면 이 사건에서 이탈리아의 어떤 행위가 항행의 자유를 침해했는가? 국제해양법재판소는 물리적인 방해 또는 집행이 존재하지 않는다 하더라도 항행의 자유가 침해될 수 있다고 언급했다.^{판결문 제223문단} 이는 이탈리아가 노르스타호의 급유 활동에 자신의 형법 또는 관세법을 적용하고자 하는 것조차 항행의 자유를 침해할 수 있다는 논리로 이어졌다.^{판결문 제224문단} 즉, 국제해양법재판소에 의하면 공해에서 일어나는 외국 선박의 적법한 활동에까지 입법관할권^{prescriptive jurisdiction}을 확장하는 것은 항행의 자유를 침해한다는 것이다.^{판결문 제225문단}

이에 대하여 이탈리아는 나포 명령이 실제로 집행된 장소는 내수라는 주장도 펼쳐보았다. 하지만 국제해양법재판소는 어떤 국가가 공해에서 일어나는 외국 선박의 활동에 자신의 형법 또는 관세법을 적용하고 그 활동을 '범법화'한다면 항행의 자유는 침해될 수 있다는 입장을 견지했다.^{판결문 제226문단}

결국 이탈리아가 나포 명령을 내린 것, 이탈리아가 스페인 당국에게 나포를 요청한 것 그리고 실제로 노르스타호를 나포하고 억류한 것은 항행의 자유를 포함하여 공해의 자유를 언급하고 있는 유엔해양법협약 제87조 제1항을 위반한 것으로 결론지어졌다.

2) 유엔해양법협약 제300조 위반 여부

유엔해양법협약 제300조는 "당사국은 이 협약에 따른 의무를 성실하게 이행하여야 하며, 이 협약이 인정하고 있는 권리, 관할권 및 자유를 권리남용에 해당되지 아니하도록 행사한다."고 규정하고 있다. 유엔해양법협약 제300조가 단독으로 원용될 수 없다는 것은 국제해양법재판소의 확립된 법리이다.^{판결문 제241문단} 즉, 유엔해양법협약

제300조 위반을 원용하고자 하는 국가는 신의성실 위반 또는 권리 남용의 전제가 되는 유엔해양법협약 내 '다른' 의무 위반 등을 함께 주장해야 한다는 것이다.

이런 이유로 파나마는 이탈리아의 유엔해양법협약 제300조 위반을 주장하기 위해 전제가 되는 의무로 공해의 자유를 언급하고 있는 제87조를 제시했다. 그런데 국제해양법재판소는 유엔해양법협약 제87조 위반이 당연히 제300조 위반을 수반한다는 파나마의 주장을 배척했다.^{판결문 제243문단}

이탈리아의 신의성실 위반이 존재했었는지에 대한 몇몇 주장이 검토된 후 그에 대한 결론이 내려졌다. 예를 들어, 국제해양법재판소는 노르스타호가 1994년부터 급유 활동을 하고 있었음에도 1998년에야 나포 명령이 내려진 것에서는 어떤 악의도 찾아볼 수 없다고 언급했다.^{판결문 제251문단} 이외에도 노르스타호가 스페인 당국에 의해 나포된 것, 1999년 보석금을 조건으로 석방의 기회가 있었던 것, 2003년 무조건적인 석방 판결이 있었던 것 등에서도 이탈리아의 신의성실 위반을 찾아볼 수 없다는 결론이 도출되었다.^{판결문 제258문단, 제289문단} 결국 이탈리아의 유엔해양법협약 제300조 위반은 인정되지 않았다.

3) 손해배상

파나마는 이탈리아의 국제위법행위로 인해 야기된 손해에 대한 배상을 요구했다. 손해에 대한 배상 문제를 결정하기 위해 전제가 되었던 문제는 항행의 자유를 침해한 이탈리아의 국제위법행위와 파나마가 입었다고 주장되는 손해 간에 '인과관계'가 존재하는지를 결정하는 것이었다. 국제해양법재판소는 인과관계의 중단 여부부터 다루었다. 우선 1999년 3월 11일 이탈리아가 보석금을 조건으로 노르스타호가 석방될 수 있다는 사실을 선박의 소유주에게 알린 것은 인과관계를 중단하지 못한다고 보았다. 그 이유는 보석금이라는 조

건은 무조건적인 반환을 의미하지 않았기 때문이다.^{판결문 제363문단}

국제해양법재판소는 이탈리아 사보나 재판소가 2003년 3월 14일 노르스타호가 선박의 소유주에게 반환되어야 한다는 판결을 내림으로써 이탈리아의 국제위법행위가 중지되었다는 것을 인정했다.^{판결문 제365문단} 다만 이 사실이 2003년 3월 26일자 우편에 의해 선박의 소유주에게 알려졌으므로 국제해양법재판소는 2003년 3월 26일을 인과관계의 중단 일자로 간주했다. 즉, 2003년 3월 26일 이후의 손해에 대하여는 이탈리아가 배상할 이유가 없다는 것이다.^{판결문 제370문단}

이어서 이탈리아가 파나마에 대하여 금전으로 어느 정도의 액수를 배상해야 하는지가 쟁점이 되었다. 이는 2019년 현재 노르스타호는 더 이상 존재하고 있지 않기 때문에 이탈리아가 파나마에게 노르스타호를 반환하는 것은 불가능했기 때문이다.

국제해양법재판소는 노르스타호의 손실 자체는 이탈리아의 국제위법행위로 인해 직접적으로 야기되었기 때문에 배상되어야 한다고 언급했다.^{판결문 제406문단} 다만 노르스타호의 상태에 대하여는 논란이 존재했다. 국제해양법재판소는 여러 증거를 통해 나포 시에는 노르스타호가 항행이 가능한 상태였음을 확인했다.^{판결문 제410문단} 다만 노르스타호가 선박의 소유주에게 반환되어야 한다는 판결이 내려진 2003년에는 항행이 가능한 상태가 아니었다는 점에 파나마와 이탈리아 양국 모두 동의했다는 것을 지적했다.^{판결문 제410문단} 그리고 여러 전문가 의견을 검토한 결과 노르스타호의 손실 자체에 대한 금전배상 액수는 285,000 달러로 결정되었다.^{판결문 제417문단}

하지만 선박 소유주의 이익 손실 등은 파나마가 증명을 하는데 성공하지 못했기 때문에 그리고 계속된 임금 지급은 노르스타호의 나포로부터 야기된 손실이 아니라는 이유 때문에 노르스타호의 손실을 제외하고는 다른 손실이 금전배상의 대상이 되지는 못했다. 그리고 금전배상 액수로 285,000 달러와 함께 노르스타호가 나포된 1998년

9월 25일부터 국제해양법재판소의 판결이 내려진 2019년 4월 10일까지 연 2.7182 퍼센트의 복리이자가 부가되었다.^{판결문 제462문단}

4. 나가며

국제해양법재판소는 본안 판결 기준으로 2017년 9월 23일 가나와 코트디부아르 간 해양경계획정에 대한 판결 이후 약 1년 7개월 만에 새로운 본안 판결을 내렸다. 지난 1996년 국제해양법재판소가 공식적으로 출범한 이후 약 23년 동안 잠정조치 사건을 포함하여 2019년 6월 현재 불과 27개의 사건만 다루어졌거나 다루어지고 있는 상황에서 노르스타호 사건에 대한 최종적인 판결은 국제해양법재판소가 제공하는 의미 있는 판례 중 하나가 될 것이다.

특히 노르스타호 사건에서 가장 쟁점이 되었던 문제는 이탈리아의 역외입법관할권 행사가 항행의 자유로 대표되는 공해의 자유를 침해하는지 여부였다. 이에 대하여 국제해양법재판소는 어떤 국가가 형법 또는 관세법 등 자신의 법령을 공해에 있는 외국 선박의 활동에 적용하는 것조차 항행의 자유에 대한 침해로 간주될 가능성이 있다고 결론지었다. 이러한 결론에 비추어볼 때 이번 판결은 국제법에 부합하지 않는 국내 법령을 공해에 있는 외국 선박에 적용하고자 하는 국가에게 하나의 시사점을 제시한다 할 수 있을 것이다.

결국 노르스타호 사건에 대한 국제해양법재판소의 최종적인 판결은 단순히 항행의 자유에 대한 침해 또는 선박에 발생한 손해로 인한 금전배상 관련 판결로만 간주되어서는 안 될 것이다. 특히 한국 정부는 한국과 중국 간 잠정조치수역과 같이 공해의 성질을 보유한 수역에서의 외국 선박의 활동을 국내 법령을 통해 '범법화'하는 것이 공해의 자유에 대한 침해로 간주될 수 있다는 점을 이번 판결을 통해 유의해야 한다.

일본의 상업포경 재개와 국제법

이재곤(충남대학교 법학전문대학원 교수)

1. 사안의 배경

2018년 12월 26일 일본정부는 관방장관의 성명을 통하여 '국제포경규제협약'[1946, 이하 포경협약]을 탈퇴하고 1986년부터 시행된 국제포경위원회[이하 IWC]의 상업포경전면금지[이하 모라토리움]결정에 따라 1988년 이후 자제하여 왔던 상업포경을 2019년 7월 1일부터 재개하겠다고 선언하였다.[1] 실제로 일본정부는 밍크고래, 브라이드고래, 보리고래 등 3종의 고래에 대하여 자국의 영해 및 배타적경제수역에서의 상업적 포경을 허용하고 227마리[밍크고래 52, 브라이드고래 150, 보리고래 25]의 쿼터를 설정하였다. 이에 따라 2019년 7월 1일 일본의 전통적인 포경 근거지였던 시모노세키항과 쿠시로항에서 포경선 출항식을 갖고 상업적 포경활동을 개시하였고, 같은 날 쿠시로 연해에서 밍크고래를 잡아 상업포경 재개 이후 최초의 상업포경이 이루어졌다. 이에 대하여 전면적인 포경활동 금지를 주장하는 호주, 미국, 영국 등의 국가들과 그린피스, 시쉐퍼드[Sea Shepherd] 등 국제환경단체를 포함한 국제사회는 일본의 조치를 비난하고 있다. 모라토리움 결의가 있었던 1982년 이후 이미 몇몇 국가들이 포경협약을 탈퇴한 적이 있다.[2] 하지만 포경

분야에서 일본이 갖는 영향력으로 이번에는 그 반향이 큰 것으로 보인다. 우리 해양수산부도 양국 수역을 왕래하며 서식하는 J계군 밍크고래가 상업포경 허용 대상에 포함된 것에 대하여 우려를 표명하고 고래의 보존과 이용은 IWC 내에서 논의되어야 한다는 입장을 밝혔다.

이 글에서는 일본의 포경활동에 대하여 간략하게 살펴보고, 일본의 포경협약 탈퇴와 상업포경개시의 국제법적 의미를 파악한 후, 한국의 입장과 대응방안을 찾아보고자 한다.

2. 일본의 포경활동

일본은 포경활동이 선사시대부터 이루어졌고 고래 고기의 섭생은 일본문화의 일부가 되었다고 주장한다. 일본의 전통적 포경활동은 타이지, 아바쉬리, 아유카 및 와다 등의 어촌마을에서만 생계와 식용을 위한 것으로 유지되어 왔었다. 하지만 2차대전 패전 후 곤궁한 경제상황에서 국민의 단백질 섭취 부족을 메우기 위하여 포경활동이 적극 장려되어 포경기지가 형성되고 전국적으로 고래 고기가 이용되기 시작하였다. 절정을 이루었던 1962년에는 총 226,000톤의 고래 고기가 소비되어 가장 큰 육류 공급원이 되기도 하였다. 이후 남획으로 고래 개체 수가 줄어 고래잡이가 어려워지고 경제발전과 함께 다양한 먹거리가 개발되거나 수입되면서 고래소비는 연간 4,000톤 내외로 급격히 감소하였다. 하지만 일본은 IWC의 모라토리움에도 불구하고 IWC의 규제대상 13개 고래종 외의 소형고래의 포경활동으로 잡힌 고래, 모라토리움의 예외로 인정되는 소위 '과학조사목적포경'으로 잡힌 고래 및 다른 상업포경국가로부터의 수입[3], 혼획에 의해 잡힌 고래 등 다양한 경로로 획득한 고래 고기를 거래하고 먹는 문화를 유지하여 왔다.

포경기술과 장비의 발전과 규제 없는 남획으로 고래가 멸종위기에 처하게 되자 IWC가 1982년 모라토리움을 결정하였고 이 결의가 1986년부터 시행되었다. 일본은 이에 이의를 제기하고 상업포경을 계속하였지만 1988년 미국의 통상압력에 굴복하여 모라토리움에 동참하게 되었다. 하지만 IWC 모라토리움의 두 가지 예외 중 하나[4]인 고래종의 보존을 위한 '과학조사목적포경'^{특별허가포경}을 인정받아 연간 적게는 200마리, 많게는 1,200마리의 고래를 잡아 왔다. 과학조사목적포경으로 잡은 고래는 연구비를 확보하기 위한 것이라는 미명 하에 식용으로 판매되었고 이는 4,000톤 내외의 연간 소비량의 많은 부분을 충족하였다. 많은 국가들과 관련 비정부기구는 일본의 JARPA II라는 과학조사목적포경프로그램이 금지된 상업포경을 위장하기 위한 것이라고 비난하고 남극해에서 과학조사목적포경에 참여한 일본 선박에 고의 충돌하는 사태까지 발생하였다. 이에 따라 호주가 일본의 과학조사목적포경 문제를 국제사법재판소^{이하 ICJ}에 제소한 '남극해포경사건'에서 호주는 일본의 JARPA II가 포경협약과 동협약의 '부표'^{Schedule}상의 과학조사목적포경 인가조건에 합치하지 않는다고 주장하였고, ICJ는 그 주장을 인정하는 판결을 내렸다. 하지만 ICJ의 판결은 일본이 시행 중인 JARPA II가 포경협약에 합치되지 않는다는 것이지 일본의 과학조사목적포경 자체를 금지한 것은 아니기 때문에 일본은 과학조사목적포경을 중지하지 않았다. 새로운 과학조사목적포경프로그램^{NEWREP-A, NEWREP-NP}을 IWC의 과학위원회에 제출하였으나 주로 고래를 살상하는 방법이 과학조사목적에 필수적인가에 대한 합의가 이루어지지 않아 승인되지 않았다. 일본은 또한 모라토리움 시행으로 일부 고래종의 개체수가 충분히 증가하였다고 주장하면서 상업포경을 재개하자고 제안하였으나 2018년 9월 브라질 플로리아노폴리스에서 열린 제67차 IWC 총회에서 부결되었다. 이에 따라 일본은 수차 경고하였던 대로 포경협약을 통한 상업포경의 실현이 어렵다고 보고 탈퇴를 선언하였다.

그러면 왜 일본은 그토록 포경에 집착하는 것일까? 몇 가지 이유가 제시되고 있다. 우선, 2차대전 후 어려운 경제여건에서 고래의 식용이 국민의 영양섭취에 큰 도움을 준 경험을 토대로 전체 소비 식자재의 40%만을 자급하는 국가로서 비상시의 식량안보를 위하여 포경산업을 유지하고자 한다는 점이다. 두 번째는 고래의 식용 경험이 있는 노인세대를 중심으로 고래의 식용이 일본의 문화의 일부이고 이를 지켜내야 한다고 보는 민족주의적 감정과 이를 정치적으로 이용하려는 정치인들의 이해관계가 합치되고 있다는 점이다. 이는 포경활동의 핵심기지 역할을 하였던 야마구치현 시모노세키를 선거구로 삼고 있는 아베 수상이 현재 보수우익의 지지를 바탕으로 전쟁을 할 수 있는 국가로 전환하려는 의도를 가지고 있다는 점과, 자민당 간사장 도시히로도 포경활동의 중심지의 하나였던 와카야마현 다이지를 선거구로 하고 있다는 것에서도 짐작될 수 있다. 세 번째는 기존 일본이 해왔던 남극해에서의 과학조사포경은 호주 등 주변국가와 환경보호단체의 극렬한 반대에 부딪혀 국제적인 표적이 되고 있는 부담과 먼 바다까지 출항하여 이루어지는 과학조사포경에 대한 정부보조금 예산 규모가 연간 4,600만 달러에 이르러 그 부담을 줄이고 자립적 포경산업을 수립하려는 의도가 있다는 점 등이다.

3. 일본 상업포경 재개조치의 국제법적 평가

우선, 포경활동의 가장 중요한 국제적 규제 틀은 포경협약과 IWC이다. 포경협약은 고래자원의 적절한 보존 및 포경산업의 질서 있는 발전을 위하여 협약을 체결하였다고 밝히고 있어[전문] 고래자원의 보존과 이용을 함께 추구하는 것을 목적으로 출범하였다. 하지만 모라토리움 이후 IWC에서는 보존만이 강조되는 분위기이다. 모라토리움이 잠정적인 조치가 될 것으로 보았던 일본 등 상업포경 찬성국가들의 기대와는 달리 호주를 필두로 한 보존을 강조하는 국가들의 우세가 계속되어 모라토리움이 상시화 되고 있다. 일본을 중심으로 고래자원이 회복되었음을 근거로 상업포경 재개를 지속적으로 주장하는 국가들이 있었지만 뜻을 관철하지 못하자 일부 국가의 탈퇴가 있었다. 일본도 결국 기존 포경협약체제 내에서 자국의 의사 실현이 불가능하다고 보고 탈퇴하여 뜻을 같이하는 국가들과의 새로운 국제체제 수립 또는 기존 체제 밖에서의 상업포경 재개를 통한 활로를 모색한 것으로 보인다.

'조약법에 관한 비엔나협약'[1969]이 명시하듯, 조약은 원칙적으로 당사국을 구속하고,[제26조] 당사국이 아닌 제3국에 대하여 효력을 갖지 않는다.[제34조] 일본이 포경협약의 탈퇴를 선언하였고 동협약의 관련 규정에 따라 탈퇴의 효력이 발생하였으므로 국제관습법화된 규정이 아닌 이상 일본의 상업포경 재개에 대한 국제법적 평가규범이 될 수는 없다.

둘째로, 해양문제를 규율하는 포괄적 조약이고 일본이 당사국인 '해양법협약'[1982]이 현재로서는 일본의 상업포경 재개조치에 대한 국제법적 평가에 있어 가장 중요하다. 일본은 상업포경이 자국의 '영해'와 '배타적경제수역'에서만 이루어진다고 밝혔다. 우선 '영해'에서의 상업포경은 해양법협약에 반한다고 할 수 없다. 해양법협약은 영해가 연안국의 주권이 미치는 공간임을 규정하고[제2조] 연안국의 어로 활동에 어떠한 제한도 가하지 않고 있기 때문이다.

반면에 '배타적경제수역'에서의 상업포경이 해양법협약에 합치되는가는 협약의 관련 규정을 세밀히 살펴보아야 한다. 우선, 배타적경제수역에서 연안국은 생물이나 무생물 등 천연자원의 탐사, 개발, 보존 및 관리를 목적으로 하는 주권적 권리를 행사할 수 있지만,[제56조][제1항] 자국 배타적경제수역에서의 권리행사와 의무이행에 있어 다른 국가의 권리와 이익을 적절히 고려하고 협약규정에 따르는 방식으로 행동하여야 한다.^{제56조 제2항} 연안국은 또한 해양포유동물의 보존을 위하여 노력하며 특히 고래류의 경우 그 보존 관리 및 연구를 위하여 적절한 국제기구를 통하여 노력하여야 한다.^{제65조} 아울러 연안국은 자국의 배타적경제수역에서의 생물자원의 허용어획량을 결정하는데 이 결정에는 이용가능한 최선의 과학적 증거를 고려하여 남획으로 인하여 배타적경제수역에서 생물자원의 유지가 위태롭게 되지 않도록 적절한 보존 관리 조치를 통하여 보장하여야 한다.^{제61조 제1,2항}

협약상 대부분의 관련 조항들은 '노력한다' 또는 '적절한 경우' 등의 문구를 담고 있어 구속력 있는 법적 의무를 부과하는 것으로 보기 어려운 조항들이다. 특히 해양포유동물 규제 조항에는 '보존을 위해 노력한다'는 권고적 문구가 있고 동조항에서 언급하고 있는 '국제기구'는 'IWC'를 의식한 조항이지만 '노력한다'는 문구를 사용하고 있어 동기구체제의 규제를 따를 법적 의무가 해양법협약에 근거하여 도출될 수는 없는 것으로 판단된다. 설사 이 조항을 근거로 IWC와 협력하고 규제체제에 따라야 한다고 주장하더라도 일본이 이 기구를 통하여 자국의 입장을 관철시키려 오랜 기간 노력하였다고 변론할 수 있을 것으로 보인다.

해양환경보전 규제 조항들^{제192조, 제194조, 제204조 제2항 등}도 이 문제와 관련될 수 있다. 협약의 '해양환경오염' 정의상 '고래자원의 손상', '관련 어업에 대한 장애' 등도 포함될 수 있으므로 상업포경에 의한 고래자원에의 영향도 해양환경오염이 될 수 있기 때문이다. 하지만 이들 조항들도 역시 법적 구속력 있는 구체적 의무를 규정하기 보다는 일반원칙을 선언하고 있거나 일본 상업포경의 규모와 영향, 이에 대한 일본의 대응과 태도 등이 구체적으로 파악될 수 있는 시점에 가서야 일본 상업포경의 이들 규정과의 합치 여부를 판단할 수 있는 조항들이다.

다만 해양법협약의 관련 조항을 근거로 일본이 이번 조치에서 설정한 3종의 고래에 대한 어획쿼터가 '이용 가능한 최선의 과학적 증거'를 고려하여 이루어진 것인지에 대한 문제제기는 가능하다고 본다. '멸종위기종의 국제거래에 관한 협약'[1971, 이하 CITES]에서 가장 멸종 위험이 높아 규제가 가장 엄격한 생물종 목록인 '부속서 1'에는 일본의 상업포경 대상인 3종의 고래가 모두 열거되어 있다. 한편 국제자연보전연맹[IUCN]의 멸종위기종 목록인 '적색목록'에는 일본의 상업포경 대상 3종의 고래 중 밍크고래와 브라이드고래는 포함되어 있지 않고 보리고래만 포함되어 있다. 보리고래는 일찍부터 멸종위기에 놓였고 모라토리움 이전인 1970년 중반부터 이미 보호대상으로 관리되었지만 아직 회복되지 못한 상태이다. 일본 대상 해역이 속한 서북태평양의 경우 2006 – 2007년 보리고래종 개체 수 조사에서 7,700마리 서식이 확인되었다. 밍크고래의 경우는 북서태평양에서 약 25,000마리가 조사되어 당장 멸종 위험상태에 있다고 할 수는 없다. 하지만 한국의 연안 해역을 포함한 일본의 서북부와 중국의 동부 해역에 서식하는 J계군 밍크고래는 1,500마리만 서식하고 있어 러시아와 일본 해역에 비교적 많은 수가 서식하는 O계군 밍크고래와 달리 보존 상태에 위험이 발생할 가능성이 있다. 또한 일본은 총 227마리를 쿼터로 설정하였는데 이는 그동안 일본이 과학조사목적포경으로 매년 잡은 고래 수[2013 – 2017년간 평균 연 455마리]와 비교할 때 상당히 적은 수이다. 하지만 일본이 남대양 등에서의 포경활동은 중지하고 포경활동 대상 해역으로 정한 일본 영해와 배타적경제수역이 속한 북서태평양에서 포획된 고래 수에 한정할 경우 상황이 달라진다. 즉 서북태평양해역과 일본 근해에서 2013 – 2017년간 과학조사목적으로 일본이 잡은 고래는 이번에 정한 쿼터보다 적은 연간 평균 약 204마리였다. 더구나 이 5년간의 통계는 일본의 배타적경제수역 이원의 해역에서의 어획까지 포함한 것이므로 비교적 높게 책정되었고 이에 대한 과학적 증거가 충분한지 파악해 볼 필요가 있다. 특히 보리고래는 세계적으로 멸종위기종으로 인정되고 있고, 밍크고래는 전체적으로는 아직 안정적이나 우리나라와 관련 있는 J계군의 경우에는 보존에 문제가 생길 수 있다는 점을 고려할 때 주의 깊은 검토가 필요하다. 물론 남극해포경사건에서도 나타나듯이 과학적 증거의 객관성과 신뢰성의 판단은 어려운 문제라는 것이 고려되어야 한다.

마지막으로 CITES, 생물다양성협약, 국제환경법 원칙의 하나인 '사전주의원칙' 등이 논의될 수 있다. CITES는 국제무역을 통한 과도한 개발로부터 멸종위기에 처한 생물종을 보호하기 위하여 동 협약의 부속서에 열거된 종의 국제거래를 규제하는 조약이다. 일본이 포경대상으로 허용한 3종의 고래는 모두 CITES 부속서 1에 열거된 종이고 국제거래는 수출입국의 허가 등 엄격한 규제를 받는다. 하지만 일본은 잡은 고래를 자국 국내 식용으로 사용할 것으로 예상되기 때문에 이 협약에 의하여 포경활동 자체의 정당성에 대하여 평가할 수는 없을 것으로 보인다. 또한 '생물다양성협약'[1992]은 생물다양성의 보전이 인류의 공동관심사임을 확인하면서[전문] 그 목적의 하나로 생물다양성의 보존을 열거하고 있고,[제1조] 많은 관련 조항을 두고 있다. 하지만 골격협약의 성격을 가진 조약으로 일반 원칙과 구속력 없는 선언적 규정들이 대부분을 차지하고 있어 이 협약만으로 일본 상업포경의 국제법 합치성을 판단하기는 어렵다. 아울러 '사전주의원칙'은 국제환경법 일반 원칙의 하나로 인정되고 있고 남방참다랑어사건, 심해저활동과 관련한 보증국 의무와 책임에 대한 국제해양법재판소의 권고적 의견 등 해양관련 국제 판례와 '공해어족자원협약'[1995] 등의 조약에서 언급되어 왔다. 하지만 아직 이 원칙이 국제관습법이 되었다는 일반적 합의가 없고 그 적용기준과 절차가 정해지지 않아 이 사안에 동원되기 어렵다고 본다.

이렇게 볼 때 일본의 상업포경 재개조치가 관련 국제법과 명백하게 상치되었다고 평가하기는 어려운 상황이다. 물론 실제 상업포경의 규모, 주변 해역의 고래 생태계 변화, 일본 포경선박의 쿼터준수 여부 등의 상황 변화에 따라 이러한 평가는 달라질 수 있을 것이다.

4. 한국의 포경관련 상황과 대응

울주의 반구대 암각화는 세계에서 가장 오래된 고래그림을 포함하고 있어 한국도 오랜 포경역사를 가진 국가임을 보여주고 있다. 해방 이후에 본격적인 상업포경이 시작된 후 1980 – 1984년간 3,634마리의 쿼터를 할당받는 등 꾸준히 포경활동을 해왔다. 한국은 1978년 포경협약 당사국이 되었고 2005년에는 IWC 총회를 울산에서 개최하기도 하였다. IWC의 모라토리움에 따라 1986년 이후 한국의 상업포경은 중단되었지만 1985 – 1987년에 걸쳐 과학조사목적포경을 신청하는 등 포경어업을 존속시키기 위한 노력을 지속하였다.

한국 연근해에는 밍크고래를 비롯한 31종의 고래류가 분포하고 있지만 아직은 이용할 수 없는 상태이다. 하지만 지난 10년간 혼획에 의하여 잡힌 밍크고래가 거의 800마리에 달하고 있어 국내외적으로 고의적 혼획이 아닌가 하는 의심을 받고 있다. 한국은 고래의 보존과 이용이 IWC에서 논의되어야 한다는 입장이지만 보존과 이용의 조화, 즉 지속가능한 이용이 가능하다면 고래자원의 이용도 허용될 수 있다는 입장에서 포경활동 재개를 위해 노력해왔다. 이는 그 동안 한국이 진행한 고래연구 방향, IWC에서의 활동내용, 특히 2018년 IWC에서 한국이 일본의 상업포경재개 제안에 반대하지 않고 기권하고 남대서양 고래보호구역 설정에 반대한 것에서 나타난다. 이와 같이 한국이 그동안 상업포경 재개에 반대하지 않거나 찬성해왔고, 일본의 상업포경 재개가 국제규범에 합치되지 않는다는 것이 명백하지 않은 상황에서 한국이 취할 수 있는 효과적인 국제법적 대응수단을 찾기는 쉽지 않다.

양국이 모두 당사국인 해양법협약은 두 개 이상 연안국의 배타적 경제수역에 출현하는 어족의 보존과 개발에 협조하도록 규정하고 있다.제63조 또한 '한일어업협정'1998은 해양자원보존에 초점을 맞춘 조약은 아니지만 양당사국 배타적경제수역을 규율 대상해역으로 하고 있고,제1조 당사국은 각국 배타적경제수역에서의 해양생물자원의 합리적인 보존, 관리 및 최적이용에 관하여 상호 협력한다고 규정하고 있다.제10조 또한 협정은 양당사국이 해양법협약의 당사국임을 상기시키고 있다.전문 아울러 협정에 따라 설치되는 한일공동어업위원회가 협의하고 권고할 수 있는 사항으로 해양생물자원 실태와 자원 보존 관리에 관한 사항을 규정하고 있다.제12조 제4항 따라서 이 공동위원회를 통하여 일본의 상업포경 재개가 고래의 보존과 이용에 미치는 영향과 문제점을 제기할 수 있겠다. 특히, 상업포경 쿼터설정의 적절성, J계열 밍크고래 보호수역 설정 가능성 등이 검토될 수 있다고 본다.

이미 일본인들의 고래 고기 식용문화가 사라져가고 있고 일본의 상업포경이 정부보조금 없이 이익을 내기 어려운 구조일 뿐만 아니라 5척의 포경선, 300명 내외의 포경종사자가 남아 있는 상태에서 서서히 포경산업도 사라져 갈 것이라는 희망 섞인 전망도 있다. 관련 상황의 변화 추이를 주의 깊게 살피며 대응해야 할 것으로 본다.

---

1) 포경위원회의 설립근거가 되는 포경협약 제11조는 매년 1월 1일 이전에 탈퇴의사를 기탁정부(미국)에 통보하면 그 해 6월 30일에 탈퇴의 효력이 발생함을 규정하고 있다.

2) 캐나다(1982), 필리핀(1988), 이집트(1989), 베네수엘라(1999), 그리스(2013) 등.

3) 노르웨이와 아이슬란드는 모라토리움에 즉시 이의를 제기하고 유보하여 일정한 쿼터 하에 상업포경을 계속하여 왔지만 IWC체제 내에 머물고 있다.

4) 다른 하나는 덴마크(그린란드), 러시아(Chukotka), 미국(주로 Alaska) St.Vincent and Grenadines (Bequia) 등 4개국이 인정받고 있는 토착원주민의 생존을 위한 포경활동이다.

제3부

국제법이 분석한 군사안보

미국 내 대북선제타격의 합법성 논의

백범석(경희대학교 국제대학 교수)

북한의 핵미사일 개발과 관련해 Donald Trump 미 대통령의 2017년 8월 "화염과 분노" 발언 및 같은 해 9월 "북한정권의 완전한 파괴"를 거론한 제72차 유엔총회 연설, 그리고 연이은 Vincent Brooks 현 한미연합사 사령관, Mike Mullen 전 합참의장, 그외 미 공화당 내 강경파 의원들의 대북선제타격 가능성에 대한 언급은 한반도의 긴장을 크게 높여왔다. 미 백악관은 공식적으로 부인하고 있으나, 2018년 1월 월스트리트저널의 보도가 기폭제가 되어 등장한 코피^{Bloody Nose} 전략 등 북한에 대한 제한적인 선제타격 방안들은 그 개념상 통일된 정의조차 불명확한 채로 언론을 통해 폭발적으로 제기되고 있다.1) 물론 북미간 대화를 모색하는 등 화해 분위기가 조성되고 있는 것도 사실이다. 그러나 대표적인 대북 강경파인 John Bolton 전 주유엔 미국대사가 백악관 국가안보회의 보좌관으로 임명되었고, Mike Pompeo CIA 국장이 새로운 국무장관으로 지명되는 등 한반도 문제는 불확실성이 산적해 있기에 대북 선제타격에 대한 논의는 여전히 필요하다. 이에 본 글에서는 미국 내에서 활발히 개진되었던 대북 선제타격의 합법성에 관한 다양한 담론들을 간략하게 정리하여 소개한다.

1. 국내법적 논의

미국 내에서의 해당 주제에 관한 논의는 주로 국제법이 아닌 미국내법에 기반을 두고 있다. 특히 대통령이 국회의 승인 없이 북한을 상대로 한 전쟁선포 또는 선제무력공격을 명령할 권한이 있는지, 있다면 그 국내법적 근거는 무엇인지에 대한 논쟁이 활발히 있어 왔다. 미 헌법 제1조에서는 전쟁선포 권한이 의회에 있음을 명시하고 있지만, 헌법 제2조는 곧바로 군 통수권자로서 대통령의 전쟁수행 권한을 인정하고 있다. 특히 1973년 제정된 전쟁권한법^{War Powers Resolution}은 "명백하고 현존하는 위험"에 직면한 상황을 전제로 단독으로 전쟁을 개시할 권한^{Authorization for Use of Military Force: AUMF}을 대통령에게 부여하고 있고, 동시에 이러한 행위가 48시간 내에 의회에 통보되고 60일 안에 의회의 승인을 받아야 한다고 규정한다. 결국 의회 승인 없이 미군이 대통령의 명령에 따라 외국에서 전쟁을 수행할 수 있는 기한은 60일로 제한된다. 그러나 이러한 제한 사유는 군사시설 정밀타격 등의 단기전이 예상되는 대북 코피전략의 경우 사실상 유명무실할 수밖에 없다. 한편 "명백하고 현존하는 위험"은 상대국이 공격능력을 보유하고, 공격이 임박하며, 선제공격 외에는 위험을 막을 다른 수단이 없어야 함을 의미하는데, 문제는 전쟁권한법상 이에 대한 판단 주체가 대통령이라는 점이다. 더욱이 한국전쟁이 여전히 정전이 아닌 휴전상태에 있다고 본다면, 대통령의 대북 군사행동 권한은 보다 강력할 것이다.[2] 실제 George Bush 대통령은 2003년 이라크 전쟁 시, Barack Obama 대통령은 2011년 리비아에 대한 군사행동 시에 공히 의회의 승인을 사전에 받지 않았다. Donald Trump 대통령도 2017년 초 의회에 사전통보 없이 시리아에 대한 공습을 명령한바 있다. 같은 맥락에서 미국 대통령이 대북 선제공격을 명령하는데 국내법상 어려움이 없을 것으로 보았던 Jack Goldsmith 하버드대 로스쿨 교수의 기고문은 흥미롭다.[3] 그는 특히 대통령의 법적 권한에 대한 유권해석 업무를 담당하는 연방법률자문국^{Office of Legal Counsel: OLC}의 일련의 보고서들을 본인 주장의 기반으로 제시한다. OLC는 2011년 4월 리비아에 대한 무력공격 행사 권한에 관한 보고서를 법무부에 제출하였는데, 동 보고서는 헌법 제1조가 제한요소가 될 가능성 ^{possible}이 있고, 따라서 상당한 군사행동의 경우 의회의 동의를 요할 수 있다^{may require}고 인정하면서도, 미국을 보호할 수 있는 유일한 그리고 최선의 수단이라고 판단될 경우에는 미 헌법 제2조에 따라 행정부가 의회의 사전 동의 없이 일방적인 무력행사를 결정하여 수행할 수 있다고 보았다. Goldsmith 교수는 당시 상황과 현재를 비교하면서, 북한은 오랜 시간 미국을 상대로 리비아 보다 훨씬 많은 위협적인 행동들과 언사들을 계속해 왔기 때문에 적어도 OLC 보고서^{법적} ^{근거 및 기존의 선례들}에 기반한다면 이미 북한을 공격하기에 충분한 상황이라고 본 것이다. 다시 말해 Trump 대통령이 북한을 공격하기로 결정했다면 OLC가 이러한 대통령의 결정을 제한하기 어렵고, 그 외 이를 막을 행정부 내의 장치가 있을 것으로 기대하기도 어렵다고 판단하였다.

2. 국제법적 논의

미국 내 대북 선제타격의 합법성에 대한 국제법적 논의는 주로 자위권 행사여부를 중심으로 이루어져 왔다. 주지하다시피 유엔 헌장 체제 하에서 개별 국가의 무력행사는 자위권에 의하여 정당화되지 않는 한 일반적으로 금지되며 국제법상 위법행위에 해당하기 때문이다. 실제 자위권은 무력행사의 근거로 오늘날 빈번하게 원용되고 있다.[4]

1) 집단적 자위권 행사

우선 북한의 일련의 동해상으로 미사일 시험발사는 "무력공격armed attack"에 해당하며, 일본은 자위권을 행사할 수 있고, 이를 기반으로 미국 역시 집단적 자위권을 행사할 수 있다는 주장이 있다. 일반적으로 공격을 하지 않은 국가를 상대로 선제공격을 할 경우 자위권을 주장할 수 없음은 국제법상 당연하다. 타국의 무력행사가 유엔헌장 제51조상의 개별적 자위권 행사 요건인 무력공격의 발생에 해당하려면 자국을 향해 이루어진 것이 확실한 경우여야 하기 때문이다. 그런데 북한의 미사일 발사는 통상 특정국가에 대한 공격이 아닌 연습을 목적으로 발사한 것이기에 발사행위가 종료된 시점에서는 선제공격이건 반격이건 허용되지 않는다고 이해된다. 이에 대해 미 육군 사관학교 교수인 Shane Reeves와 Robert Lawless는 강한 어조로 북한의 미사일 시험발사가, 설사 탄두를 탑재하지 않은 경우unarmed missile라도, 일본 영해에 낙하하거나 통과한다면 이는 일본에 대한 무력공격에 해당하고 따라서 일본은 자위권을 행사할 수 있다고 주장한다. 동시에 1960년 "일본과 미국간의 상호협력 및 안전보장조약"이하 미일 안전보장조약 등에 기반하여 미국도 이러한 경우에는 집단적 자위권을 행사할 수 있다고 본다. 이들 주장의 주된 근거는 미사일 시험발사가 타국 영토에 무기weapon를 발사한 것으로 보아야 한다는데 있다.5) 그러나 탄두가 탑재되지 않은 미사일이 시험발사 과정에서 의도하지 않은 인명피해를 야기하거나, 우연히 재산피해를 입힐 수 있다는 이유로 무기로 볼 수 있다는 논리는 쉽게 찬동하기 어렵다. Michael Schmitt 엑서터대 국제법교수와 Ryan Goodman 뉴욕대 로스쿨 교수는 최근 기고문에서 모든 무력공격이 무력행사에 해당할 수 있겠으나, 모든 무력행사가 자위권 행사를 정당화하는 무력공격에 달하지는 않는다고 지적한다.6) 즉 탄두탑재여부와 관계없이 무기에 해당한다고 할지라도, 인구가 밀집된 지역을 통과하거나, 물질적 피해를 야기할 것이 사전에 예상되고 동시에 그러한 의도로 발사된 경우에만 무력공격에 해당한다고 봄이 타당하다는 것이다. 심지어 이들은 미국이 코피전략을 실행한다면 반대로 이것이야말로 무력사용금지원칙에 관한 유엔헌장 제2조 제4항 및 국제관습법을 위반한 국제위법행위에 해당하며, 침략범죄에까지 이를 수 있다고 주장하였다. Masahiro Kurosaki 일본 방위대 교수는 탄두가 탑재되지 않은 미사일 시험발사의 경우에는 일본 영토에 진입한다고 하더라도 무력공격으로 판단할 가능성이 적고, 적대적 고의를 명확히 밝힐 실질적 증거들이 있지 않는 한, 일본 정부가 자위권을 행사할 여지는 적다고 보았다.[7] 실제 일본 정부는 무력공격을 타국을 상대로 한 조직적이고 미리 숙의된 무력사용이라고 정의해 왔다.[8] 이는 국제사법재판소가 니카라과 사건 등을 통해 제시한 요건들과는 다소 차이가 있는데, 전반적으로 종합적인 상황을 충분히 고려하여 적대적 고의를 가지고 명확히 일본국을 상대로 공격한 경우에만 한정하고 있는 것으로 보인다. 2004년 중국의 핵잠수함이 국제해양법 협약 제20조에 위반하여 일본 영해에 잠행해 들어온 사건에서도 일본 정부는 유감 표명을 하였지만 그 이상의 국제법적 판단은 제기하지 않았다.

다음으로 일본이 개별적 자위권을 행사할지 여부와 상관없이 미국은 북한의 미사일 발사실험과 핵실험에 대하여 독자적으로 "집단적 자위권"을 행사할 수 있다는 주장이 있다. 국제법상 개별적 자위권의 발동을 정당화할 정도의 무력공격에 해당한다고 보기 어려운 경우, 집단적 자위권의 논리가 불가피하게 적용된다. 실제로 시리아 내 ISIL 공습에 참여하였던 대다수 서방국가들은 공습의 주된 법적 근거를 집단적 자위권에 둔 바 있다. 집단적 자위권의 행사는 니카라과 사건에서 국제사법재판소가 밝힌 바와 같이 무력공격을 받은 피해국이 우선 무력공격이 있었음을 선언하고 이후 명시적인 도움을 요청하거나 기존에 방위조약과 같은 사전합의가 있는 경우에 허용된다. 앞서 살펴본 바와 같이 본 사안의 경우, 일본이 무력공격이 있음을 선언하고 동시에 미국에 요청하여 함께 자위권을 행사할 여지는 높아 보이지 않는다. 따라서 집단적 자위권에 관한 논의는 1960년 미일안전보장조약에 기반하여 설사 일본이 자위권을 행사하지 않은 경우에도 미국이 독자적으로 집단적 자위권을 행사할 수 있는지 여부가 주로 다루어졌다. 미국 내 일부 국제법학자들은 동 조약 제5조9)에 따라 미국의 자위권 행사에 일본 정부의 사전 상의나 일본 정부로부터의 명시적 요청이 필요하지 않다고 해석한다. 그러나 양국간의 협의를 강조한 제4조10)가 먼저 적용된다고 봄이 타당하며, 제7조에서는 유엔 헌장상의 당사국의 권리와 의무에 반하여 동 조약이 해석될 수 없다고 규정하고 있는바 제5조상의 자위권 행사가 상대국의 동의를 요하지 않는다는 해석은 무리가 있어 보인다.11)

한편 미국은 한국의 동의 없이 북한에 대한 자위권을 행사할 수 있다는 주장들이 전 주한미군사령관을 포함한 미국 군사전문가들로부터 제기된 바 있다.12) 미 자국 영토를 북한이 직접 공격하는 경우라면 미국의 무력 대응은 주권에 해당하는 사안으로 한국의 승인이나 협력을 필요로 하지 않는다는 것이다. 더 나아가 이 경우 미국의 다른 동맹국들 역시 한국의 승인 없이 미국의 군사대응에 참여할 수 있다고 주장한다. 이와 관련하여 한미상호방위조약에 명시된 외부의 무력공격에 대한 대응절차를 다룬 제2조13) 및 제3조14) 규정의 해석이 문제가 되는데, 자국 영토에 대한 북한의 공격이 있을 경우에는 한국의 반대가 있을 것으로 예상하기도 힘들지만 동맹국인 한국의 승인 여부와 상관없이 자국 방어에 필요한 무력조치를 미국이 취할 것은 자명하다.

2) 개별적 자위권 행사

문제는 실제 북한의 공격이 이루어지지 않은 상황에서 과연 미국이 개별적 자위권에 기반하여 대북 선제타격을 합법적으로 할 수 있는지 여부일 것이다. 이를 위해서는 "선제적 자위권" 개념을 원용할 수 밖에 없기에 이에 대한 미국 내 논의를 마지막으로 소개한다. Shane Reeves 교수와 Robert Lawless 교수는 같은 글에서 미국이 선제적인 그러나 제한적인 형태의 공격을 취할 절박한 이유가 있을 시 개별적 자위권에 기반을 둔 대북 선제타격을 가할 수 있다고 주장한다.15) 즉 외교, 협상, 협력 그리고 제재를 통한 국제사회의 포괄적인 노력에도 불구하고 북한이 도발적인 언동과 함께 미사일 발사실험과 핵실험을 지속적으로 자행한다면 이는 미국의 선제적 자위권 행사를 정당화할 수 밖에 없다고 본다. 북한의 위협이 계속적으로 증대되고 모든 비무력적 수단들이 고갈된다면 미국이 행동할 "마지막 기회last opportunity"가 얼마 남지 않았다고 믿는 것이 논리적이라는 것이다. 마지막 기회이론은 2016년 미국국제법연례회의에서 당시 국무부 법률자문이었던 Brian Egan이 제시한 비국가행위자에 대한 선제적 무력사용 논리에 기반을 두고 있다.16) 그러나 지금까지 북한의 일련의 대미 위협threat 언사와 행동은 미국 본토를 공격할 능력을 갖추었는지 여부를 인지할 수는 있을지언정 북한으로부터의 무력공격이 임박했는지를 판단하기는 어렵기 때문에 이를 확대 적용하기는 어려워 보인다.17) 다시 말해 충분한 정보수집과 증거에 기반하여 북한이 미국을 곧 공격하기로 하였음이 확실하고, 비무력적 수단들을 통한 예방이 불가능한 경우에만 자위권 행사가 제한적으로 가능하다고 봄이 타당하다. 더욱이 선제적 자위권 개념 자체는 이론적으로 어느 정도 수긍하더라도 구체적 선제 공격행위가 적법한 자위권 행사로 실제 인정받은 경우는 현재까지 단 한 건도 없었다.18) 미국의 기존 국가실행을 보아도 선제적 자위권 개념에 기반하여 무력사용을 할지 다소 회의적이다. 1981년 이스라엘이 해당 개념에 기반하여 이라크의 오시라크 핵발전소를 공격하였을 때, 미국을 포함한 유엔안전보장이사회는 강하게 이를 비판한 바 있다. 또한 2003년 이라크 전쟁에서도 선제적 자위권 개념에 대한 논란은 많았으나, 미국 정부는 자위권 개념을 원용하였다기보다 결국 기존의 무력사용을 승인한 1990년 안보리 결의 678호를 확대 해석하여 이를 기반으로 무력행사를 하였다고 볼 수 있다.[19] 설사 선제적 자위권이 인정된다 할지라도 현재 논의되고 있는 미국의 대북 선제타격의 경우는 국제관습법상 필요성 및 비례성의 원칙에 반할 가능성이 매우 높다. 한편 Charlie Dunlap 듀크대 로스쿨 교수는 일본에 상주하는 5만명에 달하는 주일미군 병력을 고려한다면, 자국민 보호를 위한 개별적 자위권 행사가 충분히 가능하다고 주장한다.[20] 그러나 이러한 주장은 자국민에 대한 무력공격이 임박하고, 이를 방지할 다른 방법이 없을 경우특히 상주국 정부가 이를 방지할 능력이 없거나 방지할 의지가 없는 경우에만 가능할 것이기에 논리적 비약이 있다고 판단된다.

3. 글을 마치며

지금까지 소개된 여러 논의들에도 불구하고 실제 미국이 북한에 대한 선제타격을 감행하기로 결정하였다면, 적어도 자국 입장에서는 국제법상 적법한 논리구성을 마쳤을 가능성이 농후하다. 결국 중요한 것은 국제법상 미국이 북한을 합법적으로 선제 타격할 수 있는가에 대한 질문의 답을 구하는 것이 아닐 수 있다. 즉 이러한 질문을 하기에 앞서, 과연 미국이 타국을 비슷한 논리 하에 선제공격할 수 있다는 선례를 만들지 그리고 다른 국가들 역시 같은 맥락에서 무력행사를 보다 쉽게 결정할 수 있는 가능성은 없는지 등 앞으로 국제사회의 평화와 안정을 침해할 위험을 미국 스스로 감수할 수 있는가를 먼저 생각해 보는 것이 필요하다. 선제적 자위권이 현 북한의 상황에서 인정된다면 이는 향후 미국에 위협이 될 수 있는 그 어느 국가에라도 공격이 가능하다는 논리와 그 맥을 같이 할 수 있기 때문이다.

1) 선제타격(preemptive strike)은 적이 재래식 또는 핵무기를 이용해 공격을 가하려는 의도를 사전에 탐지하고, 이를 미리 타격함으로써 그 위협을 제거하는 군사행동을 지칭한다. 이는 적의 미사일과 핵 공격, 자산만을 골라 외과적으로 정밀타격하는 방법뿐 아니라, 육해공군 및 사이버 자산을 총동원해 미사일 및 핵기지뿐만 아니라 적의 지휘통제 시스템과 지도부까지 괴멸시키는 방법도 포함한다.

2) Charlie Dunlap, "Assessing the Legal Case for the Use of Force against North Korea: is 'armistice law' a factor?", *Lawfire* (Sep.17 2017).

3) Jack Goldsmith, "The Ease of Writing an OLC Opinion in Support of Military Action Against North Korea", *Lawfare* (Sep.14 2017).

4) 도경옥, "시리아 내 ISIL 공습에 대한 국제법적 분석", 국제법학회논총 제61권 제1호 (2016) 참조.

5) Shane Reeves & Robert Lawless, "Is There an International Legal Basis for the 'Bloody Nose' Strategy?", *Lawfare* (Jan.19 2018).

6) Michael Schmitt & Ryan Goodman, "Best Advice for Policymakers on 'Bloody Nose' Strike against North Korea", *Just Security* (Jan.23 2018).

7) Masahiro Kurosaki, "The 'Bloody Nose' Strategy, Self−Defense and International Law", *Lawfare* (Feb.15, 2018).

8) http://www.shugiin.go.jp/internet/itdb_shitsumon.nsf/html/shitsumon/b153027.htm

9) "Each Party recognizes that an armed attack against either Party in the territories under the administration of Japan would be dangerous to its own peace and safety and declares that it would act to meet the common danger in accordance with its constitutional provisions and processes. Any such armed attack and all measures taken as a result thereof shall be immediately reported to the Security Council of the United Nations in accordance with the provisions of Article 51 of the Charter. Such measures shall be terminated when the Security Council has taken the measures necessary to restore and maintain international peace and security." (밑줄 추가)

10) "The Parties will consult together from time to time regarding the implementation of this Treaty, and, at the request of either Party, whenever the security of Japan or international peace and security in the Far East is threatened."

11) Aurel & Hitoshi Nasu, "Collective Self−Defense and the 'Bloody Nose Strategy'", *Just Security* (Jan. 26 2018).

12) Sungwon Baik, "Experts: US Would Not Need South Korea's OK to Strike North", *Voice of America* (Aug.23 2017).

13) "당사국중 어느 일국의 정치적 독립 또는 안전이 외부로부터의 무력공격에 의하여 위협을 받고 있다고 어느 당사국이든지 인정할 때는 언제든지 당사국은 서로 협의한다. 당사국은 단독적으로나 공동으로나 자조와 상호원조에 의하여 무력공격을

방지하기 위한 적절한 수단을 지속하고 강화시킬 것이며 본 조약을 실행하고 그 목적을 추진할 적절한 조치를 협의와 합의 하에 취할 것이다." (밑줄 추가)

14) "각 당사국은 타당사국의 행정지배하에 있는 영토와 각 당사국이 타당사국의 행정 지배하에 들어갔다고 인정하는 금후의 영토에 있어서, 타당사국에 대한 태평양지 역에 있어서의 무력공격을 자국의 평화와 안전을 위태롭게 하는 것이라고 인정하 고 공통된 위협에 대처하기 위하여 각자의 헌법상의 절차에 따라 행동할 것을 선 언한다."

15) Shane Reeves & Robert Lawless, *supra* note 5.

16) Brian Egan, "International Law, Legal Diplomacy, and Counter—ISIL Campaign", Keynote Address at 110th Annual Meeting of the American Society of International Law (Apr.1 2016).

17) J. Francisco Lobo, "One Piece at a Time: The 'Accumulation of Events' Doctrine and the 'Bloody Nose' Debate on North Korea", *Lawfare* (Mar.16 2018).

18) 김석현, "유엔헌장 제2조 4항의 위기", 국제법학회논총 제48권 제1호 (2003) 참조. 김석현 교수는 기술의 발달에 따른 현대무기의 신속성과 파괴성을 이유로 예방적 자위를 인정하여야 한다는 주장에 대해, 반대로 오히려 자위권의 남용이 우려됨을 강조한다.

19) 김부찬, "국제법상 무력사용금지의 원칙과 그 예외에 관한 고찰", 인도법논총 제26 권 (2006); 소병천, "이라크 전쟁과 국제법," 비교법학연구 제3집 (2004) 참조.

20) Charlie Dunlap, "The 'Bloody Nose' Strategy debate: Why it's more complicated than some think", *Lawfire* (Jan.24 2018).

중국 군용기의 KADIZ 진입으로 본 ADIZ와 국제법

양희철(한국해양과학기술원 해양정책연구소 소장)

1. 서언

중국 군용기의 한국방공식별구역^{Korea Air Defense Identification Zone, 이하 'KADIZ'} ^{라 함} 진입이 최근 들어 빈번해 지면서 정례화된 훈련 비행이 아니냐 는 우려의 목소리가 높다. 러시아 전략 미사일 폭격기 Tu−95MS 또 한 동해와 남해까지 진입하며 공중 급유 훈련을 진행한 바 있다. 외 국 군용기에 의한 KADIZ 무단 진입은 KADIZ를 무력화 하는 조치 일 뿐 아니라, 지역해의 긴장 수위에 따라서는 심각한 군사적 위협 상황으로 발전될 수도 있다. 중국 군용기의 비행경로가 영공 범위에 상당히 근접하여 비행하는 상황이 반복적으로 발생한다는 것은 그 자체로 우리나라의 대응적 방위태세를 압박하는 행위로 해석될 수 밖에 없다.

통상적 비행훈련이라는 중국의 답변은 동북아 지역해 질서를 둘 러싼 패권적 대립 구도에서 한반도의 긴장을 고조시키는 원인이 된 다는 점에서 설득력이 없다. 특히 중국 외교부가 우리측 KADIZ 진입 행위를 "국제공역에서의 국제법을 위반하지 않은 범위"라고 논평한 것은 자국 방공식별구역^{Air Defense Identification Zone, 이하 'ADIZ'라 함}에 진입하는 타국 군용기에 대하여 민감하게 반응하는 중국의 대응과 비교할 때 다분히 의도적 목적을 가지고 수행되고 있다는 해석이 가능하다.

한국을 포함한 국제사회의 ADIZ가 조기 운영된 것과 달리 중국의 CADIZ^{Chinese ADIZ}는 2013년에 이르러 설정되었다. 이는 중국의 ADIZ 설정이 동아시아 지역질서 혹은 국방안보적 측면에서의 적극적 보호 조치와 무관하지 않다는 것을 의미한다. 이에, 본문에서는 국제사회의 ADIZ 운용현황과 국제법적 해석, 중국의 ADIZ에 대한 태도를 중심으로 살펴보고자 한다. 이를 통해 중국의 CADIZ 설정이 갖는 의미와 향후 EEZ에서의 군사활동 등에 대한 중국의 입장 변화 가능성 등을 전망하고자 한다.

2. 국제사회의 방공식별구역의 운영 현황

해양에서의 관할권 외연 확장은 국제법적 합의와 국내법적 수용을 통해 형성되었다. 반면, 공역^{空域}에서는 안보 등의 국가 이익과 결부되어 새로운 통제영역을 확보하려는 노력이 1950년대 초반부터 일부 국가의 관행을 중심으로 형성되어 왔다. 이의 대표적인 것이 ADIZ다. 따라서 ADIZ는 유엔해양법협약^{UN Convention on the Law of the Sea, 이하 'UNCLOS'} 보다 먼저 논의되었으며, 그 수요 역시 국제사회의 기술발전에 따른 현실적 위협으로부터 국가 안위를 확보하려는 데서 출발하였다. 이는 ADIZ의 설정과 운용을 둘러싼 해석의 문제는 국제법상 국가의 안보이익, UNCLOS상 연안국 권리와 EEZ에서 상공비행의 자유 등의 문제와 연계되어 해석될 필요가 있다는 것을 의미한다.[1]

방공식별구역은 제2차 대전과 한국전쟁 이후, 특히 냉전시대 소련의 위협으로부터 자국의 안전을 확보하기 위하여 설정되기 시작하였다. 미국과 캐나다는 1950년과 1951년 대서양과 태평양 지역에 ADIZ를 설정하였다. 미국은 연안 해역 상공의 일정 범위를 방공식별구역으로 설정하고, 모든 외국 항공기는 해당 구역에 진입하기 전에 통보하고 허가를 받도록 하였다.[2] 미국의 ADIZ는 9·11테러 이후 메릴랜드주 볼티모어와 워싱턴 DC를 대상으로 추가 설정되었다. 이는 ADIZ 설정이 '연안국' 입장에서 설정되는 예와 달리 '안보적 수요'에 따라 다른 영역을 대상으로도 설정된다는 것을 의미한다. 인도 역시 영토 전체를 대상으로 ADIZ를 설정하여 운용하고 있다. 다만, 육지와 내수, 영해의 상공은 완전한 주권이 미치는 영공이라는 점에서 그 실익은 없다.^{물론, 영공에 ADIZ설정을 통해 보다 기타 지역보다 강하게 진입을 통제 하는 실익은 있다.}

ADIZ는 국제적으로 약 30여 국가가 운용하고 있으나, ADIZ가 안보이익에 근거한다는 것 외에는 통일된 정의가 없다. 동북아에서 ADIZ는 1951년 미국 공군^{태평양, 제5공군}이 극동방위를 목적으로 한국, 일본, 대만에 설정한 것이 시작이었다. 1951년 설정된 KADIZ는 2008년 제정된《군용항공기 운용 등에 관한 법률》에 따라 국내법적 근거를 갖게 되었고, 해당 법은 제9조를 통해 "국방부장관은 방공식별구역을 설정하여 관리한다."고 규정, 국방부 장관은 동법 시행령 제2조 제2항에 근거하여 2008년 7월 31일 KADIZ를 설정한 바 있다. 한국의 ADIZ는 2013년 중국의 ADIZ 설정에 대한 대응조치로 확대 조정되었다.[3] 일본의 JADIZ는 이후 1969년 훈령, 1972년 훈령 개정^{이어도 주변수역을 포함} 등을 통해 현재의 ADIZ로 확대되었다.

3. 중국 CADIZ 설정의 국제법적 근거

각국의 ADIZ가 명확한 국제법적 근거가 아닌 일방적 설정 행위에 의존하고 있다는 점은 특정 국가 간의 중첩되는 ADIZ 운용을 국제법 위반으로 판단할 수는 없다는 것을 의미한다. 중국 역시 2013년 한국 및 일본 ADIZ와 중첩되게 구역을 설정하였으나, 이를 국제

법 위반이라고 할 수 없는 이유이다.[4]

중국이 2013년 설정한 ADIZ의 국제법적 근거는 《UN헌장》 제51 조, UNCLOS이 규정하는 EEZ에서의 연안국 권리를 통해 형성되고 있다고 보여진다. 예컨대, UN헌장은 제51조를 통해 모든 국가가 "자위의 고유한 권리"를 향유한다고 규정하고 있으며, 중국의 ADIZ 설정은 "외국 항공기에 의한 고유 권리의 침해 가능성"에 대한 예방 조치로 설정되었음을 피력하고 있다.[5] 또한 UNCLOS은 제56조를 통해 연안국은 EEZ에서 천연자원을 탐사, 개발, 관리를 목적으로 하 는 주권적 권리 등의 사항 외에 "이 협약에 규정된 기타의 권리"를 향유하도록 규정하고 있다.[6] 후자는 특히 협약 제301조가 당사국이 이 협약에 따른 권리행사와 의무이행에 있어서 "다른 국가의 영토보 전 또는 정치적 독립에 해가 되거나 또는 국제연합헌장에 구현된 국 제법의 원칙에 부합되지 아니하는 방식에 의한 무력의 위협이나 행 사를 삼가야 한다"는 규정과 연계된다고 해석된다. 즉, UNCLOS 제 56조가 규정하는 연안국의 자국 EEZ 내 "기타 권리"라는 것이 제 301조가 규정하는 국가주권 및 영토보전이 침해되지 않아야 하며, 그 국가안전과 평화적 질서 등에 대한 일반 국제법상의 권리를 포함 한다고 해석하고 있다. 이에 따르면 일국의 항공기가 타국의 EEZ에 서 상공 비행의 자유를 향유할 경우에도 연안국의 국가주권과 영토 안전을 존중하여야 하며, 또한 연안국의 국가안전과 평화질서를 위 해하지 않아야 하고, 이러한 연안국 권리를 고려하지 않을 경우, 이 는 상공 비행의 자유에 대한 남용이라는 것이다.[7]

중국 ADIZ 설정의 또 다른 법적 근거는 UNCLOS의 잔존적 권리 residual rights에서 찾을 수 있다. UNCLOS 제56조 제2항은 "이 협약상 EEZ에서의 권리행사와 의무이행에 있어서, 연안국은 다른 국가의 권리와 의무를 적절히 고려하고, 이 협약의 규정에 따르는 방식으로 행동한다"고 규정하고 있다. 중국은 해당 규정이 연안국의 해상안전에 대한 특징을 고려한 것으로, 연안국이 국제법상의 "평화적 목적"으로 활용되어야 한다는 원칙, 그리고 협약의 관련 규정에 따라 非연안국의 상공비행의 자유를 방해하지 않는 한, ADIZ를 설정하는 것은 협약 위반이 아니며, EEZ에서의 잔존적 권리에 대한 합법적 행사라고 주장한다. ADIZ 설정의 또 다른 근거는 UNCLOS 제58조 규정에서 찾을 수 있다. 동조 제3항은 "이 협약상 EEZ에서 권리행사와 의무를 이행함에 있어서, 각국은 연안국의 권리와 의무를 적절하게 고려하고, 이 부의 규정과 배치되지 아니하는 한 이 협약의 규정과 그 밖의 국제법 규칙에 따라 연안국이 채택한 법령을 준수한다."고 규정하고 있다. 이는 모든 국가의 항공기가 연안국의 EEZ에서 상공비행의 자유를 향유하는 것이 '절대적 권리'가 아닌 "연안국의 권리"를 적절히 고려하여야 하는 '상대적 권리'라는 것을 의미한다. 이러한 태도는 지난 2001년 중국 하이난省 인근 상공에 발생한 미국 해군 EP-3E와 중국 F-8전투기의 충돌 사건에 대한 중국 외교부 성명[8]에서도 그대로 나타난 바 있다. 주목할 것은, 이때 중국이 주장하는 구체적인 "연안국의 권리"는 "안보이익security interests"에 근거한다는 점이다.

4. 중국 군용기의 KADIZ 진입 : 외국 EEZ 군사활동에 대한 포용적 해석으로의 전환인가?

중국의 ADIZ 설정 이후, 중국 CADIZ를 비행하는 항공기는 "비행계획 제출, 무선통신체계 유지레이더 수신 2회 등의 식별조치 이행, 중국측 관련 기관 지시 복종"의 의무를 준수 하여야 한다.[9] 중국은 "식별 혹은 지시에 협조하지 않거나 복종하지 않는 항공기에 대하여 방어적 긴급조치를 취한다"는 태도다. 그러나 중국의 방어적 조치가 ADIZ를 운용하는 기타의 국가들과 달리 적극적으로 운용될 가능성은 적어 보인다. 다만, 이는 중국의 대응 수위가 "사안별 상황과 직면한 위협의 정도에 따라"10) '비례성'의 대응 태도가 유지될 것으로 해석된다는 전제하에서 국제법 위반 판단은 유보된다는 것이다. 중국측의 방어적 조치가 식별, 교신, 추적, 검사, 방향선회 등을 목적으로 한 요격interception을 의미하는 경우, 이는 여타 국가들의 ADIZ 운용과 별 차이가 없을 것으로 판단되며,11) 그 이상의 조치를 취할 경우 국제법 위반행위로 판단될 수 있을 것이다. 이러한 해석은 우리나라의 KADIZ 운용 과정에서도 동일하게 적용될 수 있을 것이다.

중국의 ADIZ 운용이 중국 영공에 근접하는 항공기 외에, EEZ 상공을 통과하는 항공기까지도 대상으로 한다는 점에서, 협약상 상공 비행의 자유를 침해한다는 측면이 제기될 수 있다. 그러나 우리나라와 캐나다 등 일부 국가의 ADIZ 운용 역시 사실상 영공 접근에 관계없이 ADIZ를 진입, 통과하는 모든 항공기를 대상으로 하고 있다는 점에서 국제법 위반으로 판단하기에는 무리가 있다. 미국은 단순 통과 비행에 대하여는 ADIZ 절차를 적용하지 않고 있다.

중국의 ADIZ 설정이 국제적 관행과 다를 것이 없다는 점에서는 한국의 ADIZ 설정과 다른 잣대를 통해 판단할 필요는 없다. 다만, 중국의 ADIZ 설정이 아시아 지역에서의 패권경쟁 과정에서 탄생한 적극적 행위로의 전환 수단이라는 점에서는 상당한 경계가 필요하다. 주의할 것은, 중국의 ADIZ 설정 이후 지속되고 있는 KADIZ의 의도적 진입과 행위를 어떻게 해석하여야 하는가에 있다. 이와 관련하여, 필자는 중국의 일부 학자를 통해 제기되고 있는 EEZ에서의 군사활동에 대한 새로운 접근과 해석에 주목할 필요가 있다고 본다. Mou WenFu牟文富와 같은 중국 전문가는 EEZ에서의 군사활동을 "포용적 해석inclusive interpretation"과 "비포용적 해석exclusive interpretation"으로 구분하여 접근하고, 미국과 같은 해양대국이 전자의 입장을 취하고, 중국을 위시한 연안국이 후자의 입장을 취하고 있다고 접근한다. 다만, 이들은 장기적 측면에서, EEZ 내에서의 군사활동이 "항행권"의 일반적 범주에 해당되도록 해석하는 것이 중국 국가이익에 부합한 다는 태도를 다소 솔직하게 언급하고 있다. 즉, 이는 새로운 역량을 구비하고 있는 중국이 모든 해양에서 행동의 자유를 확보하는 것이 며, 결국 중국이 주도하고자 하는 해양질서는 '포용적 해석'과 일치 한다는 것을 의미한다. 좀 더 직설적으로 표현하면, 중국을 중심으 로 'EEZ에서의 군사활동'에 대하여 "포용적 해석"과 "비포용적 해 석"을 할 경우의 손익표를 작성해 볼 때, 중국은 오직 對미국과의 관계에서 약소국의 입지에 처해 있으며, 그 외의 국가와의 관계에서 는 강대국의 입장에 있다는 태도다. 이 분석에 의하면 "EEZ내 군사 활동"에 대한 중국의 해석은 미국과의 관계를 제외한다면 "포용적 해석"을 취할 경우가 중국 이익에 부합하는 것으로 해석된다.12) 미 국 해군함정의 남중국해 항행으로 미·중 갈등이 격화될 때에도, 중 국의 입장^{국방부 혹은 외교부}은 "UNCLOS 위반"이라는 표현 보다, "중국의 안보이익 침해^{侵害}"라는 태도를 취하는 것을 볼 수 있다. 이것이 중국 의 군사적 활동의 포용적 해석으로의 거시적 방향과 연계되어 진행 되는 것인지는 알 수 없으나, 중국의 군사적 역량확대와 함께 활동 범위의 확대는 충분히 예상할 수 있다.

5. 동북아 방공식별구역의 운용 방향

한반도 주변, 그리고 동북아에서 ADIZ를 둘러싼 안보적 위협 환 경은 최근 몇 년 동안 발생한 사례가 특유한 것은 아니다. 사실, 중 국의 성장과 해군의 대양진출 전략으로 인해 지역해 긴장 구도가 제 고될 것임은 충분히 예측된 것이었다. 동북아에서 운용되는 ADIZ 또한 중국이 ADIZ를 설정하기 전까지는 對중국에 대한 통제수단으 로 유용한 것^{최소한 한·일·대만·미국 간의 정보 연대적 측면에서}이었으나, 중국의 적극적 운용 방식으로 공역 활동에 대한 주도권 갈등으로 전환되었다. 이미 중국의 ADIZ 설정 이후, 중국과 일본의 전투기와 정찰기가 동중국해 ADIZ 중첩 공역에서 상호 침범으로 갈등 상황을 야기한 바 있다. 대만과 중국, 러시아와 미국 역시 상호 ADIZ를 침범하면서 지역해에 대한 통제력을 강화하거나, 혹은 타방에 의한 일방적 통제 기조를 균열시키기 위한 전략으로 활용되기 시작하였다.

문제는 한반도 주변 공역에서 완벽한 통제력을 행사하는데 한계를 가진 우리나라의 정책적 대응과 실무적 접근 시나리오를 어느 수위에서 조정할 것인가이다. 최근의 사례로 볼 때, 반복적으로 진행되는 중국의 KADIZ 진입은 상당히 의도적이며, 다분히 복합적 계산식을 통해 이루어지고 있다. 기존의 이어도 주변해역에 제한적이던 중국의 행위는 동중국해를 넘어 '동해'까지 확대되고 있다. 동해에서의 군용기 운용은 우리나라와 북한, 일본에 대한 직접적이고 새로운 위협이면서, 넓게는 북극해와 태평양에 미치는 힘의 투사投射와 무관하지 않다. 중국의 행위가 지역해 질서에 대한 공세적 의지일 수 있고, 남북간 관계개선 과정에서 나타날 수 있는 변수에 대한 중국의 역할론을 표현하는 것일 수 있다. 다만, 중국의 행위가 지역질서의 긴장과 돌발적 상황의 증폭 혹은 한반도의 이익과 관계 없이 국제적 세력팽창을 위한 무책임한 자국 우선주의에 기인하는 것은 아닌지 우려할 만하다. 지역해의 전략적 세력 운용에서 우리나라의 기본적 국제법적 권익이 고려되지 않는 상황일 수 있기 때문이다.

현재의 동북아 지역해는 매우 복잡하다. 바다 외에 상공을 대상으로 한 전략적 자산의 운용은 단순히 힘의 공간을 의미하는 것 외에, 모든 활동정보에 대한 통제까지를 의미하기 때문이다. 각국이 주장하는 공역의 ADIZ는 상당한 범위의 중첩이 발생하고 있다. 이는 향후 한중일 삼국의 영해 외측, 즉 EEZ 상공空域 전체가 사실상 완충지대 없는 '영공' 지역으로 충돌될 가능성이 농후하다. 물론, 그

동안 ADIZ를 설정한 지역 혹은 국가는 관련 국가간 혹은 지역적 군사력이 갈등 구조로 밀집된 지역이 높다는 점에서, 동북아에서의 ADIZ 설정이 일견 일방적 군사행위를 제한하는 조치로 해석될 여지는 있다. 다만, 이는 ADIZ의 설정 범위의 제한조치와 함께 적용될 때 실효성 있는 자기 제한조치로 작용 가능하다. 그러나 유감스럽게도 동북아에서의 최근 갈등은 역사적, 정치적 문제의 복잡성과 함께 영유권에 대한 갈등 구조가 해양공간 확보의 전략 충돌로 확대되는 양상이다. 더욱이 한반도의 지정학적 위치와 정치외교적 대외 관계를 고려한다면, 지역적 긴장과 충돌의 상시화가 지속될 수 있는 ADIZ 범위 확대보다는 ADIZ의 종국적 축소를 통한 완충지대의 최대화 조치가 보다 설득력 있는 방향이라 생각된다.

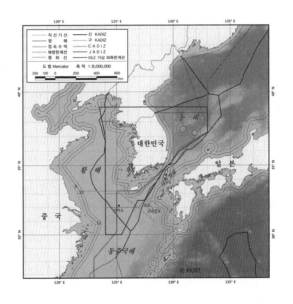

[그림] 동북아에 설정된 한중일 ADIZ
출처: 한국해양과학기술원 해양정책연구소

1) 양희철, "중국 ADIZ의 국제법적 해석과 동북아 안보에서의 함의", 「국제법학회논총」 제59권 제4호, p.166.

2) 미국의 초기 ADIZ 설정에 대하여는 Brunson MacChesney, INTERNATIONAL LAW SITUATION AND DOCUMENTS 1956, Vol. LI(Washington: US Government Printing Office, 1957) 참조.

3) 우리나라의 ADIZ는 1951년 미국 태평양 공군사령부가 설정한 것을 그대로 운용하다가 2008년《군용항공기 운용 등에 관한 법률》제정을 통해 국내법적 근거를 갖게 되었다. 이후, 2013년 중국의 ADIZ 설정에 대응하기 위하여 방공식별구역을 확대 조정한 바 있다.《군용항공기 운용 등에 관한 법률》제9조, 국방부 고시 제2008-27호. 국방부 고시 제2013-449호.

4) 중국의 ADIZ는 6개 점의 연결선과 중국 영해기선과의 사이에 위치한 해역을 대상으로 설정되어 있다. 중국의 ADIZ 설정은《중국국방법》,《중국민용항공법》,《중국비행기본규칙》등의 국내법에 근거하고 있는데, 이들 근거법은 중국의 입법체계로 볼 때 각각 기본법, 기타 기본법, 행정법규(규칙)에 해당하며, 국내법으로서 가지는 각각의 위계에는 차이가 있다. 중국의 법체계에 관하여는 양희철, 중국 해양관련 법령의 발전과 입법체계에서의 지위 및 해석, Ocean and Polar Research, Vol, 30 (4), pp.427-444 참조.

5) 중국 국방부 대변인 기자간담회(2013.11.23.) 참조. http://news.xinhuanet.com/mil/2013-11/23/c_118264260.htm

6) 유엔해양법협약 제56조 제1항 (c)호.

7) ZhouZhongHai, "論海洋法中的剩餘權利", 政法論壇, vol.22, No.5, 2004.9, p.181.

8) Spokesman Zhu Bangzao gives full account of the collision between US and Chinese military planes. Ministry of Foreign Affairs of the People's Republic of China(April 4, 2001).

9) 중국의 동중국해 ADIZ 식별규칙 제2항.

10) 중국 국방부 기자간담회(2013.11.28), http://www.gov.cn/gzdt/2013-11/28/content_2537708.htm

11) 시카고 협약 부속서 15(ENR 5.2) 역시 항공고시보(NOTAM)에 ADIZ 진입시 요격 (interception) 위험 등 관련 설명을 표시토록 규정하고 있는 바, ADIZ 개념은 요격 가능성을 포함한다고 해석된다. 단 시카고 협약은 동시에 제3조 bis a)를 통해 "The contracting States recognize that every State must refrain from resorting to the use of weapons against civil aircraft in flight and that, in case of interception, the lives of persons on board and the safety of aircraft must not be endangered.; 제3조 d) : The contracting States undertake, when issuing regulations for their state aircraft, that they will have due regard for the safety of navigation of civil aircraft; Annex 2, Appendix 2, 1.1 a) interception of civil aircraft will be undertaken only as a last resort"로 규정, 요격은 최후 수단으로 가능토록 하고 있다.

12) 양희철, "중국의 주요 해양정책에 관한 연구 동향 분석", 동서연구 제27권 제2호 (2015), pp.157-193.

양
희
철

군함의 추적레이더 조준에 따른 무력대응은 국제법상 허용되는가?

안준형(국방대학교 안전보장대학원 조교수)

1. 논의의 배경

2018년 12월 20일 대한민국 해군이 동해상의 한·일 중간수역에서 북한 조난 선박을 구조하는 과정에서 사용한 사격통제레이더 문제로 한일 양국이 며칠째 갈등을 빚고 있다. 당초 한국 해군은 동해상에서 북한 어선이 표류 중이라는 구조신호를 접수하여 구축함인 광개토대왕함^{3200t급}을 급파하였다. 일본측은 이 과정에서 광개토대왕함의 사격통제레이더인 추적레이더$^{STIR\ 180}$가 일본 초계기를 의도적으로 겨냥하면서 적대행위를 하였다고 거칠게 비난하였다. 일본 산케이 신문은 24일 일본 방위상 관계자의 발언을 인용해 레이더 조준이 무기사용에 준하는 행위로 간주되는 위험한 행위임을 지적하면서, 레이더를 맞은 쪽에서 먼저 공격했더라도 국제법상 아무런 문제가 없는 사안이며 미군이라면 즉시 격침했을 것이라고까지 보도하기도 하였다. 반면 한국 합참은 24일 국방부 정례브리핑에서 광개토대왕함이 3차원 레이더^{MW08}로 광범위한 구역을 탐색하기는 했지만 추적레이더는 작동하지 않았다고 밝혔다. 한국 합참은 추적레이더 전파를 송출한 사실이 없을뿐더러, 오히려 일본 초계기가 육안으로 확인할 수 있는 거리까지 군함 상공을 통과하는 비정상적인 저공비행을 감행하였기에 광학카메라로 이를 식별하였을 뿐이라고 주장하였다.1) 이 같은 논란은 위안부 화해·치유재단 해산과 대법원의 강제징용 배상 판결 등으로 악화된 양국 간의 갈등이 군사 분야로까지 비화된 일이므로 궁극적으로는 외교적 차원에서 충분히 해결될 수 있는 사안이라고 할 수 있다. 그럼에도 불구하고 실제 무력공격이 발생하지 않았음에도 함정으로부터 추적레이더가 겨냥되고 있다거나, 반대로 군용항공기가 군함 상공에 근접 비행하는 등의 위협을 가하는 경우 그에 대한 무력대응이 국제법상 허용될 수 있는지에 대한 논의는 여전히 필요하다고 본다.

[사진 출처] (좌) 조선일보 ('18.12.22.자) / (우) 뉴시스 ('18.12.24.자)

2. UN 헌장 제2조 4항과 제51조 사이의 간극

일본 초계기에 대한 한국 구축함의 추적레이더 조준이 무력대응도 가능한 사안이었다는 일본측 주장은 곧 그 행위가 일본의 '자위권' 행사 대상이었음을 의미한다. 그러나 이와 같은 소규모 적대행위 내지 적대의도의 표출행위는 엄밀히 말해 UN 헌장 제51조에 따른 자위권 행사 대상이 아니다. 이는 UN 헌장 제2조 4항과 제51조 사이에 일정한 간극이 존재함에 따른 불가피한 결과라 할 수 있다.

무력행사 금지의 원칙을 규정한 UN 헌장 제2조 4항은 말 그대로 국가 간의 '무력행사'를 일반적으로 금지하고 있다. 그러나 특정 국가가 이를 위반하여 무력을 행사할 경우, 피해국은 예외적으로 헌장 제51조에 따라 자위권을 행사함으로써 이에 대응할 수 있다. 문제는 헌장 제51조가 "무력공격이 발생한 경우"에만 자위권을 행사할 수 있도록 그 범위를 한정하고 있다는 데에 있다. UN 헌장은 그 어디에서도 '무력행사'와 '무력공격'의 의미에 대해 정의를 내리지 않고 있으나, 헌장 제51조의 '무력공격'^{armed attack}이 제2조 4항의 '무력행사'^{use of force}에 비해 협소한 용어라는 점은 이미 일반적으로 인정되고 있다. 국제법상 금지되는 '무력행사'에는 일체의 군사력 사용이 포함되지만, 자위권 행사 대상인 '무력공격'은 무력침략에 준하는 다소 협소한 의미로 이해되고 있기 때문이다. 이와 같이 헌장 제2조 4항의 '무력행사'와 헌장 제51조의 '무력공격' 간에 의미상의 차이가 존재한다는 것은 결론적으로 피해국이 무력행사 금지원칙을 위반한 가해국에 대해 자위권을 행사함에 있어 일정한 허점이 발생하고 있음을 의미한다. 즉, 가해국의 불법적인 '무력행사'가 헌장 제51조에서 말하는 '무력공격'에까지는 이르지 못한다고 할 경우, UN 헌장상의 자위권은 더 이상 피해국이 이용가능한 선택지가 될 수 없는 것이다.

실제 국제재판소 판례를 비롯한 국가실행에 있어서도 헌장 제51조의 '무력공격'은 헌장 제2조 4항에 따라 금지되는 일체의 '무력행사'를 포괄하지 못하는 것으로 간주되었다. 이는 국제사법재판소^{이하} ^{ICJ}가 1986년의 니카라과 사건에서 헌장 제51조에 따른 자위권 행사의 전제로서의 '무력공격'에 일정한 임계점을 설정하면서부터 시작되었다. 즉, 여기서 ICJ는 가장 중대한 형태의 무력행사와 그 밖의 덜 중대한 형태의 무력행사를 구별하여 전자의 경우에만 자위권 행사의 요건인 무력공격에 해당한다고 설시하였던 것이다.[2] 특히 ICJ는 헌장 제51조의 무력공격은 타국 영토로 무장병력을 파병하는 것과 같이 일정한 규모와 효과를 지녀야 함을 강조하면서, 이를 단순한 국경충돌과 구별하기도 하였다.[3] 따라서 무력행사가 일정한 규모와 효과를 갖지 못하거나, 일본이 문제 삼고 있는 추적레이더 조준과 같이 적대의도가 표출된 경우에 대하여 피해국은 헌장 제51조에 따른 자위권을 원용할 수 없다고 할 것이다.

3. 국가실행의 분석

학계에서는 무력공격을 받았으나 그 공격이 규모와 효과에 있어 충분히 중대하지 못할 경우 피해국이 헌장 제51조에 따른 자위권을 행사할 수 없다는 문제점을 지적하며, 이 문제가 국제법 영역에 있어서 소위 회색지대에 놓여 있다고 평가하기도 한다. 그러나 오히려 군사실무에 있어서는 아무리 사소한 적대행위가 이루어지는 경우라 할지라도, 그에 대응하는 비례적 무력조치는 당연히 허용된다고 간주되고 있다. 그 근거로는 교전규칙상의 '부대자위권'right of unit self-defence이 제시되고 있다.

1) '적대행위'에 대한 무력대응

각국의 교전규칙을 비롯한 군사매뉴얼에서는 일반적으로 '부대자위권'을 부대지휘관이 적의 적대행위 또는 표출된 적대의도로부터 자기부대 또는 우군부대, 그 생명·신체와 재산을 방어하기 위하여 행사하는 자위권으로 정의하면서, 이를 헌장 제51조에 근거한 '국가자위'national self-defence와 명확히 구별하고 있다.

소규모 적대행위에 대한 무력대응의 적법성과 관련된 대표적 선례로는 1987년 페르시아만에서 작전 중이던 미해군의 스타크함이 이라크 공군의 F-1 미라지 전투기로부터 2발의 미사일에 피격된 사건을 들 수 있다. 공격 직후 스타크함의 미온적 대응에 논란이 제기되자, 미하원 군사위원회는 이라크의 공격과 그에 대한 대응의 적절성을 조사하여 보고서로 제출하였다. 사건 당시 37명의 사상자가 발생한 사실에 비추어 볼 때, 당해 공격은 규모와 효과 면에서 UN헌장 제51조상의 '무력공격'에 해당한다고 볼 여지도 있었다. 그러나 이 사건을 조사한 미하원 군사위원회는 국가적 차원의 자위권 행사에 대한 언급 없이, 일체의 '적대행위'^{hostile action}로부터 부대를 보호하기 위한 비례적 조치를 취할 권한이 현장 지휘관에게 부여되어 있음을 확인하였다.

2) '표출된 적대의도'에 대한 무력대응

각국의 군사매뉴얼에서는 '적대행위'뿐 아니라 심지어 "표출된 적대의도"^{demonstrated hostile intent}가 확인되는 경우에도 지휘관에 의한 비례적 무력대응이 허용된다고 규정하고 있다. 1988년 이란 함정과 교전 중이던 미해군의 빈센스함이 이란 민항기를 전투기로 오인 공격하여 탑승객 전원이 사망한 사건에서 미국이 유감을 표명하면서도 이를 합법적 무력행사에 따른 부수적 결과라고 주장했던 것도 '표출된 적대의도'에 따른 무력대응은 국제법상 적법하다고 간주했기 때문이었다. 흥미로운 점은 1989년 미국을 ICJ에 제소했던 이란도 그 '이유서'^{memorial}에서 미국이 실제로 민항기를 F-14 전투기로 오인하였다고 볼 수 있는지, 나아가 F-14에 의한 공격이 임박했다고 믿을만한 합리적 근거가 있었는지 여부만을 문제 삼았을 뿐 그 무력행사 자체의 위법성을 주장하지는 않았다는 것이다.[4] 따라서 만약 민항기가 아닌 실제 전투기에 대한 공격이 이루어졌다면, 그와 같은 상황에서의 무력행사는 UN헌장 제51조상의 '무력공격'이 선행되지 않았음에도 불구하고 적법하다고 간주되었을 것이다. 사건 직후 국제민간항공기구에 의한 진상조사에서 민항기가 적대의도를 가진 군용항공기로 오인되었다는 미국 측의 주장이 사실로 밝혀지면서, 미국의 무력행사 자체가 적법한 것이었는지에 대해서는 실제로도 별다른 논란이 제기되지 않았으며 법적인 논의는 주로 미국의 민사책임 문제에 집중되었다.

헌장 제51조상의 국가자위권에 따라 국가가 '예방적 자위'anticipatory self-defence를 행사할 수 있는지 여부에 대하여는 견해대립이 있으나, 부대자위권 행사에 관한 국가실행에 있어서는 '표출된 적대의도'에 따른 무력대응에 어떠한 우려나 항의조차 제기되지 않았다. 오히려 대다수의 국가들은 교전규칙상에 '표출된 적대의도' 내지 '임박한 위협'에 대하여 무력대응을 허용하는 규정들을 직접 명시하고 있다. 문제는 '표출된 적대의도'가 구체적으로 어떠한 경우에 존재한다고 볼수 있는가에 있다. 이는 적대행위의 급박성과 관련된 개념이므로, 결국 부대자위권 행사가 문제될 당시의 지배적 상황에서 객관적으로 존재하는 일체의 사실과 제반 상황들을 종합적으로 판단하여 지휘관이 직접 결정할 수밖에 없을 것이다. 이 경우 부대 지휘관은 적대 행위 주체와 그 능력, 제반 작전상황, 그밖에 양국 간의 정치적 상황까지도 면밀히 고려할 필요가 있다. 군사 실무적 차원에서는 양국 간의 군사적 긴장이 고조된 상태에서 상대국이 기뢰를 부설하는 경우, 수중 미식별 잠수함이 화력발사 위치로 기동하거나 어뢰 발사구를 개방하는 등 사격 준비를 하고 있다고 판단되는 경우, 미사일 기지에서 통상 발사 전 단계에 해당한다고 간주되는 추적 전파를 송출하는 경우, 전투기가 레이더를 조준하거나 정찰기에 150m 이내로 접근하는 등의 경우 사실상 그 적대의도가 표출된 것으로 간주하고 있다.

이와 같이 실제 국가실행을 살펴보면, 선행 공격이 규모와 효과 면에서 중대하지 않다고 하더라도 그에 대한 무력대응은 오히려 합법적인 것으로 간주되고 있음을 쉽게 확인할 수 있다. 우리나라 군사분계선 인근에서도 일단 사전 경고방송과 경고사격 등의 선행조치를 통해 적대의도가 확인되고 나면, 직접 조준사격과 같은 일정한 무력행사가 허용되고 있다. 통상 교전규칙은 군사기밀에 속하므로 각국의 실행을 포괄적으로 제시하기는 어렵지만, 대부분의 국가들이 소규모 적대행위는 물론 임박한 공격에 대해서까지도 무력대응을 할 수 있도록 그 근거를 교전규칙에 마련해 놓고 있다. 우리나라 국군의 『기본교전규칙Standing Rules of Engagement: SROE(2019.3.28.)』과 그 밖의 임무형 교전규칙Mission–specific ROE: MROE에 해당하는 『합참 교전규칙2013.7.5.』, 『유엔사/연합사 규정 525–4 정전교전규칙2013.5.8.』 등의 경우 역시 마찬가지이다.5) 이와 같은 사실은 『NATO 교전규칙』과 『교전규칙에 관한 산레모 핸드북』을 통해서도 확인할 수 있다. 특히 산레모 핸드북은 미국은 물론 캐나다, 호주 및 영국군 구성원들이 그 입안과정에 참여했다는 점에서 무력행사의 허용범위에 관한 각국의 입장을 대변하고 있다고 보아도 무방할 것이다. 각국의 교전규칙은 국가들이 국제법상의 의무를 어떻게 이해하고 있는지, 즉 일종의 '법적 확신' opinio juris을 보여주는 관습국제법의 유용한 지표가 된다는 점에서 이같은 실행이 갖는 구체적 함의가 적절히 평가될 필요가 있을 것이다.

4. 결론 및 남겨진 과제

결국 함정으로부터 추적레이더가 송출될 경우 군용항공기가 현장대응 차원에서 즉각 무력으로 대응할 수 있다는 일본의 주장이 법적으로 전혀 근거가 없는 것은 아니다. 현장 지휘관이 적대행위의 주체와 그 능력, 제반 작전상황, 양국 간의 군사적·정치적 관계 등을 종합적으로 고려했을 때, 적대의도가 표출된 것으로 볼 만한 합리적 근거가 있다면 그에 대한 무력대응은 '부대자위권'에 근거하여 허용된다고 볼 수 있기 때문이다. 그러나 이번 사건처럼 애당초 양국 간의 군사적 긴장상태가 고조되지 않은 상태에서, 그것도 추적레이더 송출이 조난선박 구조 과정에서 비롯된 것이라면 부대자위권 발동을 정당화할 수 있는 '적대의도의 표출'이 존재한다고 보기 어려울 것이다.

반대로 군용항공기가 군함 상공에서 육안으로 확인할 수 있는 거리까지 접근하여 저공비행을 한다면, 군함에 의한 무력대응도 경우에 따라서는 허용될 여지가 있다. 다만, 이번 사건의 경우 일본 초계기의 근접 비행 역시 앞서 언급된 바와 같은 이유에서 부대자위권의 행사 대상은 아니라고 본다. 애당초 광개토대왕함이 정밀수색을 위해 레이더 가동이 필요한 상황임을 인근 비행체나 일본측에 통보했다면, 이 같은 사실이 '표출된 적대의도'가 존재하지 않는다는 객관적 근거로 활용될 수 있었을 것이다.

한편, 이와 같이 규모와 효과 면에서 중대하지 않은 적대행위에 대응한 비례적 무력조치 자체가 국제법적으로 허용된다고 보더라도, 그와 같은 행위의 법적 근거에 대해서는 논자에 따라 이해를 달리하고 있다. 우리나라는 분단 후 오늘에 이르기까지 북한으로부터 다양한 방식의 무력도발이라는 현실적 위협에 직면해 있으나, 그 규모와 효과 면에서의 중대성을 불문하고 그에 대한 무력대응은 합법적인 자위권의 범주 내에 해당한다는 인식 아래 이 문제를 특별히 국제법적 차원에서 고민하지는 않고 있는 것으로 보인다. 그러나 남북관계에 있어서 이 문제가 실천적 의미를 갖는 것은 북한으로부터 '무력공격'에까지는 이르지 못하는 도발에 직면했을 때,[6] 구체적으로 언제, 어디에서, 어떠한 방식으로 대응하는 것이 '적법'한 것인지를 결정하는 것과 직결된다. 그 법적 근거를 어떻게 이해하느냐에 따라 무력대응의 구체적인 요건이나 방식, 그 한계 역시 달라질 수밖에 없기 때문이다. 오늘날 국가실행의 일반적 경향은 그 논의의 법적 기초를 여전히 '자위권'에서 찾고 있으며 나아가 이를 교전규칙상의 '부대자위'unit self-defence와 결부 짓고 있다는 점을 고려할 때, 일차적으로 국제법상 '부대자위권'의 법적 지위를 명확히 하는 데서 그 해결책을 모색할 수 있을 것이다.

---

1) 연합뉴스('18.12.23.자), https://bit.ly/2Lz2S4p; 뉴시스('18.12.24.자), https://bit.ly/2EL2luP (최종검색일 2018.12.25.).
2) Military and Paramilitary Activities in and against Nicaragua (Nicaragua v. United States of America), 1986 ICJ Rep.14 (June.27), para.191.
3) Ibid., para.195.
4) Case Concerning the Aerial Incident of 3 July 1988 (Islamic Republic of Iran v. United States of America), Memorial of the Islamic Republic of Iran (24 July 1990), para.4.60.
5) 우리나라의 교전규칙 역시 군사 II급 비밀로 분류·관리되고 있으므로 그 세부적 내용에 대한 언급은 피하기로 한다.
6) 2015년 8월 4일 DMZ 내에서 발생한 북한의 목함지뢰 도발이나 동년 8월 20일 북한군이 감행한 대남 포격도발과 같은 소규모 적대행위가 대표적인 예로 거론될 수 있을 것이다.

드론의 영공침범시 대응에 관한 법적 기준과 쟁점
– 이란의 미국 무인정찰기 격추사건을 중심으로

김지훈(공군사관학교 항공우주정책학과 부교수)

1. 머리말

현지시간으로 2019년 6월 20일 새벽 이란의 혁명수비대는 호르무즈 해협 부근 상공에서 영공침범을 이유로 미국의 무인정찰기 'RQ-4 글로벌호크' 1대를 대공방어미사일로 격추시켰다. 이에 대해 미국은 해당 드론이 이란 영공에 있었다는 주장은 허위이고, "호르무즈 해협 상공의 국제공역을 정찰하던 미군 자산에 대한 이유 없는 공격"이라고 반박했다. 인간 조종사가 탑승하지 않아 더 과감하고 파괴력 있는 작전에 투입할 수 있다는 이유로 세계 여러 나라들은 앞 다투어 드론을 전투수단으로 적극 활용하고자 노력하고 있다. 이런 상황에서 이란의 미국 무인정찰기 격추 사건과 같은 일은 어디서든 발생할 수 있다. 특히 몇 년 전부터 북한이 한국을 정찰하기 위해 침투시킨 드론이 국내에서 여러 차례 발견된 사실 등을 통해 볼 때 한국도 예외는 아니다. 이와 같은 상황이 발생하였을 때 적절한 대응을 하기 위해서 드론의 영공침범 시 대응 관련 법적 기준과 쟁점을 눈여겨볼 필요가 있다.

2. 드론의 영공침범

'드론drone'이란 용어는 '수벌' 또는 '벌이 윙윙거리는 소리'를 지칭하는 영어 표현이며, 원래 군사용 무인항공기를 지칭하던 용어였으나 현재는 모든 종류의 무인항공기체를 지칭하는데 널리 이용되고 있다. ICAO나 미국·EU·중국 등 여러 나라에서는 드론을 표현하는 정식 용어로서, 기체만을 말할 때는 'UA^Unmanned Aircraft'를 드론의 제반 체계를 통칭해서 표현할 때에는 'UAS^Unmanned Aircraft System'를 사용하고 있다. UA 또는 UAS를 번역하면 '무인항공기'라 할 수 있지만, 한국 항공안전법 및 동법 시행규칙에 따르면 드론은 통상 자체중량 150kg을 초과하는 '무인항공기' 및 그 이하인 '무인비행장치'로 구분되고 있다.

국가가 자국의 영공에 대하여 완전하고 배타적인 주권을 갖는다는 '영공주권의 원칙'은 2019년 4월 기준 193개국의 당사국을 보유한 1944년 시카고에서 채택된 국제민간항공협약^이하 '시카고협약'이라 약칭함 제1조에 명문화되어 있다. 동 원칙은 시카고협약의 가입 여부와 관계없이 전 세계에 통용되는 관습국제법으로 여겨지고 있다. 시카고협약 및 관습국제법상 항공기가 허가 없이 타국의 영공에 들어가는 것은 금지되며, 항공기가 아무런 권한 없이 타국의 영공에 들어가면 '영공침범'에 해당된다.

드론에 관해서는 시카고협약 제8조에 "조종사 없이 비행할 수 있는 항공기는 영역국의 허가 없이 그리고 그 허가 조건에 따르지 않고서 조종사 없이 영역국 상공을 비행하여서는 아니 된다."는 특칙이 존재한다. 이 특칙에서 드론은 '조종사 없는 항공기^Pilotless Aircraft'로 정의되고 있다. 동 협약에서 적용범위를 민간항공기로 국한하고 있기 때문에 여기서 말하는 드론은 민간드론을 의미한다고 해석될 수도 있다. 그러나 시카고협약은 예외적으로 국가항공기의 영공 진입 시 영역국의 허가를 받을 것을 요구하는 특별 규정을 두고 있다. 이

점을 고려할 때, 동 협약 제8조에서 '조종사 없는 항공기'는 민간드론뿐만 아니라, 군용드론을 포함한 국가드론도 포함하고 있다고 해석된다.[1] 다만 이에 관해 논쟁의 여지가 있으므로, 이러한 해석보다는 관습국제법으로 존중받는 '영공주권의 원칙'에 따라 군용드론도 허가 없이 다른 국가의 영공에 진입하는 것은 금지된다고 판단하는 것이 타당하다고 본다. 이란의 미군 드론 격추사건에서 영공침범 사실 여부에 관한 주장은 서로 다르지만, 양국 모두 군용드론이 허가 없이 타국의 영공에 들어가면 영공침범이라는 입장을 가지고 있다고 추정된다. 만약 타국의 군용드론이 한국의 영공에 허가 없이 진입한다면 영공침범에 해당될 것이고, 이는 민간드론이라 하더라도 마찬가지이다.

3. 영공침범 드론에 대한 자위권 행사요건

이 사건에서 이란은 무력을 사용하여 미군 무인정찰기를 격추시켰는데, 과연 이러한 격추행위는 국제법상 정당한가? UN 헌장에 따르면 평시 무력사용은 금지되고 예외적으로 자위권 행사로서의 무력사용이 가능하다. 자위권이란 외국의 무력공격에 대하여 자국을 방위하기 위해 실력을 행사할 수 있는 권리를 의미한다.

UN 헌장이 제정되기 전부터 관습국제법상의 자위권이 인정되고 있었는데, 자위권의 필요성은 급박하고 압도적으로 다른 수단을 선택할 여지나 숙고할 여유가 없을 때 인정되고, 그 내용이 비합리적이거나 과도하면 아니된다는 것이었다. 이는 1837년 Caroline호 사건을 계기로 당시 미국의 Webster 국무장관에 의해 제시된 내용으로서, 이후 많은 국가들에 의해 지지되었다. 여기서 자위권의 행사요건으로서 필요성과 비례성 요건이 성립되었는데, 필요성이란 자위권의 행사로서 무력사용 이외에 다른 평화적 수단을 사용할 수 없는 경우일 것을 말하고, 비례성이란 자위권의 행사로서의 무력사용은 그 목적에 비추어 과도하지 않게 필요한 범위 내에서 행사되어야 한다는 것이다.

자위권의 남용 사례를 많이 경험했던 국제사회는 UN 헌장 제51조에서 자위권은 '무력공격^{armed attack}'이 발생한 경우에만 안전보장이사회가 필요한 조치를 취할 수 있을 때까지 행사할 수 있는 것으로 규정하였다. '무력공격'이 무엇인지에 관해서는 UN 헌장에 구체적으로 규정하지 않아 이에 대한 해석이 분분할 수 있다. ICJ는 1986년 Nicaragua 사건 판결에서 "중대한 무력사용의 형식"이 여기에 해당한다고 판시하였고,[2] 그 규모와 효과면에서 상당한 수준을 상회하는 무력사용을 '무력공격'으로 보았다.[3] 또한 ICJ는 자위권이 조약상의 권리 및 관습국제법상 고유의 권리로 병존하고 있으며, UN 헌장 제51조가 규정하고 있지 않은 나머지 부분은 관습국제법에 의해 보완되어야 한다고 판시하고 있다.[4] 따라서 자위권 행사요건의 충족 여부를 판단하기 위해서는 UN 헌장 제51조상의 무력공격이 발생한 경우에 해당되는지, 그리고 관습국제법상의 필요성과 비례성 요건을 충족하고 있는지 살펴보아야 한다.

먼저 드론의 영공침범 행위가 자위권 행사를 가능하게 하는 '무력공격'에 해당하는지에 관한 의문이 제기될 수 있다. 생각건대 드론의 단순한 영공침범만으로는 그 규모와 효과 면에서 ICJ의 자위권 행사를 가능하게 하는 요건으로서 '무력공격'에 해당한다고 판단하기는 어려워 보인다. 무기를 장착한 공격용 드론의 영공침범 시 '무력공격'이라 판단할 수 있겠지만, 사안에서와 같이 군용드론이 영공을 침범하여 정찰을 수행하는 것이라면 논쟁의 여지가 있다. 단순한 정찰·감시 기능만을 수행한 것은 '무력공격'으로 볼 수 없다는 주장이 가능하다. 그러나 오늘날 군사분야에서 드론은 감시·정찰, 방공망 기만, 유·무인 협동작전 등으로 다양하게 운용되며, 여러 임무를 동시에 수행하기 위한 통합 체계의 핵심 수단으로 자리매김 하고 있다. 실제로 아프가니스탄전에서는 드론에 의한 표적획득 시 드론을 통하여 타격을 실시하는 'Sensor to Shooter' 시스템이 구현되었다.[5] 이처럼 현대전에서 드론은 공격 정보획득의 중요한 기능을 담당하고 이를 통해 바로 공격이 진행될 수 있다. 더구나 유인기에 비해 개조나 성능 변경도 용이하여, 드론을 탐지하고 짧은 시간 내에 그것이 순수한 정찰·감시용 드론이라고 확인하기는 불가능에 가깝다. 그러므로 안보상 미칠 수 있는 위험을 고려할 때, 군용드론이 영공을 침범하여 정찰하는 것은 '무력공격'에 준한다고 봄이 타당하다.

이 경우 추가적으로 필요성, 비례성 요건을 충족하는지 살펴보아야 한다. 만약 미국의 무인정찰기가 이란 영공을 침범한 것이 사실이라면, 이란으로서는 미군 무인정찰기의 안보 위해행위를 막기 위해 무력공격 이외에 다른 수단을 강구하기 어렵다고 판단되어 필요성이 충족될 것이다. 드론에 대한 공격으로 사상자가 발생하지는 않고 자국의 안보를 지키기 위해 수단에 있어 필요한 범위 내라고 판단되므로 비례성도 충족된다고 할 수 있다. 따라서 이 상황이라면 자위권 행사로서 이란의 격추행위는 정당화될 수 있을 것이다. 그러나 만약 미국의 주장대로 드론이 이란 영공 밖에서 정찰을 수행하고 있었다면 어떨까? 이란은 EEZ를 설정하고 있고, 미군 드론의 정찰 비행이 이란 영공은 아니더라도 EEZ 영역 상공에서 이루어졌다고 볼 수 있다. UN 해양법협약상 EEZ의 연안국은 이 수역의 경제적 개발과 탐사를 위한 주권적 권리를 갖는다. 또한 동 협약에서는 모든 국가가 협약의 규정과 양립하는 국제적으로 적법한 범위 내에서 EEZ에서 항해나 상공비행의 자유를 가진다고 규정하고 있다. 여기서 EEZ 상공에서 군사적 목적의 정찰 비행이 적법한지 여부를 두고 견해가 대립한다. 이를 극명하게 보여준 사례가 2001년 4월 중국의 하이난섬 부근 EEZ 상공에서 발생한 미국 정찰기와 중국 전투기 충돌 사건이다. 당시 미국은 EEZ 상공에서 정찰 활동은 합법이라고 주장했고, 중국은 EEZ 내에서의 정찰비행은 UN해양법협약에 의해 인정되는 상공비행의 자유를 넘는 것이라고 주장했다. 이와 같이 이 문제에 관하여는 각국의 이해관계에 따라 찬반론이 팽팽히 대립하고 있다. 미국은 일관되게 영공 밖의 EEZ 내에서의 정찰 비행은 합법적이라고 주장해 왔으므로, 이에 의하면 이란의 격추행위가 정당하지 않다고 주장할 수 있다.

하나 더 생각해 볼 문제는 드론이 방공식별구역^{ADIZ}을 침범한 경우이다. ADIZ는 국가안보 목적상 항공기의 식별 및 통제가 요구되는 공역으로서 주로 영공 외측의 EEZ나 공해 상공에 설정된다. 견해의 대립이 있으나 국제법상 명확한 설정 근거를 찾기는 어려우며, 속도가 매우 빠른 항공기의 영공침범에 효과적으로 대응하기 위해 미국, 일본, 중국, 한국을 비롯한 20여 개국이 국내법으로 설정하고 있다. 이란의 경우에도 ADIZ를 설정하고 있으나, 이 사건에서 미군 드론이 ADIZ를 침범했는지 여부는 불분명하다. ADIZ는 주권이 미치는 영공이 아니고 국제법상 근거도 불명확하므로 ADIZ 침범에 대한 무력사용은 정당화 될 수 없다. 그러나 항공기 식별을 위한 근접 비행 및 일정한 거리를 유지한 경계 비행을 통해 영공침범을 방지하는 조치는 가능하다. 이는 드론의 경우에도 마찬가지일 것이다. 따라서 미확인 드론이 한국방공식별구역^{KADIZ}에 들어오면, 이와 같은 조치를 취하여 영공침범 시 보다 적시에 효과적으로 대응할 필요가 있다.

4. 영공침범 드론에 대한 공격 전 경고의 필요성

군용드론이 영공을 침범한 경우 영역국은 자위권 행사가 가능한 상황에서 무력사용 전 경고를 해야 하는지 의문이 든다. 이에 관해 명시적으로 성립된 국제법은 없지만, 평시에 영공침범 항공기에 대해 자위권 행사가 가능한 상황이라도 무력사용 전 적절한 경고가 필요하다.[6] 이와 관련하여 2019년 7월 한국의 독도 인근 영공을 침범한 러시아군의 조기경보기에 대해 한국 공군이 경고사격을 가한 사례가 있다. 이 사례 이외에도 과거 발생했던 항공기의 영공침범 사례들에서 영공침범 항공기가 지시를 따르지 않을 때 직접 공격 이전에 적절한 경고를 하는 국제관행이 성립된 것으로 보인다. 그러나 이것은 영공을 침범한 항공기가 유인기인 경우에 해당하고, 드론인 경우에도 무력사용 전 경고해야 하는지에 관하여는 불명확하다. 이와 관련된 내용은 군사 비밀에 해당되므로 각국의 구체적인 입장을 정확히 파악하기는 어렵고, 영공침범 드론에 대하여 무력공격 전 경고 의무가 있다고 추정할 만한 사례도 부족한 상황이다.

그러므로 미국이 이란 영공을 침범했다는 가정 하에, 이란이 미군 드론에 대해 적절한 경고를 하지 않고 바로 공격해 격추시켰다고 하여도 국제법상 위법하다고 볼 수는 없을 것이다. 군용드론의 경우 탑승인원이 없기 때문에, 이를 경고 없이 파괴한다고 해도 부수적 피해가 발생하지 않는 한 인도주의 원칙을 위반할 가능성도 거의 없다. 한편 타국의 군용드론이 한국 영공을 침범하여 자위권 행사로서 무력사용이 가능한 경우, 상황이 허락하는 한 공격 전 적절한 경고를 할 수는 있겠지만 현재의 관련 국제법이나 국제관행상 이를 요구하지는 않고 있다. 현실적으로도 영공을 침범한 군용드론이나 그 운용자에 대한 경고는 어려울 것이다. 또한 주변에 대규모 인원이 있는 상황이 아니라면 군용드론을 공격하여도 인명피해는 거의 없을 것이다. 한국의 경우 군용항공기운용등에관한법률 제10조에서 "대한민국의 영공을 침범하거나 침범하려는 항공기 등에 대해 강제퇴거·강제착륙 또는 무력사용 등 필요한 조치를 취할 수 있다."고 규정하고 있다. 타국의 민간드론의 영공침범 시 시카고협약 등 관련 국제법규에서 정한 민간항공기에 적용되는 특칙에 따라 공격을 자제해

야 되겠지만, 북한을 비롯한 타국의 군용드론이 영공을 침범한 경우
에는 자위권 차원에서 필요에 따라 사전 경고 없이도 무력공격이 가
능하다고 본다.

5. 맺음말

이 사건과 관련된 법적 쟁점들을 분석해보면서 다음과 같은 결론
에 도달하였다. 유인기가 아닌 드론의 경우에도 허가 없이 타국의
영공에 진입하면 '영공침범'에 해당한다. 이 경우 군사 공격용 드론
이 아닌 정찰용 드론이더라도 현대전의 특성상 드론의 정찰이 공격
행위의 일부를 구성한다는 점에서 자위권 행사를 가능하게 하는 요
건인 '무력공격'에 해당된다고 볼 수 있다. 영공침범 드론에 대한 무
력사용 전 경고는 아직 국제적으로 요구되고 있다고 보기 어려우므
로 타국의 군용드론이 한국 영공을 침범한다면 상황에 따라 경고 없
이도 격추시킬 수 있다. 이란의 미국 무인정찰기 격추 사건은 국제
유가 및 경제에 중요한 영향을 미치는 원유수송로인 호르무즈 해협
의 교통안전을 위협하는 무력충돌의 서막이 될 수도 있다는 점에서
국제사회로부터 이 사건의 귀추가 주목되고 있다.

---

1) Mark Edward Petterson, "The UAV and The Current and Future Regulatory
   Construct for Integration into the National Airspace System", 71 Journal of Air
   Law and Commerce 521 (2006), p. 555.
2) ICJ, Case Concerning Military and Paramilitary Activities in and against Nicaragua
   (Nicaragua v. USA), Judgement of 27 June 1986, para. 191.
3) 상게 ICJ 판결, para. 195.
4) 상게 ICJ 판결, para. 176.
5) 차도완, 박주오, 손창호, 박용운, 김강원, "군사용 드론 현황 및 對드론대책", 「국방
   과 기술(471)」, 2018.5, 148면.
6) O. J. Lissitzyn, "The Treatment of Aerial Intruders in Recent Practice and
   International Law", The American Journal of International Law, Vol. 47, No. 4
   (Oct. 1953), p.587.

제 4 부

국제법으로 해석한 동북아 정세

판문점 선언의 국제법적 성격과 국회 동의

정인섭(서울대학교 법학전문대학원 교수)

1. 들어가며

2018년 4월 27일 역사적인 판문점 회담이 성사되고, 「한반도의 평화와 번영, 통일을 위한 판문점 선언」이 남북한 정상의 서명을 거쳐 발표되었다. 불과 얼마 전까지 거친 말폭탄이 오가던 한반도 상공에 별안간 화색이 돌기 시작했다. 북한 핵문제의 해결과 한반도에 항구적 평화정착을 바라지 않는 국민이 어디 있을까? 문재인 대통령은 곧 이은 4월 30일 청와대 수석·보좌관 회의에서 「남북관계발전에 관한 법률」에 따라 판문점 선언을 조속히 국회 동의절차에 회부하라고 지시했다. 사실 문 대통령은 남북정상회담의 준비과정에서도 "남북 정상회담 합의 내용을 이행하자면 국가재정도 투입되는 만큼 반드시 국회 동의를 얻을 필요가 있다"고 지적하며, "국회 비준을 받아야 정치상황이 바뀌어도 합의가 영속적으로 추진된다"고 강조했었다.[1)

문 대통령은 과거 그의 자서전 「운명」에서 노무현 대통령의 10.4 남북 정상회담 결과와 관련해 다음과 같은 주장을 했다. 즉 "다음 정부로 넘어가기 전에 회담 성과를 공고하게 해둘 필요가 있었다.

남북 정상간의 합의는 법적으로 따지면 국가간 조약의 성격이다. 10.4 공동선언은 국가나 국민에게 중대한 재정적 부담을 지우는 조약에 해당했다. 그래서 나는 정상회담 합의에 대해 국회에서 비준동의를 받아두는게 좋겠다고 강조했다. […] 그런데 한덕수 당시 국무총리가 끝내 안 했다. 그는 좀 더 구체적으로 후속합의가 진행돼, 재정부담의 규모 같은 것이 정해지면 그 때 가서 해도 늦지 않다고 주장했다. 그러다 실기하고 말았다. 결국 정권이 바뀌면서 정상 간의 소중한 합의가 내팽겨쳐지고 말았다."고 아쉬워했다.[2] 이상과 같이 남북정상회담 결과의 "법제화"는 문 대통령의 오래된 소신으로 보인다. 본고는 이제까지 남북한간 합의의 연혁을 살펴봄으로써 이번 판문점 선언의 법적 성격과 이에 대한 국회동의의 의미를 검토해 본다.

2. 정상회담 합의의 법적 성격

문대통령의 지적과 같이 "남북 정상간의 합의는 법적으로 따지면 국가간 조약의 성격"을 갖는가? 정상간 합의는 조약일수도 있고, 아닐 수도 있다. 즉 양 정상이 조약 체결을 의도했고, 객관적으로도 조약에 해당하는 내용에 합의했다면 그 명칭과 형식에 관계없이 합의는 조약에 해당한다. 다만 어느 일방의 의도만으로 조약이 되지는 않는다. 국제법적 구속력을 부여하려는 양 정상간의 의도가 합치되어야 한다. 그 같은 의도는 문서 속에 명시적으로 표현되거나, 합의 성립의 전후 상황을 통해 조약 체결의도가 추정될 수 있어야 한다. 예를 들어 합의문의 형식과 표현, 체결시의 상황, 합의 후 양국이 조약 성립에 필요한 국내법적 절차를 밟느냐 등을 통해 의도를 추정할 수 있다. 정상회담 이후 기자회견 형식으로 발표되는 통상적인 공동성명은 대체로 조약이 아니다. 처음부터 조약으로 의도되지 않은 경우가 대부분이다.

과거 남북한 간에는 2000년과 2007년 두 차례 정상회담이 열렸고, 모두 공동 선언문이 발표됐다. 2000년 6월 15일 김대중 대통령과 김정일 국방위원장간의 「남북공동선언」은 내용이 비교적 간략하다. 남북한간 실질적 권리·의무를 발생시키기 보다는 향후의 정책방침에 대한 합의라고 볼 수 있다. 이는 정상회담 후 발표되는 통상적인 비非구속적 합의에 해당한다는데 국내외적으로 별 이견이 없었다.

다음 2007년 10월 4일 노무현 대통령과 김정일 국방위원장간의 「남북관계 발전과 평화번영을 위한 선언」은 6.15 선언보다 내용도 다양하고, 표현 역시 상당히 구체적이다. 그러나 전후 사정을 살펴보면 이 합의 역시 조약으로 보기는 어렵다. 대부분의 내용이 향후 이룩할 목표를 제시하고 있는 수준이며, 이 합의를 통해 남북한간 구체적인 권리·의무가 발생한다고 보기 어렵기 때문이었다. 법적 구속력 있는 조약이 통상적으로 취하는 형식도 갖추지 않았다. 더욱이 정상회담 직후 후속조치로 서울에서 2007년 11월 16일 개최된 남북 총리회담 시 「남북관계 발전과 평화번영을 위한 선언 이행에 관한 제1차 남북총리회담 합의서」가 서명되었는데, 그 내용의 거의 대부분이 10.4 정상 선언문의 구체화로서 정식 조문의 형식을 취하고 발효조항까지 포함하고 있었다. 당시 정부는 「남북관계발전에 관한 법률」에 따라 「남북총리회담 합의서」에 대한 국회동의를 요청했었다. 이상 상황을 종합해 보면 남북한은 10.4 공동선언을 정상회담 후 발표되는 통상적인 비구속적 합의로 의도했고, 이후 이에 법적 구속력을 부여하는 합의는 「남북총리회담 합의서」의 형식으로 별도 채택했다고 해석된다. 다만 총리회담 합의서는 회기 말까지 국회의 동의를 받지 못하여 끝내 발효되지 못했다. 당시 국회의 여야간 세력상황, 노무현 대통령이 임기말 국내적 인기가 저조했던 점, 특히 임박한 대통령 선거에만 국민적 관심이 집중되어 총리회담 합의서의 국회동의는 별다른 추진력을 얻지 못하고 결국 사장되었다.

3. 남북 고위급 합의서의 법적 성격

정상회담 선언문 외에도 지난 4반세기 동안 남북한 간에는 중요한 내용의 고위급 합의가 적지 않았다. 노태우 정부 시절 정원식 국무총리와 연형묵 정무원총리는 1991년 12월 13일 서울에서 「남북한 사이의 화해와 불가침 및 교류 협력에 관한 합의서」^{이하「남북 기본합의서」}에 서명했고, 이는 1992년 2월 19일 "문본 교환"을 통한 발효 절차까지 마쳤다. 비슷한 시기인 1992년 1월 14일 「한반도의 비핵화에 관한 공동선언」도 발효되었다. 이어 남북한 총리는 「남북 기본합의서」에 대한 4건의 부속합의서를 추가로 서명, 발효시켰다. 이와 별도로 김대중 정부와 노무현 정부 시절인 2000년부터 2005년 사이 주로 개성공단과 금강산 관광 추진 등을 지원하기 위한 각료급 수준의 합의서가 14건 서명·발효된 바 있다. 이상 남북한 사이에는 총리급 합의 형식의 문서가 7건, 각료급 합의 형식의 문서가 14건 채택되었다.

이들 합의서의 국제법적 성격을 살펴본다. 7건의 총리급 합의서는 모두 발효조항을 갖고 있다. 비핵화 공동선언을 제외한 6건은 필요시 개정에 대비한 조항까지 갖추고 있다. 그중 「남북 기본합의서」, 「한반도 비핵화에 관한 공동선언」, 2007년 「제1차 남북총리회담 합의서」는 모두 1차 서명^{또는 가서명}을 마치고 양측이 각기 필요한 내부 절차를 마친 후 총리가 서명한 문본교환을 통해 발효되는 절차를 마련하고 있었다. 즉 합의문의 1차 서명과 발효를 분리시키는 신중을 기했다. 이 같이 합의서 자체에 발효절차를 포함하고 있다는 사실을 통해 이들 문건이 법적 구속력을 갖도록 예정되었음이 강력히 추정된다. 비핵화 공동선언을 제외한 6건의 합의서는 모두 제O조와 같은 조문형식을 취하고 있다. 이 같은 형식과 내용으로 볼 때 이들 문서는 법적 구속력 있는 합의, 즉 국제법상으로는 조약에 해당한다고 판단된다.

그간 국내에서는 특히 「남북 기본합의서」의 법적 성격에 관해 많은 논란이 제기된 바 있고, 몇 차례 사법부의 판단에 오르기도 했다. 당시 한국 정부는 북한을 국가로 승인하지 않은 상태에서 기본합의서를 조약으로 볼 수 없고, 이는 법적 구속력이 없는 공동성명 또는 신사협정에 불과하다는 입장이었다. 헌법재판소는 이 같은 정부의 입장을 그대로 수용하여 이의 법적 성격을 다음과 같이 규정했다.

"1991. 12. 13. 남·북한의 정부당국자가 소위 남북합의서("남북사이의 화해와 불가침 및 교류·협력에 관한 합의서")에 서명하였고 1992. 2. 19. 이 합의서가 발효되었다. 그러나 이 합의서는 남북관계를 "나라와 나라 사이의 관계가 아닌 통일을 지향하는 과정에서 잠정적으로 형성되는 특수관계"(전문 참조) 임을 전제로 하여 이루어진 합의문서인 바, 이는 한민족공동체 내부의 특수관계를 바탕으로 한 당국간의 합의로서 남북당국의 성의 있는 이행을 상호 약속하는 일종의 공동성명 또는 신사협정에 준하는 성격을 가짐에 불과하다." (헌법재판소 1997년 1월 16일 선고, 89헌마240 결정)[3]

대법원 역시 「남북 기본합의서」는 "남북한 당국이 각기 정치적인 책임을 지고 상호간에 그 성의 있는 이행을 약속한 것이기는 하나 법적 구속력이 있는 것은 아니어서 이를 국가 간의 조약 또는 이에 준하는 것으로 볼 수 없고, 따라서 국내법과 동일한 효력이 인정되는 것도 아니다."대법원 1999년 7월 23일 선고, 98두14525 판결라고 판단했다.

조약이 국내적으로 적용되기 위해서는 헌법 제6조 1항 및 제60조 1항 등에 따른 절차가 취해져야 하기 때문에 이러한 절차를 밟지 않은 「남북 기본합의서」가 국내법적으로 발효하는데는 법적 장애가 있었다. 그러나 이상과 같은 국내법적 문제와 별도로 「남북 기본합의서」가 국제법 주체간 법적 구속력 있는 문서로 성립되었다는 사실은 부인하기 어려울 것 같다. 특히 남북한 간에는 조약이 체결될 수 없다는 논리는 곧바로 한국 정부에 의해 사실상 부인된 바 있다.

2000년 남북 정상회담 이후 남북 경제교류와 개성공단 및 금강산 관광사업이 본격화 되었고, 2004년까지 모두 14건의 각료급^{장관 또는 차관} 합의서가 서명되었다. 이들 14개 합의서는 모두 발효에 관한 조항은 물론 개정이나 폐기절차에 관한 조항까지 포함하고 있었다.[4) 대부분 서명과 발효절차를 분리시키고 있었다. 당시 한국 정부는 경제협력에 관한 합의서들을 조약에 해당하는 방식으로 국내 발효를 도모했다. 이들 합의서는 국무회의 심의를 거쳐 국회동의에 회부되었는데, 정부는 조약에 적용되는 헌법 제60조 1항을 그 근거조항으로 삼았다. 국회 심사과정에서도 경협 합의서는 "입법사항"에 관한 내용을 포함하고 있어서 국회 동의를 받게 되었다고 지적되었다.[5) 합의서는 국회동의 후 "문본 교환"을 통해 발효되고 관보에 공포되었다. 경협 합의서는 헌법 제60조 1항에 따라 국회 동의를 받았으나, 모든 면에서 조약과 동일한 절차를 밟지는 않았다. 이들 합의서는 관보 공포시 조약란이 아닌 기타 항목으로 분류되었으며, 조약 번호가 부여되지는 않고 "남북 사이의 합의서"라는 새로운 유형의 일련 번호가 14번까지 부여되었다. 다만 이들 합의서는 조약으로 불리지만 않았지, 내용적으로 조약과 같은 국내법적 효력을 지닌다는 점에 별다른 이견이 없었다.

이후 국내에서는 「남북관계 발전에 관한 법률」이 제정^{2006년 시행}되어 남북한 간의 각종 합의서에 관해서는 별도의 국회 동의절차가 마련되었다. 이 법은 대통령이 남북 합의서를 체결·비준할 수 있으며, 단 "국회는 국가나 국민에게 중대한 재정적 부담을 지우는 남북합의서 또는 입법사항에 관한 남북합의서의 체결·비준에 대한 동의권을 갖는다"고 규정하고 있다.^{제21조} 이 법은 남북합의서의 법적 성격과 국내법적 효력을 명확히 규정하지는 않았으나, 전반적인 취지는 남북합의서를 광의의 국제법상 조약에 해당한다고 전제하고 국내적으로 법률의 효력을 부여하려는 의도였다고 판단된다. 다만 이 법률이 시행된 이후 실제 국회동의를 받은 남북간 합의서는 1건도 없다.

4. 판문점 선언의 국제법적 성격

이상의 선례를 바탕으로 이번 판문점 선언의 법적 성격을 검토해 본다. 일단 이 선언은 법조문 형식을 취하지 않았으며, 내용에 있어서도 남북 공동연락사무소 설치, 8.15 이산가족 상봉, DMZ 확성기 방송 중단 등 몇몇 항목을 제외하면 대체로 향후 추진방향을 제시하고 있는데 불과하다. 대부분의 내용이 구체적 실천을 위해서는 추가적인 협상과 합의가 필요하다. UN 안보리의 대북제재가 해제되지 않으면 실현되기 어려운 항목도 있다. 과거 남북한간 법적 구속력 있다고 판단되는 합의서는 모두 법조문의 형식을 취하고 있었으며,[6] 모두 발효에 관한 별도조항을 갖고 있었다. 고위급 합의서들은 서명과 발효절차를 분리시키고 있었으며, 개정 및 폐기 조항도 설치하고 있었다. 이에 비해 판문점 선언은 법적 구속력을 추정할 수 있는 위와 같은 형식을 갖추지 않고 있으며, 과거 2차례의 남북 정상회담 선언문과 같은 비구속적 합의의 모습을 취하고 있다. 문대통령은 국회동의를 받아 비준·발효시키자는 의도인 듯하나, 이번 합의서는 그에 관한 절차조항을 포함하고 있지도 않다.

만약 남북한 양 정상 모두가 판문점 선언을 법적 구속력 있는 합의로 채택하는데 의견일치가 분명히 있었다면 위와 같은 형식상의 문제점에도 불구하고 이번 선언은 물론 법적 구속력 있는 조약이 될 수 있다. 다만 그 같은 의사가 합의문에 별도로 표현되어 있지는 않다. 반대로 북한이 과거 남북한간 합의서의 선례나 이번 판문점 선언문의 형식과 내용으로 볼 때 이번 합의는 법적 구속력이 없는 정상회담 이후의 통상적 공동성명에 불과하다고 주장한다면 국제사회에서는 그러한 해석이 설득력을 가지리라 예상된다.

만약 남북한 양 정상 모두가 판문점 선언을 법적 구속력 있는 합의로 채택하는데 의견일치가 정말 있었다면, 이번 선언은 한국 국회의 동의 여부 등과 관계없이 이미 조약으로 성립되었다고 평가되어야 한다. 왜냐하면 비준 등 별도의 발효조항을 두지 않고 서명된 양자조약은 서명만으로 발효되는 것이 현대 국제사회의 통상적인 실행이기 때문이다.[7] 비준 등 별도의 발효조항을 포함시키지 않았다면 이는 실수가 아닌 의도적 생략이었다는 판단이 상식적이다. 그런데 정상회담 이후 문대통령의 태도로 보면 이를 서명만으로 발효시키는 조약으로 채택했다고는 보이지 않는다.

결국 이상의 논의를 종합한다면 판문점 선언은 국제법적 구속력이 없는 합의라고 해석함이 합리적이다. 다만 법적 구속력 없는 합의라 하여 이것이 전혀 지켜지지 않으리라 예상된다거나 지킬 필요 없는 합의라는 의미는 아니다. 아무리 법적 구속력 없더라도 더구나 정상간의 합의는 적어도 일정기간 준수되리라는 예상이 상식적이다. 또한 비구속적 합의로 성립시킨 이후 각기 국내법제를 통해 합의를 이행하는 것도 당연히 가능하며, 그 같은 국제사례 역시 많다. 따라서 판문점 선언 자체는 국제법적 구속력이 없는 합의라 해도 한국이 스스로의 판단에 의해 이를 국내법제화 하여 실천하는 것은 물론 가능하다.

5. 국회 동의의 의미

문대통령은 판문점 선언의 국회동의를 통해 이의 국내법제화를 의도했다고 보여진다. 다만 이런 경우에도 다음 문제점이 지적될 필요가 있다.

첫째, 북한은 판문점 선언을 비구속적 합의로 채택했다고 생각한다면, 한국만 국내적으로 이를 구속력 있는 합의로 변환시키려는 것이 현명한 태도일까? 더욱이 판문점 합의는 곧 다가올 미·북 정상회담의 결과나 이후 사태발전에 따라 평화문서가 될 수도 있고, 휴지조각이 될 수도 있다. 그렇다면 2007년 노무현·김정일 공동선언 이후 「남북 총리회담합의서」와 같이 법적 구속력 있는 추후합의로 이를 구체화한 다음 이의 국회동의를 통한 국내법제화를 시도하는 편이 더 현명하지 않을까?

둘째, 만약 판문점 선언이 비구속적 합의라고 전제한다면 국회의 동의를 받는다 해서 과연 법률적 효력이 창출될 수 있는가? 정부 제출 동의안에 국회가 동의나 의결을 했다 하여 그 대상이 항상 법률적 효력을 갖게 되지는 않는다. 예를 들어 정부 제출 예산안을 국회가 의결한다 하여 예산서의 세부내용이 법률적 효력을 갖게 되지는 않는다. 예산안은 당초부터 법률적 효과의 발생이 예정된 문서가 아니기 때문이다. 원래 법적 구속력의 발생이 예정된 조약에 대한 국회동의와 달리, 당초부터 법적 구속력이 없는 문서에 국회가 단순히 동의한다 하여 국내에서 법률적 효과가 발생할 수 있는지 의문이다. 국회동의란 입법과는 구별되는 행위이기 때문이다.

셋째, 판문점 선언은 「남북관계 발전에 관한 법률」 취지에 합당한 국회동의의 대상으로 보기도 어렵다. 이 법에 따라 국회는 남북한간 합의서의 "체결·비준"에 대한 동의권을 행사한다. 즉 국회동의 이후 남북한간 별도의 추가조치가 예정된 문서가 대상이 된다. 그러나 판문점선언은 남북 정상간의 서명으로 성립절차가 완성된 문서이며, 비준 등의 추가적 조치가 예정되어 있지 않다. 즉 국회동의의 대상 자체가 부존재한 경우에 해당한다.

6. 추기: 비준이란?

문재인 대통령은 이번 판문점 선언에 대해 "국회비준"을 받으라는 표현을 여러 차례 사용한 것으로 보도되고 있다. 언론에 따르면 문대통령은 과거에도 조약에 대해 국회비준을 받아야 된다는 표현을 종종 사용했다. 그러나 국제법을 조금이라도 공부한 사람은 모두 알고 있듯이 "비준"은 조약에 대한 국가의 기속적 동의를 대외적으로 표시하는 "국제적 행위international act"이다. 비엔나 조약법협약 제2조 1항 b 국회는 헌법 제60조 1항이나 「남북관계발전에 관한 법률」 제21조 3항에 규정된 바와 같이 "동의권"을 가질 뿐이다. 즉 국회는 대통령이 비준해도 좋다는 "동의"를 할 뿐이며, "비준"은 국가의 대표자인 대통령 자신의 권한행위이다. 비준이란 용어가 국내에서 종종 오용되는 데는 매스컴의 책임도 크다.

---

1) 조선일보 2018.3.22., A3.
2) 문재인, 운명(가교출판, 2011), p.359.
3) 동일 취지의 헌법재판소 결정 － 헌법재판소 1997년 1월 6일 선고, 92헌바6,26, 93헌바34,35,36(병합) 결정; 헌법재판소 2000년 7월 20일 선고, 98헌바63 결정 등.
4) 단 남북 해운합의서 관련문서만은 폐기조항이 없다.
5) 통일외교통상위원회 전문위원, 남북 사이의 투자보장에 관한 합의서 체결동의안 검토보고(2001.6) 등.
6) 1992년 비핵화공동선언만 예외.
7) H. Blix, The Requirements of Ratification, 30 BYIL(1953), p.380; J. Klabbers, International Law 2nd ed.(Cambridge UP, 2017), p.50.

UN 안보리 제재 속에서의 개성공단의 진로

최원목(이화여자대학교 법학전문대학원 교수)

1. 개성공단 사업 재개 논의

최근 남북미 연쇄 정상회담을 계기로 형성된 남북한 해빙모드는 2000년 6월 분단 이후 최초로 개최된 남북정상회담의 결실로 탄생했다가 중단된 개성공단사업에 대한 재개의 분위기까지 띄우고 있다. 종전선언, 대북제재 완화, 개성공단 사업 재개의 협력수순이 공공연히 제시되고 있다. 북한이 2016년 1월 6일 단행한 제4차 핵실험 직후, 당시 정부는 개성공단에 투입된 현금 6,000억 원을 포함하여 1조원이 넘는 대북 투자금액이 북한의 핵개발 자금으로 전용되었음을 이유로 개성공단 폐쇄조치를 취했다. 그 결과 당시 개성공단에 입주해 있던 124개 기업의 확인된 영업 피해액만 해도 7,000억 원에 이르는 것으로 산정되었다.

현 정부의 기본입장은 남북관계가 열려 있어야 한국이 주도권을 갖고 핵 문제를 포함한 한반도 문제를 풀 수 있다는 것이고, 그 일환으로 개성공단 사업의 재개를 긍정적으로 검토하겠다는 것이다. 한편, 기존 UN 안보리 결의에 따르면, 북한의 수출, 북한과의 합작사업 또는 협력체의 설립과 확장, 북한과의 무역을 위한 금융지원,

북한내 은행사무소와 계좌설립 등에 대해 제한을 가하고 있는바, 개성공단 사업 재개가 이러한 UN의 대북제재를 위반하는지 여부부터 명확히 분석해두는 것이 필요하다.

2. UN 안보리 결의와 개성공단 사업

정부가 2016년 2월 개성공단 폐쇄조치를 단행할 당시 적용되고 있었던 UN 안보리 결의^Resolution 2094호^2013는 "금융기관들이 북한지역에 대표사무소와 지점을 설치하거나 금융계좌를 개설하는 것을 금지"하고 있는바, 이러한 금지의 조건으로 "이러한 금융서비스가 북한의 핵무기나 탄도미사일 프로그램에 기여하고 있다고 믿을 수 있는 합리적 근거를 제공하는 정보가 있는 경우"를 규정하고 있다.제13항 아울러 북한지역으로 현금을 송금하는 조건으로는 "현금의 대량 송금이 북한의 핵개발이나 탄도 미사일 프로그램에 기여하지 않도록 보장할 것"을 규정하고,제11, 14항 북한과의 교역에 대해 정부의 재정적 지원을 금지하는 경우도 역시 "그러한 재정적 지원이 북한의 핵무기나 탄도 미사일 프로그램에 기여하는 경우"로 규정하고 있다.제15항

따라서 개성공단 사업을 재개하기 위해 북한지역에서 금융서비스를 제공하는 것은, 이러한 금융서비스가 북한의 핵무기나 탄도미사일 프로그램에 기여하고 있다고 믿을 수 있는 합리적 근거가 있는 경우 금지된다고 볼 수 있다. 또한 개성공단 고용인들에 대한 임금 지불이나 금강산 관광사업을 위한 자금의 이전은 현금의 대량 송금을 수반할 수 있어, 이것이 북한의 핵개발이나 탄도 미사일 프로그램에 쓰이게 되면, 위 결의 위반이 발생하게 된다. 개성공단 입주업체나 금강산 사업업체에 대해 정부가 재정적 지원을 하는 경우, 그러한 지원이 북한의 핵무기나 탄도 미사일 프로그램에 기여하게 되면, 역시 결의안 위반을 피해갈 수 없게 된다.

안보리 결의 2321호[2016년]는 UN 회원국들에게 북한지역에서 활동 중인 "대표사무소, 지점 및 금융계좌를 폐쇄"할 것을 명령하고 있는 바, "대북한제재위원회가 사안별로 인도적 원조나 외교공관 또는 UN 관련기구의 활동의 목적상 요구되는 것, 또는 이 결의의 목적에 합치하는 것이라 결정"하는 경우는 폐쇄 대상에서 제외된다.[제31항] 주목할 점은 과거의 결의에서와 같이 이러한 금융서비스의 제공이 "북한 핵무기 및 탄도 미사일 개발에 기여한다는 합리적 정보가 있을 것"에 조건화하지 않고 폐쇄를 명령하고 있다는 것이다.

또한, 북한과의 교역에 대해 UN 회원국 정부가 재정적 지원을 하는 것은 물론이고 "민간이 재정적 지원을 하는 것"도 추가적으로 금지시키고 있는바, 이러한 금지에 있어서도 "그러한 재정적 지원이 북한의 핵무기나 탄도 미사일 프로그램에 기여하는 경우"라는 조건을 삭제해버림으로써 이제는 대북교역에 대한 재정지원의 금지를 무조건적 의무로 규정하고 있는 것이다.[제32항] 아울러, 안보리 결의 2321호는 다액의 현금[bulk cash]을 이용하여 이러한 제재조치를 회피하는 행태에 대해서도 우려를 표명하고 있다.[제35항]

개성공단 사업을 재개하거나 금강산 관광 사업을 재개하는 경우, 일반적으로 북한지역에 우리기업의 대표사무소, 은행 지점 또는 금융계좌를 개설하게 되고, 사업자에 대해 정부나 민간에서 재정적 지원을 부여하는 조치가 수반되기 마련이다. 이렇게 되면, 위 2321호 안보리 결의의 제31항과 제32항 위반이 발생하게 된다. 이제 과거와는 달리 2321호 결의가 발효된 시점 이후에는, 금융기관의 대표사무소 및 지점의 설치와 금융계좌의 개설이 북한 핵무기 및 탄도 미사일 개발에 기여하지는 않는다는 논리로 이러한 사업을 진행하겠다는 식의 주장은 펼칠 수 없게 된 셈이다. 한편, 이러한 문제를 회피하기 위해 개성공단과 금강산 사업 재개에 있어 철저하게 현금 이전 방식을 채택하는 경우에도, 이것이 북한의 핵무기나 탄도미사일 프로그램에 기여하게 되면, 안보리 결의 2094호의 제11항과 제14항을 위반함은 물론, 2321호의 제35항에서 표명하고 있는 우려사항에도 해당하게 되는 것이다. 실제로 이러한 해석을 바탕으로 문재인 정부가 검토하고 있는 개성공단과 금강산 관광 재개는 UN 안보리 결의를 위반한다는 해석이 미국 정계와 연구계에서 제기된 바 있다.[1)]

UN 안보리 결의 2371호[2017]는 북한으로 유입되는 자금줄을 차단하기 위해 "북한과의 합작사업, 신규투자와 투자확대를 금지"하는 내용과 "북한 해외노동자 고용제한"을 포함하고 있다.[제12항] 중단되어 있는 개성공단 사업을 단순히 재개하는 것은 "신규 합작투자"라 볼 수 없으나, 앞으로 추가적인 투자를 통해 사업을 "확장"해나가게 되면 위 결의 제12항 위반이 발생하게 된다. UN 안보리 결의 2375호 [2017]는 북한의 6차 핵실험에 대응하여 안보리가 채택한 결의안으로서, "안보리 북한제재위원회가 사안별로 사전에 승인한 프로젝트[특히 이익을 창출하지 않는 비상업적 공공 인프라 프로젝트]를 제외한 모든 북한과의 합작 및 협력사업을 개시하거나 유지하거나 운영하는 것을 금지"하고 있고, "기존의 합작 및 협력사업들은 위원회의 승인을 얻지 못하는 경우 120일 이내에 폐기"하도록 결정하고 있는 점은 주목을 요한다.[제18항] 개성공단 사업은 "비상업적 공공 인프라 프로젝트"의 성격을 지니고 있지 않으므로, 위원회의 승인을 받기가 쉽지 않을 것이다. 아울러, 2375호 결의는 "UN 회원국의 선박이 북한 국적선박과 물품을 주고받는 행위를 금지"하고 있다.[제11항] 개성공단 사업 재개를 위해 북한 선박과 물건을 주고받게 되면, 2375호 결의 제11항도 위반하게 되는 것이다.

안보리 결의 2397호[2017]는 북한의 ICBM급 화성-15형 미사일 발사에 대응하여, 북한의 자금줄을 더욱 옥죄기 위해 북한의 수출입 가능 품목에 제한을 가하고 있다. 개성공단 입주업체 중에는 전기전자와 기계금속[자동차 부품, 볼트 등] 업체들도 포함되어 있었는바, 개성공단 사업을 재개하여 공단에서 생산된 기계나 전자 장비를 우리업체들이 수입하여 들여오게 되면, "북한이 기계나 전자장비를 공급, 판매 및 이전할 수 없도록 하고, 이러한 품목을 북한으로부터 구입하는 것을 금지"한 2397호 결의 제6항을 위반하게 된다. 또한 우리업체들이 개성공단으로 생산설비를 추가적으로 반입하게 되면 "북한지역으로 산업기계나 금속물질을 공급하거나 이전하는 것을 금지"한 제7항의 위반이 발생하게 된다.

3. 향후 정책 방향

이러한 일련의 UN 대북제재와 충돌을 일으키지 않고 개성공단 사업을 재개하기 위해서는 무엇보다도 개성공단 사업을 통해 북한에 지급되는 현금의 전용 가능성을 확실히 차단할 수 있는 제도적 장치^{현물지급 방식 도입 또는 자금의 흐름을 검증할 수 있는 시스템 구축}에 남북한이 합의해야 한다. 이렇게 안보리 결의 2094, 2321호와의 충돌문제를 해소한 후, 경협사업 재개를 위한 투자 보장이나 금융보험서비스 제공을 승인해 줄 것을 안보리 북한제재위원회에 요청할 수 있을 것이다. 비록 개성공단과 금강산 사업이 "비상업적 공공 인프라 프로젝트"는 아니나, 반드시 이러한 프로젝트만 위원회가 승인하도록 2375호 결의가 해석될 수 있는 것은 아니므로,[2] 남북한 경협 재개의 역사적·전세계적 필요성을 잘 설명하여 위원회가 승인을 하도록 유도해나가야 할 것이다.

또한 공단시설 보수와 인프라 건설을 추진하기 위해 북한과의 합작투자와 투자 확장을 금지하고 있는 안보리 결의^{2371, 2375호}의 예외로도 승인해 줄 것을 위원회에 요청할 수 있다. 개성공단 사업 진행을 위한 우호적 분위기가 무르익게 되면 북한으로의 생산 및 기계설비 반입 및 북한으로부터의 물품구입 금지를 규정한 안보리 결의^{2397호}

의 내용도 개정하거나 폐지하도록 유도해야 한다. 그래야 개성공단
에서 생산된 기계나 전자장비를 우리 업체들이 수입해 들여올 수 있
게 되고, 우리 업체가 개성공단으로 생산설비를 추가로 반입하여 시
설보수를 위한 기계설비를 공급할 수 있다.

물론 관련 안보리 결의 조항들을 아예 개정하거나 폐지하게 되
면, 위와 같은 문제점들이 입법론적으로 해소되게 되므로, 이를 위
한 외교적 노력도 전개할 수 있다. 시스템적으로도 중국·러시아·일
본·미국 등 다국적 컨소시엄이 사업에 참여하여 개성공단 사업의
지속성, 사업인력의 안전 보장, 한반도에 이해관계가 있는 국가 간
이해와 협력을 증진하는 방안이 강구될 수 있다. 물론 이러한 UN제
재와는 별도로 미국이 취하고 있는 미국의 독자 대북제재 체제와의
충돌문제도 별도로 해결해야 한다. 이런 모든 노력들은 북한의 진정
한 비핵화 노력이 소정의 결실을 거두고, 한반도 주변 이해관계국들
의 협력 의지가 발휘될 때, 국제사회에서 의미 있게 수용될 수 있음
은 물론이다.

---

1) 마커스 놀런드 미 피터슨국제경제연구소 부소장, 코리 가드너 미 상원 외교위 동아
태소위원장 등의 입장표명.

2) "... unless such joint ventures or cooperative entities, in particular those that
are non-commercial, public utility infrastructure projects not generating profit,
have been approved by the Committee in advance on a case-by-case
basis..."(2375호 결의 18항)에서 "in particular"의 해석.

대법원 강제징용 손해배상 판결

박배근(부산대학교 법학전문대학원 교수)

1. 머리말

지난 10월 30일에 대법원 전원합의체는 "일제 강제동원 피해자의 일본기업을 상대로 한 손해배상청구사건" 판결[1]을 내렸다. 2013년 7월 10일의 서울고등법원 판결에서 패소한 피고, 상고인 신일철주금 주식회사가 상고한지 5년이 넘도록 지연되다가 마침내 나온 판결이다. 이 사건 판결은 판결 내용이 한일관계에 미칠 영향이나 판결이 지연되는 이유에 관한 추측 등으로 많은 관심과 주목의 대상이 되고 있었다. 이른바 대법원 재판거래 의혹과 관련하여 강제징용소송의 재판 연기 등이 논의된 정황이 있다는 보도 등으로 이 사건 판결이 언제 어떠한 내용으로 내려질지는 더욱 큰 국민적 관심사가 되었던 것으로 생각된다. 이번 판결의 내용과 국제법적 쟁점을 짚어보고 국제법적 후속 문제에 관해서도 검토하고자 한다.

2. 소송의 경위

이 소송 원심판결의 피고는 신일철주금(新日鉄住金)이다. 이 회사는 신일본제철(新日本製鉄)과 스미토모금속공업(住友金属工業)이 합병하여 2012년에 세워졌다. 이런 경위로 이 소송은 원래 신일본제철을 피고로 하여 시작되었다.

이 사건의 최초 제소는 일본 국내법원에서 이루어졌다. 1997년 12월 24일 원고는 신일본제철과 일본국을 피고로 하여 불법행위를 이유로 한 손해배상과 강제노동기간 동안의 미지급 임금의 지급을 청구하는 소송을 일본 오사카지방재판소에 제기하였다. 2001년에 원고는 이 소송에서 패소하였으며, 오사카고등재판소와 최고재판소에 대한 항소에서도 패소하여 2013년 10월에 일본 내에서의 패소가 확정되었다.

이 사건 원고는 2005년 2월 28일에 신일본제철을 피고로 서울중앙지방법원에 불법행위책임에 따른 위자료를 청구하는 소송을 제기하였다. 청구원인은 일본 내 소송과 동일하나 미지급임금 지급 청구를 제외하였고, 피고에서 일본국을 제외하였다는 점이 달랐다. 한국 내 소송에서 원고는 제1심[2]과 항소심[3]에서 패소하였으나 2012년 대법원은 항소심 판결을 파기하여 환송하였다.[4] 대법원의 파기환송에 따라 서울고등법원은 2013년 7월에 피고가 원고에게 각 1억 원을 지급하도록 명하는 판결을 내렸다.[5] 이 파기환송심 판결에 피고가 상고하여 내려진 것이 이번 대법원 판결이다.

3. 국제법적 쟁점과 판결의 내용

1) 쟁점

피고가 제기한 상고이유에 따라 이 사건에서는 다섯 가지 문제가 쟁점이 되었다. ① 일본에서 동일한 소송이 제기되었던 사실에 따른 일본 법원 판결의 효력과 기판력, ② 피고의 구 일본제철 채무 승계 여부, ③ 1965년 한일 청구권협정 체결 결과 원고의 손해배상 청구권이 소멸되었는지의 여부, ④ 피고의 소멸시효완성 항변의 가부, ⑤ 위자료 산정의 상당성 등이다. 대법원은 이 중에서 ③ 청구권협정에 의한 개인청구권 소멸 여부를 핵심 쟁점으로 보았다.[6] 다른 쟁점들이 모두 국내법적 쟁점임에 비하여 ③ '청구권협정에 의한 개인청구권 소멸 여부'는 국제법적 쟁점이다.

1965년 청구권협정과 관련된 국제법적 쟁점의 구체적 내용은 다음과 같다. 주지하다시피 청구권협정 제2조는 "체약국은 양 체약국 및 그 국민(법인을 포함함)의 재산, 권리 및 이익과 양 체약국 및 그 국민간의 청구권에 관한 문제가 …… 완전히 그리고 최종적으로 해결된 것이 된다는 것을 확인한다"고 하고 있다. 이 조문의 해석에서 첫째로 문제되는 것은 "완전히 그리고 최종적으로 해결"된 문제 속에 원고의 위자료청구권이 포함되어 있는지의 여부이다. 둘째, 만약 포함되었다고 한다면 청구권협정의 이 규정에 의하여 원고의 권리가 소멸한 것인지, 아니면 원고의 개인청구권은 살아 있고 국가의 외교적 보호권만이 소멸하는 것인지가 다시 문제된다. 결국 국제법적 쟁점은 1965년 청구권협정 제2조의 '해석' 문제로 귀결된다.

2) 판결의 내용

국내법적 쟁점에 관하여 이번 판결은 2012년 상고심 판결과 달라진 점이 없으며 쟁점을 둘러싼 대법관들의 이견도 없었다. 그러나 국제법적 쟁점, 즉 1965년 청구권협정 해석 문제에 관해서는 대법관 사이의 견해가 나뉘었다.

(1) 다수의견과 보충의견

대법관 7명의 다수의견은 우선 이 사건 원고는 피고에 대하여 손해배상청구로서 위자료를 청구하는 것이며 미지급 임금이나 보상금을 청구하는 것은 아니라는 점을 강조한다. 이는 재판에서 문제가 된 피고의 책임이 일본 정부의 한반도 불법지배와 침략전쟁 수행과 직결된 반인도적 불법행위를 전제로 한다는 점을 명확히 하기 위한 것이다.

국제법적 쟁점의 핵심은 청구권협정의 적용대상 범위에 원고의 손해배상청구권이 포함되는지의 여부이다. 그런데 청구권협정 적용대상에 원고의 손해배상청구권을 포함시키려면 일본이 한반도 '식민지배'의 불법성을 인정하지 않으면 안 된다. 다시 말해 원고의 손해배상청구권은 일본의 한반도 '식민지배'의 불법성을 전제로 하는 것이므로 그러한 불법성을 인정하지 않으면 원고의 손해배상청구권을 인정할 수도 없다. 사실관계를 살피면 청구권협정 체결시에 한일 양국 정부는 일제의 한반도 지배의 성격에 관하여 합의에 이르지 못하였다. 따라서 일본은 한반도 '식민지배'의 불법성을 인정한 바 없고, 당연히 한반도 '식민지배'의 불법성을 전제로 하는 원고의 손해배상청구권을 청구권협정의 적용 대상에 포함시켰을 리가 없다는 것이 다수의견의 판단이다.

다수의견에 찬성하는 두 명의 대법관은 청구권협정 제2조의 문언을 통상적인 의미에 따라 해석할 경우, 청구권협정상의 '청구권'에는 강제동원 위자료청구권이 포함된다고 보기 어려우며, 교섭 기록과 체결 시의 사정 등 해석의 보충적 수단을 고려하여 해석하더라도 마찬가지라는 보충의견을 피력하였다.

(2) 별개의견

이 판결 다수의견에 관하여 네 명의 대법관이 두 개의 별개의견을 내었다. 이기택 대법관의 별개의견1은 환송판결의 기속력은 환송후 제2심뿐만 아니라 재상고심에도 미치는 것이 원칙이므로 이번 재상고심 판결은 2012년의 환송심판결에 따라 원고의 손해배상청구권이 청구권협정의 적용대상에 포함되지 아니한다고 판단할 수밖에 없다고 보았다. 이 별개의견은 국제법적 쟁점에 관하여 이유를 달리하는 것은 아니다.

김소영, 이동원, 노정희 대법관의 공동 별개의견2는 국제법 쟁점에 관한 것으로서, 다수의견과는 달리 원고의 손해배상청구권은 청구권협정 적용대상에 포함된다고 보았다. 그 이유로는 다음과 같은 것들을 들고 있다. 첫째, 청구권협정의 체결에 이른 한일간 협상과정을 살펴보면 일방 체약국 국민이 상대방 체약국과 그 국민에 대하여 가지는 청구권도 협정의 대상으로 삼았음이 명백하다. 둘째, 청구권협정 합의의사록(Ⅰ)에 의하면, 청구권협정의 적용대상인 '8개 항목' 중 제5항은 '피징용 한국인의 미수금, 보상금 및 기타 청구권'을 포함하고 있는데 이 역시 한일회담의 협상 과정을 살펴보면 '기타 청구권'에 원고가 주장하는 손해배상청구권도 포함된다고 보아야 한다. 셋째, 청구권협정 체결 이후 대한민국이 국내입법을 통하여 강제동원 피해자에 대하여 위로금 지급 등의 보상조치를 취한 점이나, 2005년 민관공동위원회 의견이 "청구권협정을 통하여 일본으로부터 받은 무상 3억불은 … 강제동원 피해보상 문제 해결 성격의 자금 등이 포괄적으로 감안되어 있다고 보아야 할 것"이라고 한 점 등에 비추어보아도 원고의 손해배상청구권은 청구권협정의 적용대상에 포함된다고 보아야 한다.

별개의견2는 청구권협정 적용대상에 원고의 손해배상청구권도 포함된다고 보므로 다수의견은 검토할 필요가 없었던 문제, 즉 '완전하고 최종적인 해결'의 의미 해석문제도 검토하고 있다. 이 문제에 관한 별개의견2의 결론은 다음과 같다. 원고의 개인청구권 자체는 청구권협정만으로 당연히 소멸하는 것이 아니며, 청구권협정은 원고가 가지는 손해배상청구권에 관한 대한민국의 외교적 보호권만을 포기한 것이라고 하는 것이다.

(3) 반대의견

2명의 대법관은 다수의견과는 달리 청구권협정 적용대상에 원고의 손해배상청구권이 포함되며, 청구권협정 해석상 소송을 통하여 개인청구권을 행사하는 것이 제한되므로 일본 기업인 신일철주금을 피고로 한국 법원에서 강제동원 손해배상청구권을 행사할 수 없다고 보았다. 이와 다른 취지의 판단을 한 원심판결(서울고등법원 파기환송심)은 청구권협정의 적용범위와 효력 등에 관하여 법리 오해가 있으므로 그 범위 내에서 변경되어야 한다고 판단하였다.

우선 원고의 손해배상청구권이 청구권협정의 적용대상에 포함된다고 보아야 한다는 점, 그리고 청구권협정 자체에 의하여 개인의 권리가 소멸되거나 포기된 것은 아니라는 점에서 반대의견은 별개의견2와 견해를 같이한다. 반대의견이 별개의견2와 견해를 달리하는 것은 원고의 개인청구권이 여전히 존속하므로 소로써 손해배상청구권을 행사할 수 있다고 하는 부분이다. 반대의견은 청구권협정에 의하여 외교적 보호권만이 소멸한 것이 아니라 재판을 통한 개인청구권 행사가 제한을 받게 되었다고 본다.

반대의견은 다음과 같은 견해를 첨언하고 있다. 즉, 청구권협정의 역사적 평가에 논란이 있는 것은 사실이나, 청구권협정이 헌법이나 국제법 위반으로 무효라고 할 수 없다면 그 내용이 좋든 싫든 문언과 내용에 따라 청구권협정을 준수하여야 한다. 그리고 개인청구권을 행사할 수 없게 되어 피해를 입은 국민에게 국가는 지금이라도 정당한 보상을 하여야 하고 국가의 이러한 책임은 인도적·시혜적 조치가 아니라 법적 책임이다. 이러한 책임은 피해국민의 소송 제기 여부와 관계없이 이행되어야 하며, 피해국민이 소송을 제기한 경우에는 소멸시효 완성 여부를 다투지 말아야 한다.

4. 일본의 반응

이번 판결에 대하여 일본 정부는 강하게 반발하고 있다. 판결 직후 아베 일본 총리는 "국제법에 비추어 있을 수 없는 판단"이라고 비판하고 "국제재판을 포함하여 모든 선택지를 고려한다"고 국회에서 답변하였다. 일본 외무대신은 담화를 발표하고, 이 판결이 청구권협정 제2조에 명백하게 반하여 일본 기업에 대하여 부당한 불이익을 부담시킬 뿐 아니라 1965년의 국교정상화 이래 구축하여 온 한일 우호협력관계의 법적 기반을 근본으로부터 뒤집는 것이라고 비판하였다. 나아가 한국에 대하여 즉각적으로 '국제법위반 상태를 시정'하는 것을 포함하여 적절한 조치를 취할 것을 강력하게 요구한다고 밝혔다. 만약 한국이 즉각적으로 적절한 조치를 강구하지 않으면 "일본 기업의 정당한 경제활동 보호" 관점에서 "국제재판을 포함하여 모든 선택지를 고려하면서 의연하게 대응을 강구할" 생각이라고 말했다. 아울러 이번 판결로 인한 문제에 대처하기 위하여 일본 외무성 아시아대양주국에 '한일청구권관련문제대책실'을 설치한 사실도 밝혔다. 그 밖에도 일본 외무대신은 일본 재외공관에 대하여 '배상문제는 청구권협정으로 해결이 끝났다'고 하는 일본 주장의 정당성을 현지 매체를 통하여 발신하도록 지시한 것으로 보도되었다.

판결 이후 일본 정부는 이 사건 원고의 강제동원 사실을 부정할 의도로, 피해자 원고를 표현하는 말로 '징용공' 대신 '구(舊) 조선반도(한반도) 출신 노동자'를 사용하기로 하였다. 또 외무성 경제산업성 국토교통성 법무성 등의 정부 부처가 공동으로 신일철주금과 같이 한국에서 피소된 일본 기업을 대상으로 하여, 이번 판결에 관한 일본 정부의 입장과 청구권협정 해석 등에 관한 설명회를 개최한 것으로 보도되었다. 현재 한국에서 심리 중인 일본 기업 대상 손해배상 청구소송은 모두 14건이며 피고가 되어 있는 일본 기업은 87곳에 이르는 것으로 알려져 있다. 설명회에서는 일본 정부가 이들 기업에게 배상과 화해에 응하지 말라는 지침을 내렸다고 한다. 이러한 설명회의 영향 때문인지 알 수 없으나 이번 사건의 원고를 변호한 한국 변호인들이 판결 이행을 요구하기 위하여 일본 도쿄의 신일철주금 사옥을 방문하였지만 면담을 거부당하고 요청서 전달도 실패하였다. 신일철주금은 이번 대법원 판결이 청구권협정과 일본 정부의 입장에 배치되어 수용할 수 없다는 입장문을 사옥 경비원에게 대독시켰다고 한다.

일본 정부가 이번 판결을 강하게 비판하고 강경한 대응을 보이는 가운데 일본의 뜻 있는 변호사가 중심이 되어 11월 5일에 일본 참의원 의원회관에서 '전 징용공의 한국 대법원 판결에 대한 변호사 유지성명'(元徵用工の韓国大法院判決に対する弁護士有志声明)이라는 제목의 성명을 발표하였다. 이 성명은 강제징용노동자 문제의 본질을 '인권문제'로 규정하고 이번 판결을 중대한 인권침해 피해자의 구제에 관한 사안으로 보았다. 또 청구권협정 해석에 관해서는 동 협정에 의하여 개인청구권이 소멸되지 않았다는 법적 견해를 밝혔다. 나아가 이번 판결을 "피해자 개인의 구제를 중시하는 국제인권법의 발전과 일치하는 판결"로 평가하면서 이 판결을 "국제법에 비추어 있을 수 없는 판단"이라고 한 일본 정부 입장을 비판하고 있다. 성명은 한일 양국이 상호 비난을 지양하고 이 판결을 계기로 문제의 근본적인 해결로 나아가야 한다고 제안하면서, 신일철주금에 대해서는 이 판결을 수용하고 자발적으로 인권침해 사실과 책임을 인정하며 그 증거로서 사죄와 배상을 포함한 행동을 취할 것을 권고하였다.

이 성명서에는 애초 변호사 109명과 학자 7명이 찬동하는 것으로 이름을 올렸으나, 찬동인의 수가 점점 증가하여 11월 26일에는 209명에 달하였다고 보도되었다.

5. 앞으로의 전망

이 판결 이후 유사한 사건으로 미쓰비시중공업을 상고인으로 한 두 개의 대법원 판결이 11월 29일에 내려졌다.[7] 미쓰비시중공업에 대한 위자료청구소송 판결에 대해서도 일본 정부는 강하게 반발하고 있다. 외무대신은 신일철주금에 대한 판결에 발표하였던 내용과 동일한 내용의 담화문을 발표하고 한국에 대하여 "국제법 위반 상태의 시정을 포함한 적절한 조치강구"를 거듭 요청하고 있다. 문제 해결을 위한 가장 바람직한 방안으로 한국 정부, 청구권 자금 사용 한국 기업, 강제징용자 사용 일본 기업 3자가 출연한 기금을 설립하여 보상하는 방안이 거론되고 있지만 일본 정부의 지침이 내려진 상황에서 일본 기업이 이러한 해결 방안을 수용할 것으로는 생각되지 않는다. 또 대법원 판결이 배상의 주체를 일본 기업으로 특정하고 있는 상황에서 한국 정부가 기금 출연을 하는 것도 쉽지 않을 것이다.

일본 외무대신 담화는 이번 판결로 인하여 한국의 '국제법위반 상태'가 발생하였다고 말하고 있다. 이 '국제법위반 상태'가 구체적으로 무엇을 의미하는지는 불분명하다. 대법원판결이 청구권협정에 저촉된다는 의미인지, 아니면 대법원의 판결 행위가 국제법을 위반한 것이라는 의미인지 알기 어렵다.

국제법상 법원의 행위가 국제법을 위반하는 전형적인 사례는 '재판의 거부'이다. 악의적으로 현저하게 외국인에게 불리한 부당한 법해석을 하여 판결을 내리는 경우가 '재판의 거부'에 해당할 가능성은 있다. 그러나 이번 대법원 판결이 그러한 고의적으로 부당한 법해석이라고 보기는 어렵다. 이번 대법원 판결이 '재판의 거부'에 해당하지 않는다면, 대법원이 판결을 내리는 행위 자체가 국제법 위반이라고 할 수는 없다. 법원의 판결을 금지하는 국제법규칙은 생각할 수 없기 때문이다. 판결이 집행되는 단계에서는 일본이 한국 국가기관에 의한 자국민(일본기업)의 재산권 침해를 이유로 한국의 국제법위반을 주장할 수 있을 것이다. 미쓰비시중공업에 대한 대법원 판결 이후 일본 정부는 한국이 배상판결을 받은 일본 기업의 자산을 압류할 경우에 일본 내 한국 자산 압류로 대응하는 방안을 검토하기 시

대법원 강제징용 손해배상 판결

작하였다고 보도되었다. 이는 적어도 한국 내 일본 기업의 자산에 대한 판결 집행이 이루어지기 전에는 한국의 국제법 위반이 없고 따라서 일본이 대응조치를 취할 수도 없다는 법리해석을 전제로 한 반응으로 생각된다. 단, 판결이 내려졌다는 사실 자체로 일본 기업의 한국 내 경제활동이 제약당하고 재산권이 실질적으로 침해당하는 사태가 발생하였다고 볼 수 있는 경우에는 판결 행위만으로도 국제법 위반이 발생하는 것으로 볼 여지가 없는 것은 아니다.[8]

일본은 국제재판을 포함하여 모든 선택지를 시야에 넣고 대응해 나가겠다고 밝힌 바 있다. 외교 교섭에 의한 문제 해결에 실패할 경우 일본에게는 ① 청구권협정 제3조상의 중재 발동, ② 2002년 한일 투자보호협정이나 2012년 한중일 투자보호협정상의 분쟁해결조항 발동, ③ 국제사법재판소 제소 등의 선택지가 있을 것으로 생각된다. 그러나 청구권협정 제3조의 중재가 성립하기 위해서는 중재위원회 구성에 한일 양국이 합의하여야 한다. 또 한일간 투자보호협정상의 분쟁해결조항은 일본 기업이 일방적으로 발동 가능하지만 법원의 판결에 적용되는 높은 평가 기준 때문에 승소 가능성이 낮다는 한계가 있다.[9] 국제사법재판소와 같은 국제재판도 양국의 합의 없이 이루어질 수 없다는 것은 물론이다. 외교 교섭에 실패하여 다른 분쟁해결절차로 나아가야 할 상황에 직면한 양국 정부가 합의를 통하여 외교 교섭 이외의 분쟁해결절차에 문제 해결을 맡기게 될 것이라고는 기대하기 어렵다.

---

1) 대법원 2013다61381 판결.
2) 서울중앙지방법원 2008. 4. 3. 선고 2005가합16473 판결.
3) 서울고등법원 2009. 7. 16 선고 2008나49129 판결.
4) 대법원 2012. 5. 24 선고 2009다68620 판결.
5) 서울고등법원 2013. 7. 10 선고 2012나44947 판결.
6) 대법원 2013다61381 손해배상(기) 사건 보도자료, 3면. http://www.scourt.go.kr/news/NewsViewAction2.work?pageIndex=1&searchWord=&searchOption=&seqnum=708&gubun=702에서 열람(2018. 12. 3).

7) 대법원 2018. 11. 29. 선고 2013다67587 판결과 2015다45420 판결. 미쓰비시중공업이 상고한 사건의 대법원 판결은 국제법적 쟁점에 관하여 다음과 같이 간단하게 판단하였다. 첫째 원심판결에 청구권협정의 적용대상에 관하여 원심판결에 위법이 없고, 둘째 청구권협정에 의하여 개인청구권이 포기(소멸)되었는지의 문제는 원심의 가정적 판단에 관한 것이므로 더 살펴볼 필요가 없다고 하고 있다.

8) 2002년 체포영장 사건에서 국제사법재판소는 체포영장이 타국에게 체포의 의무를 부과하는 것은 아니라고 하는 벨기에의 항변을 물리치고, 체포로 이어질 가능성이 있기 때문에 체포영장을 발부하거나 송부하는 것만으로 외교부 장관의 형사관할권 면제와 불가침 의무의 위반을 구성한다고 판단하였다. Case Concerning the Arrest Warrant of 11 April 2000 (Democratic Republic of the Congo v. Belgium), para. 66 and para. 70.

9) 이재민, "조약상 의무 이행과 사법부: 대법원 강제동원 판결에 대한 한일 투자협정의 적용 가능성", 서울국제법연구, 제20권 제2호 (2013), 105면.

일본군 '위안부' 피해자 문제에 관한 2015년 한-일 간의 합의는 파기되었는가?

박현석(홍익대학교 법과대학 교수)

1. 머리말

2018년 11월 21일 여성가족부는 오전 11시 30분에 배포한 보도 자료를 통하여 '화해·치유재단' 해산을 추진하고 이 재단 사업을 종료하기로 결정했다고 발표했다.[1] 30분 후인 정오 무렵 일본 외무성은 도쿄 주재 한국 대사에게 '화해·치유재단' 해산 방침을 일본으로서는 도저히 받아들일 수 없다고 밝히고, 한국 측에 '日韓合意'의 이행을 강력히 촉구했다.[2]

일본 외무성이 말한 '일한합의'는 2015년 12월 28일 한일 양국 외무장관이 공동 발표한 일본군 '위안부' 피해자 문제에 관한 합의(이하 '2015년 합의'[3]라 한다)를 가리키며, 그 합의 사항 가운데 하나가 바로 '화해·치유재단'의 설립이었다. 즉 한국 정부가 '위안부' 피해자 지원을 목적으로 하는 재단을 설립하고, 이 재단에 일본 정부의 예산으로 자금을 일괄 거출하기로 했던 것이다. 실제로 일본은 이 2015년 합의에 따라 이듬해인 2016년 8월 31일 이 재단 사업을 위해 그 정부예산으로 10억 엔을 송금한 것으로 알려졌다. 더구나 2015년 합의에 따르면, 일본 정부의 예산으로 일본군 '위안부' 피해자들의 마음의 상처를 치유하는 조치를 착실히 실시한다는 것을 전제로 일본군 '위안부' 피해자 문제가 '최종적 및 불가역적으로 해결'되는 것이라고 한다.

한국 정부의 화해·치유재단 해산 방침 발표와 일본 정부의 거의 즉각적인 항의는 한국과 일본 양국에서 한 가지 공통의 궁금증을 유발한 것으로 보인다. '2015년 합의는 파기되었는가?'가 그것이다. 지난 대통령 선거에 출마한 후보 9명이 2015년 합의의 재교섭 또는 폐기를 선거공약으로 내걸었기 때문이다. 이 글은 2015년 합의가 '파기破棄'되었는지, 만약 그렇다면 일본이 한국에 대하여 이 합의 파기의 책임을 물을 수 있는지를 국제법의 관점에서 간략히 살펴본다. 물론 일본군 '위안부' 피해자 문제는 한일 양국 간 현안의 일부이자 전시 성폭력 문제의 일부이기도 하지만, 이 글은 이런 포괄적인 문제에 대한 논의는 피하고 2015년 합의의 파기 여부에만 집중하기로 한다.

2. 2015년 합의는 조약인가?

2015년 합의의 파기 여부, 그리고 파기된 것으로 판명될 경우 그 파기의 책임 문제에 대한 대답은 이 합의가 국제법상 '조약'인가 아니면 국제법상 구속력이 없는 합의인가에 따라 달라질 수 있다. 만약 이 합의가 국제법상 조약이라면 이 합의의 '파기'는 조약 위반breach을 포함할 것이고, 비교적 잘 확립된 국제법 원칙과 규칙들이 이 조약 위반의 결과를 규율할 것이다. 반면 이 합의가 국제법상 구속력이 없는 합의라면 국제법이 이 합의의 파기에 적용될 여지는 비교적 적을 것이다.

2015년 합의가 조약인지 여부는 무엇보다도 그것이 국제법상의

'법률행위'인가, 특히 한일 양국이 이 합의를 통하여 국제법상의 권리와 의무를 발생시킬 의사[효과의사]를 표시했는가에 달려 있다. 양국이 그러한 의사를 명시적으로 표시했다면 간단하겠지만, 이 합의 자체에는 그러한 의사가 명시적으로 드러나 있지 않다. 특정 국제 합의가 조약인지를 판정할 기준으로 서면합의인지 여부가 거론되기도 하지만, 그것이 결정적인 기준은 아니다. 159쪽에 이르는 다자간 서면 합의인 이란 핵시설에 관한 합의[JCPOA]는 국제법상 구속력이 없는 합의인가 하면, Great Belt 바다 위의 다리건설에 관한 덴마크와 핀란드 양국 수상 간의 전화를 통한 구두 합의가 조약으로 취급되기도 하는 것이다.[4]

이 문제에 대하여 한국 외교부는 2015년 합의 당시부터 이 합의가 조약이 아니라는 태도를 유지해 왔다.[5] 이 문제에 관한 한 일본 정부도 이견이 없는 것으로 보인다. 이를테면 2016년 5월 20일 일본 정부가 고문방지위원회에 제출한 2015년 합의의 영어 번역본에서 'shall'은 찾아볼 수 없고 시종일관 'will'만 사용되었다는 사실에 비추어, 일본 정부도 간접적으로는 이 합의에 법적 구속력이 없음을 인정한 것으로 보인다.[6] 일반적으로 'shall'은 법적으로 구속력 있는 의무를 나타내는 것으로 취급되는 반면 'will'은 그렇지 않기 때문이다.

2015년 합의가 일반적인 조약체결 절차를 거치지 않았다는 점도 이 합의는 조약이 아니라는 추가적인 근거라고 할 수 있다. 이 합의는 양국 국내법상의 절차에 따라 공포된 것이 아니라 한국 외교부와 일본 외무성 홈페이지에 게시되었을 따름이며, 유엔 헌장 제102조에 따라 유엔 사무국에 등록된 것도 아니다. 결국 2015년 합의 당시 외교부가 발표한 바와 같이, 이 합의는 국제법상 조약이 아니라 정치적 합의라고 보아야 할 것이다.

3. 2015년 합의는 파기되었는가?

　2015년 합의가 국제법상 조약이 아니라고 해서 이 합의를 무시해도 좋다는 결론이 나오는 것은 아니다. 물론 이 합의의 위반이 국제법상 상대방의 권리를 침해하는 국제위법행위에 해당하는 것도 아니고, 따라서 이 합의의 위반만을 이유로 대항조치^{countermeasures}를 취할 수 있는 것도 아니다. 그러나 이 합의의 위반이 비우호적 행위 ^{unfriendly act}에 해당할 수는 있으며, 일반적으로 비우호적 행위에 대해서는 비우호적 행위로 응수'보복(retortion)'할 수 있다.

　다른 한편 한일 양국이 모두 당사자인 1969년 조약법에 관한 비엔나 협약 제60조에 따르면, 양자조약의 실질적 위반^{material breach; violation substantielle}에 대하여 상대방은 그러한 위반을 이유로 그 조약을 '종료'시킬 수 있다. 또 현행 국제관습법을 성문화한 것으로 여겨지고 있는 2001년 국제위법행위에 대한 국가의 책임에 관한 규정 초안 제22조에 따르면 양자조약 위반과 같은 국제위법행위에 대하여 상대방은 대항조치를 취할 수 있다. 정치적 합의에 국제법 규칙을 적용하는 것은 체스 경기에 바둑 규칙을 적용하는 격일지도 모르지만, '국제적 합의'라는 공통점을 근거로 정치적 합의에도 이런 규칙을 준용할 수 있다고 가정하면 다음 두 가지 결론은 얻을 수 있을 것이다. 첫째, 2015년 합의의 위반에 대하여 상대방은 이 합의를 파기할 수도 있고, 그러한 위반에 상응하는 비우호적 행위로 응수할 수도 있다. 둘째, 2015년 합의를 파기하면 이 합의는 더 이상 적용되지 않지만, 비우호적 행위로 응수할 경우에는 이 합의가 계속 유효하다.7) 이런 이유로 2015년 합의의 파기 여부를 확인하려면 이 합의에 관한 한국과 일본의 후속 실행을 살펴볼 필요가 있다.

　2016년 1월 26일 일본 정부가 여성차별철폐위원회에 제출한 답변서에는 "일본 정부가 확인할 수 있었던 어떤 문서에서도 군과 관헌에 의한 위안부 강제연행은 확인되지 않았다"는 내용이 포함되어 있었고, 이에 대하여 한국 외교부가 일본 측에 항의했다.[8] 2015년 합의 중 "위안부 문제는 당시 군의 관여 하에 다수의 여성의 명예와 존엄에 깊은 상처를 입힌 문제로서, 이러한 관점에서 일본정부는 책임을 통감"한다는 일본 외무장관의 발표내용이 일본군의 강제연행 사실을 시인한 것이라고 보았기 때문일 것이다. 다만 한국 외교부는 일본이 2015년 합의의 정신과 취지를 훼손하는 언행을 자제할 것과 피해자들의 명예와 존엄이 회복되고 상처가 치유될 수 있도록 이 합의를 성실히 이행할 것을 촉구했을 뿐 파기를 언급하지는 않았다. 한편 2016년 12월 30일 부산의 시민단체가 동구에 있는 일본 총영사관 앞에 관할 구청의 허가를 얻어 '소녀상'을 설치하자, 이듬해 1월 6일 일본 정부는 2015년 합의와 1963년 영사관계에 관한 비엔나 협약을 언급한 다음 부산 주재 총영사관 직원의 부산시 관련 행사 참가 보류, 주한 일본 대사와 부산 주재 일본 총영사의 일시 귀국, 한일 통화 스와프 협정 협의 중단, 한일 고위급 경제 협의 연기 발표로 응수했다.[9] 이 소녀상 설치가 2015년 합의 중 "한국 정부는 일본 정부가 주한일본대사관 앞의 소녀상에 대해 공관의 안녕·위엄의 유지라는 관점에서 우려하고 있는 점을 인지하고, 한국 정부로서도 가능한 대응방향에 대해 관련 단체와의 협의 등을 통해 적절히 해결되도록 노력한다"는 한국 외교부 장관의 발표내용에 위배된다고 보았기 때문인지, 1963년 영사관계에 관한 비엔나 협약 제31조 제3항에 규정된 '영사기관의 위엄 손상을 방지하기 위한 모든 적절한 조치를 취할 특별한 의무'의 위반이라고 보았기 때문인지는 불분명하다. 아무튼 당시 일본 정부도 2015년 합의를 파기한다고 하지는 않았다.

그런가 하면 2018년 11월 21일 화해·치유재단 해산방침 발표에 대한 일본 정부의 항의를 전달받은 자리에서 주일 한국 대사는 2015년 합의를 파기하지 않으며 일본 측에 재교섭을 요구하지 않는다는 한국 정부의 방침을 밝힌 것으로 알려졌다.[10] 한국과 일본은 각각 상대방에게 2015년 합의를 지키지 않았다고 항의하거나 그 이행을 촉구했을 뿐 이 합의를 파기한 적은 없었던 것이다. 결국 2015년 합의는 파기되지 않았다고 보아야 할 것이다.

4. 맺는 말

2015년 합의가 파기된 것이 아니라면, 화해·치유재단 해산은 이 합의 위반일 것이다. 물론 이 합의의 위반은 일본에 대한 비우호적 행위일 뿐 국제위법행위는 아니겠으나, 이 합의가 유효한 이상 합의사항은 준수해야 한다는 정치적 부담까지 사라지는 것은 아니다. 그렇다면 화해·치유재단 해산은 국제적으로 정당화될 수 없는 것인가? 이 문제에 대하여 한국 정부가 분명한 입장을 밝히지는 않은 것으로 보이지만, 2015년 합의 이후 여러 인권조약기구들이 밝힌 견해에 의하면 이 합의의 준수 거부가 정당화될 여지는 있을 것이다.

예컨대 여성차별철폐위원회는 일본의 제7차~제8차 정례보고서에 대한 최종견해에서, 일본 정부가 강구하기로 한 조치를 착실히 실시하면 일본군 '위안부' 피해자 문제가 '최종적 및 불가역적으로 해결'된다는 2015년 합의에 유감을 표한 다음, 여전히 '위안부' 피해자들을 위한 효과적인 구제가 없는 이상 '위안부' 문제가 이들의 권리에 계속적 효과continuing effect를 미치는 심각한 위반을 야기하며 따라서 여성차별철폐협약의 시간적 적용범위를 이유로 자신이 그러한 위반을 다루지 못하는 것은 아니라고 보았다.[11] 또한 고문방지위원회는 한국의 제3차~제5차 정례보고서에 대한 최종견해에서 2015년 합의를 개정revise the agreement해야 할 것이라는 견해를 밝혔고, 인종차별철폐위원회는 일본의 제10차~제11차 정례보고서에 대한 최종견해에서 일본 정부에 대하여 피해자 중심의 접근방법으로 '위안부' 문제에 대한 '지속적 해결^{lasting solution}'을 보장할 것을 권고했다.12) 간단
히 말해서 한국은 여성차별철폐협약 등의 위반이라는 일본의 국제
위법행위에 대하여 2015년 합의의 위반이라는 비우호적 행위로 응
수했다고 볼 수도 있다는 것이다.

일본의 고노 외무장관은 한국의 '화해·치유재단' 해산방침에 항
의한 직후 열린 임시 회견에서 금후의 한일 관계에 관한 한 기자의
질문에 대하여 "국제법을 존중하는 국가와 국가의 약속사항은 반드
시 지키는 것이 ... 국제사회에서 살아가는 데 가장 기초적인 것이기
때문에, 국제사회에서 한국이 확고히 설 자리를 얻기 위해서도 한국
측이 이러한 국제적 약속을 반드시 지킨다는 것이 매우 중요"하다고
답변했다고 한다.13) 고노 장관이 국제법을 거론한 이유가 무엇인지
정확히 알기는 어렵지만, 시민적·정치적 권리에 관한 국제규약, 여
성차별철폐협약, 인종차별철폐협약, 고문방지협약 등도 한국의 국제
적 약속이자 일본의 국제적 약속임을 부인하기는 어렵다. 이 규약과
협약들이 2015년 합의와 다른 점은 국제법상 구속력 있는 약속이라
는 것이다. 그런 의미에서 일본군 '위안부' 피해자 문제를 '해결'하기
위해서도 한국과 일본 모두 국제법을 존중하는 것이 매우 중요할 것
이다.

---

1) 여성가족부, http://www.mogef.go.kr/nw/rpd/nw_rpd_s001d.do?mid=news405&
   bbtSn=705987. 2019년 1월 29일 일본 외무장관 회견기록 중 산케이 신문 기자
   질문에는 한국 정부가 화해·치유재단 설립허가 취소를 통지했다는 내용이 포함되
   어 있었고, 고노 외무장관은 이 재단의 활동이 일한합의에서 매우 중요한 부분이
   기 때문에 계속 일한합의를 제대로 이행하기를 한국정부에 바란다는 취지로 답변
   했다. 일본외무성, https://www.mofa.go.jp/mofaj/press/kaiken/kaiken4_000796.html
2) 일본 외무성, https://www.mofa.go.jp/mofaj/press/release/press4_006750.html
3) 공동 발표 내용은 일본 외무성, https://www.mofa.go.jp/mofaj/a_o/na/kr/page4
   _001664.html; 외교부, http://www.mofa.go.kr/www/brd/m_4076/view.do?seq=
   357655; 둘 사이의 일부 문구 차이에 대해서는 외교부, 2015년 합의 검토 결과보
   고서(2017. 12. 27), 15~16면.
4) 전자에 대해서는 Sassan Seyrafi & Amir-Hossein Ranjbarian, "The US' Withdrawal

from the Iran Nuclear Agreement: A Legal Analysis with Special Reference to the Denuclearization of the Korean Peninsula", Journal of East Asia and International Law, vol. 11, no. 2 (2018), pp. 270, 279; 후자에 대해서는 정인섭, 조약법 강의(박영사, 2016), 5면.

5) 외교부, '일본군 위안부 문제 합의 관련 FAQ' 제11항("이번 합의는 조약이 아닌 구두 발표 형식"), http://www.mofa.go.kr/www/wpge/m_20331/contents.do; 2015년 합의 검토 결과보고서, 앞의 각주 3), 24면("위안부 합의는 . . . 조약이 아니라 정치적 합의").

6) U.N. Doc. CAT/C/JPN/CO/2/Add.2(3 June 2016), pp. 2~3; 이 문제에 대한 종합적인 검토로는 박배근, 「2015년 한일 '위안부'합의의 국제법적 지위 – 조약인가 비조약합의인가?」, 법학연구(부산대학교 법학연구소), 제59권 제2호(2018), 257~285면.

7) 조약법에 관한 비엔나 협약 제70조; 국제위법행위에 대한 국가의 책임에 관한 규정 초안 제29조.

8) U.N. Doc. CEDAW/C/JPN/Q/7-8/Add.1(1 February 2016), p. 16, para. 51; 외교부 대변인 정례 브리핑(2016.2.2.), http://www.mofa.go.kr/brd/m_4078/view.do?seq=358380

9) 일본 내각관방장관 기자회견, https://www.kantei.go.jp/jp/tyoukanpress/201701/6_a.htm

10) 일본 외무성, 앞의 각주 2).

11) U.N. Doc. CEDAW/C/JPN/CO/7-8(10 March 2016), paras. 28-29. 여기서 말하는 피해자들의 권리는 진실, 사법적 구제, 배상을 구할 권리(rights to truth, justice and reparations)를 가리키는 것으로 보인다.

12) U.N. Doc. CAT/C/KOR/CO/3-5(30 May 2017), para. 48(d); CERD/C/JPN/CO/10-11 (26 September 2018), para. 28. 또 시민적·정치적 권리에 관한 국제규약(1966)에 따라 설치된 Human Rights Committee는 2017년 12월 11일 가해자 형사소추 등을 언급하면서 '위안부' 문제에 대하여 일본 정부가 취한 추가조치(any further measures)에 관한 보고를 일본의 제7차 정례보고서에 포함시키도록 요청했다. CCPR/C/JPN/QPR/7(11 December 2017), para. 18.

13) 일본 외무성, https://www.mofa.go.jp/mofaj/press/kaiken/kaiken4_000776.html#topic1

일본의 대한(對韓) 수출제한 조치

이재민(서울대학교 법학전문대학원 교수)

1. 일본 정부 대한(對韓) 보복조치 단행

한일 관계가 격랑 속으로 향하고 있다. 일본은 2019년 7월 1일 경제산업성 발표를 통해 한국에 대한 무역제재 조치를 선언하고, 7월 4일부터 시행 중이다. 일본은 일단 이 조치가 한국과의 외교 현안 _{2018년 10월 30일 대법원 강제징용 판결에 대한 양국 분쟁}과 관련한 보복조치 라는 점은 부인하고 있다. 그러나 일본 관료들의 언급^{"한국과의 신뢰 관계 저하"} 및 일본 언론 보도^{"외교적 현안을 통상제재로 해결하고자 하는 문제점"}를 종합하면 결국 양국 외교현안에 대한 불만 표출로 이번 조치를 취했다고 보는 것이 일반적인 시각이다.

이번 조치는 두 가지 항목을 포함한다. 먼저 특정 품목에 대한 수출제도의 변경이다. 일본은 7월 4일부터 한국으로 수출되는 3가지 필수 소재_{포토레지스트, 불화수소, 플루오린 폴리이미드}의 분류를 '포괄적' 허가 품목에서 '개별적' 허가 품목으로 변경했다. 요컨대 원래는 한번 허가를 받으면 3년간 별도 허가 없이 한국으로 수출할 수 있었음에 반해 이제는 매 수출 선적분마다 별도 허가를 얻어야 한다. 관련 법령에 따르면 개별 신청 건에 대한 심사와 허가는 90일 이내 이루어지도록 되어 있다. 개별 신청 건에 대한 별도의 증빙자료 요청이나 확인 작업이 진행된다면 이 기간은 더욱 늘어난다. 결국 해당 3개 품목의 우리나라로의 수출 여부가 불확실해진다는 측면에서 이들에 크게 의존하고 있는 우리 기업들은 상당한 부담을 느끼고 있다. 일부 일본 언론은 이 조치를 "사실상의 금수조치"로 설명하고 있다.

두 번째 항목은 보다 포괄적이다. 일본 정부는 7월 24일까지 일본 내 이해관계자의 의견을 수렴하여 수출 관리상의 "우호 교역국 리스트^{소위 화이트 리스트}"에서 한국을 배제할지 여부를 결정할 예정이다. 빠르면 8월 중 이러한 결정이 내려진다. 화이트 리스트에서 빠질 경우 한국으로 수출되는 광범위한 품목에 대하여 제한 조치를 발동할 일본 국내법상 근거가 마련된다. 장기적인 관점에서는 이 결정이 첫 번째 항목보다 파급효과가 더 클 것으로 보인다. 그러나 이 두 번째 항목에 대하여는 아직 의견 수렴 절차만 진행되고 있어 수출제한 '조치'가 발동된 것은 아니다. 첫 번째 항목과는 구별된다.

현재 우리 정부는 일본 정부의 제재 조치에 대하여 세계무역기구^{WTO} 제소 방침을 밝히고 있다. 먼저 3개 핵심 소재 수출제한 조치가 WTO 협정 위반인 것으로 우리 정부는 설명한다. 화이트 리스트 배제 조치와 이에 따른 추가 수출제한 조치가 발동되면 여기에 대해서도 역시 유사한 논리를 전개할 것으로 보인다.

상황이 여전히 유동적인지라 WTO 협정 위반 여부를 판단하는 것은 아직은 어렵다. 특히 일본 정부의 조치가 실제 어떻게 적용될 것인지 아직 불투명하기 때문이다. 일본은 이에 대해 아직 자세한 설명을 제시하고 있지는 않다. 가령, 단순히 포괄적 허가제에서 개별적 허가제로 바뀌고, 나중에 실제 적용 과정을 보았더니 신청분에 대하여 대부분 수출 허가가 발급되는 방식으로 운용될 수도 있다. 이 경우 원래 상황과 차이는 거의 없고, 단지 허가를 위한 기간만 추가로 90일이 소요되는 형국이 될 것이다. 이러한 상황이라면 협정

위반이라고 보기는 어렵다. 반면에 이를 사실상의 금수조치로 활용한다면 위반 가능성은 일층 부각될 것이다. 허가제라는 외피外皮하에 위장된 조치가 자리 잡고 있는 것으로 볼 수 있기 때문이다. 따라서 조치의 실제 외양이 확정되지 않은 현 시점에서 이를 정확하게 판단하기는 어려운 측면이 있다. 이를 염두에 두고 일단 일본 정부의 금번 제재 조치가 WTO 협정에 위반될 소지가 있는지에 대하여 아래에서 살펴본다.

2. 수출제한 조치가 존재하는가?

일단 일본 정부의 조치가 '상품'의 수출을 제한하는 데 방점을 두고 있다는 차원에서 상품교역에 적용되는 "1994년 관세 및 무역에 관한 일반협정General Agreement on Tariffs and Trade 1994: GATT 협정"을 따져 보아야 한다. 이를 위해서는 일단 3건의 핵심 소재에 대한 제재조치가 7월 4일 이후 실제 어떻게 적용되는지 여부가 관건이다. 7월 4일부터 개별적 허가제도로 바뀐 이후에도 그러한 허가가 신속하고 '자동적'으로 발급될 가능성도 있다. 이 경우 협정 위반 부분을 찾기는 어렵다. 기본적으로 한국이 언급하는 "수출제한 조치" 자체가 부재하는 것으로 볼 여지가 크다.

일본은 지금 이러한 입장을 밝히고 있다. 기존의 허가 제도에서 한국을 예외적으로 포괄적 허가로 빼주었던 것을 다시 개별적 허가로 '원상 복귀'시키는 것이니 새로운 조치가 없다는 것이다. 단지 그간 한국에 주던 '혜택'을 더 이상 부여하지 않는 것이니 문제없다는 입장이다. 기존의 일본 정부 조치가 그대로 적용될 따름이고, 한국에 대한 새로운 피해도 없으며 따라서 WTO 제소 대상 자체도 없다는 입장으로 정리할 수 있다.

그런데 만약 7월 4일 이후의 상황이 '외관상' 허가 제도를 취하고 있을 따름이고 실제 적용되는 상황은 사실상 내지 실질적인 수출제한 조치로 작동한다면 문제는 달라진다. 그 본질이 수출제한 조치라면 다른 방식으로 포장하여도 그 본질이 바뀌지는 않는다. 단지 입증이 그만큼 어려워질 것이다. 특히 2004년 이후 근 15년간 포괄적 허가로 지정하여 오던 품목을 일거에 개별적 허가로 변경하고, 이를 통해 수출을 실제로 지연, 제한 내지 금지하는 효과를 초래한다면 이는 그 자체로 실질적으로는 '새로운 조치의 도입'으로 볼 여지가 적지 않다. 즉, 이 경우 원래 있던 제도에서 단순히 일본 정부가 판단을 달리하는 것이 아닌,^{일본 정부의 설명} 2019년 7월 4일자로 신규 조치를 발동하는 상황에 보다 가깝게 된다. 특히 15년이라는 오랜 기간 유지되던 기존의 판단이 별다른 설명 없이^{'신뢰저하'라는 설명 외에} 전격적으로 변경되었다는 측면에서 이러한 부분은 더욱 부각될 수 있다. 따라서 단순히 문제의 조치가 어떠한 외양을 띠고 있는지 여부에만 국한하여 이 문제를 살펴볼 것은 아니다. 문제의 핵심은 개별적 허가제라는 외피가 사실은 한국으로 향하는 수출을 제한하는 효과를 도모하기 위하여 도입되었고, 실제 그러한 효과가 시장에서 발생하는지 여부다.

이러한 시각에서 본다면 7월 4일 제재 조치는 한국으로 향하는 수출품목 3가지에 대하여 사실상의 수출제한 내지 금지 조치를 도입한 것으로 일단 볼 여지가 상당하다. 이러한 수출제한 조치는 GATT 협정 제XI조에 저촉된다. 특히 본 제재 조치 도입 이전과 이후 상황을 비교하여 현저한 수출물량 저하를 확인할 수 있다면 이 조항에 대한 저촉문제를 더 잘 보여줄 수 있을 것이다. 제XI조 2항에 예외사항이 기재되어 있기는 하나,^{가령 국내적으로 공급부족 사태에 직면한 품목에 대한 일시적 수출제한 조치 등} 현재 일본 정부의 설명에서 이러한 예외와 관련되는 내용은 찾아 볼 수 없다. 자국 내 공급부족 문제를 일본은 한 번도 언급한 바 없다. 오로지 한국의 '신뢰저하' 문제만을 제기하고 있다.

따라서 일단 GATT 협정 제XI조가 적용되는 수량제한 조치에 해당할 가능성이 존재하는 것으로 볼 수 있다.

3. 한국으로 수출되는 상품만 차별하는가?

또한 이 조치가 한국으로 향하는 특정 상품에 대하여만 적용된다면 그 자체로 다른 교역 상대국가령 해당 품목을 주로 수입, 소비하는 대만, 중국으로 향하는 해당 상품에 비하여 차별적 효과를 초래하는 것으로 볼 수 있다. 이는 GATT 협정 제I조가 규정하는 최혜국 대우 의무에 대한 위반 문제로 이어질 수 있다. 여기에서의 비교대상은 (일본 국내법상 근거와 기준에 따라 판단하는) 한국과 유사한 환경을 가진 일본의 여타 교역국이 될 것이다. 요컨대 이들 여타 국가로 향하는 이 세 품목에 대하여는 개별적 허가 제도를 운용하지 않으면서 한국으로 향하는 동일한 품목에 대해서만 이러한 변경을 시도하는 것이라면 이는 후자에 대한 차별적 조치로 볼 수 있다.

그러므로 여기에서의 비교대상은 반드시 일본의 모든 교역 상대국으로 볼 것은 아니며, 또한 모든 교역국에 대하여 동일한 제도 — 수출 허가제 — 가 적용되고 있으므로 차별적 대우가 없다는 것으로 단순하게 파악할 것도 아니다. 한 단계 더 들어가 일본이 여전히 포괄적 허가 제도를 부여하는 국가와 한국을 비교하여 한국만 특별한 설명 없이 (또는 정치 외교적인 이유를 언급하며) 개별적 허가 제도로 변경하여 차별적 효과를 초래하는 문제는 아닌지 살펴보아야 한다.

한편 GATT 협정 제X조는 제3항 (a)호에서 모든 체약 당사국이 수출입과 관련한 통관 및 행정 절차를 "통일적이고, 공정하며 합리적인 방식uniform, impartial and reasonable manner"으로 운용하도록 규정한다. 그러므로 7월 4일 제재 조치를 통해 한국으로 향하는 상기 3개 품목에 대한 허가, 검증 및 통관 절차에서 지연, 반려, 과도한 자료 요청, 불명확한 이유에 따른 거부 등이 발생한다면 이 조항에 대한 저촉 문제 역시 초래할 수 있다. 현재 일본 정부는 새로운 제도 변경을 통하여 사실상 한국으로의 수출을 차단하겠다는 의지를 표명하고 있다는 점에서 이 조항에 대한 위반 문제 역시 발생할 가능성이 적지 않다.

4. 새로운 조치는 국가안보 예외 조항을 충족하는가?

본건과 관련하여 양국의 입장이 첨예하게 대립되는 부분은 이 조치가 국가안보를 위한 조치에 해당되는지 여부이다. 바로 GATT 협정 제XXI조가 국가안보 예외를 규정하고 있기 때문이다. 그러므로 위에서 살펴본 GATT 협정 여러 조항에 대한 위반 여부와 상관없이 이 조치가 제XXI조 안보상 예외에 따라 정당화될 수 있는가 하는 문제이다. 일본은 이 부분을 이미 강조하고 있다. 7월 1일 해당 조치 발동계획을 설명하며 일본 정부는 이 조치가 일본 국가안보와 관련한 조치임을 여러 차례 언급하였다. 그리고 그 이후 일본 정부 관료들의 발언에서도 국가안보 문제가 핵심 화두로 제기되고 있다. 따라서 추후 이 문제가 WTO 분쟁으로 발전한다면 이 조항을 둘러싼 양국간 입장 대립이 분쟁의 최종 향배를 좌우할 가능성이 높다.

GATT 협정 제XXI조가 규정하는 국가안보 예외는 나름 구체적인 요건을 나열하고 있다. 먼저 이 조항은 국가안보 예외가 발동되는 상황을 크게 세 가지로 제시하며 이를 각각 (a), (b) 및 (c)항에 규정하고 있다. 이 중 (a)항은 정보의 제공과 관련되는 부분이므로 일단 본 건과는 직접 관련이 없다. 일본 정부의 설명을 그대로 받아들인다면 본건에 직접 관련되는 조항은 이 조 (b)항과 (c)항이다.

먼저 (b)항은 다시 세 가지 상황을 나누어서 구체적으로 제시한다. 즉 (b)항이 적용되는 경우로 (ⅰ) 핵물질 관련 조치, (ⅱ) 군수물자의 안정적 확보, (iii) 전쟁 및 국가긴급 사태 발생 시 채택되는 조치, 세 가지를 제시한다. 지난 7월 1일 일본 정부의 설명을 액면 그대로 받아들이면 이 중 두 번째, 세 번째가 어떻게든 해당 사항이 있을 수 있는 것으로 일단 한번 생각해 볼 수 있다. 두 번째 항목은 이 수출 제한조치가 핵심 군수물자의 안정적 확보를 위한 조치라는 부분이고, 세 번째 항목은 전쟁 또는 국가긴급상황에 직면하여 취해진 조치라는 부분이다. 어쨌든 본건은 첫 번째 항목인 핵 물질의 생산 및 이전과는 상관없기 때문이다.

그러나 현재 일본 정부의 설명에 따르면 과연 이 두 항목을 충족하는 것인지 의문이 든다. 먼저 핵심 군수물자의 안정적 확보 문제이다. 이와 관련하여 제XXI조 (b)항 (ii)호는 "군사 기반시설에 대한 공급을 위하여for the purpose of supplying a military establishment"라는 문구를 사용하고 있다. 그러므로 일본 조치가 이 문구가 제시하는 상황에 해당하는지 여부를 따져 보아야 한다. 현재 일본 정부 설명에는 해당 3개 핵심 소재가 일본 내에서 지금 공급이 부족하다든가 또는 일본 군사시설에 대한 공급 부족이 발생하였다든가 하는 내용은 포함되어 있지 않다. 다른 방식으로 또는 간접적인 언급으로도 공급 부족 문제를 제시하고 있지는 않고 있고, 또한 이러한 공급 부족이 군사시설 내지 군사활동과 관련된다는 언급도 찾아 볼 수 없다. 단지 한국의 '신뢰저하'만을 언급하고 있을 따름이다. 그렇다면 앞으로의 사실관계를 더 따져 보아야겠지만 일단 이 항목에 대한 충족은 어려운 것으로 볼 수 있을 것이다.

마찬가지로 (b)항 (iii)호가 규정하고 있는 "전쟁 또는 여타 국제관계의 긴급상황other emergency in international relations"과 관련하여, 현재 일본이 전쟁 또는 이에 준하는 국제관계 긴급상황에 처한 것으로 파악할 만한 근거도 없지 않을까 한다. 또한 이에 대한 설명이 일본 정부로부터 제공된 바도 없다. 특히 여기에서 말하는 "여타 국제관계의 긴급상황"은 그 문맥에 비추어 전쟁에 준할 정도나 전쟁을 초래할 수 있을 정도의 긴급한 내외 환경을 요하는 것으로 보아야 한다. 이를 단지 장래 군사적 위협을 초래할 수 있을 정도라는 낮은 수준으로^가^{령 한국과의 긴장 상태, 또는 북핵 위협으로부터의 방어수단 모색 등} 해석을 하는 것은 이 문구와 동렬에 위치한 "전쟁^{war}"이라는 문구와 균형을 맞춘 해석으로 보기는 어렵다. 이 조항의 전체적 문맥^{context}은 이러한 광범위한 해석을 허용하지는 않는 것으로 보아야 할 것이다. 그러므로 (b)항에 포함된 이 두 항목 모두에서 현재 상황으로는 그 요건을 충족하기는 어렵다고 보아야 할 것이다.

그 다음으로 살펴볼 부분은 유엔 안전보장이사회 결의 이행과 관련한 이 조 (c)항 문제이다. 일본 정부는 7월 8일경부터는 한국 정부의 대북 제재 이행의 문제점을 언급하며 7월 1일 조치를 정당화하는 모습을 보이고 있다. 아직 한국 정부의 어떠한 부분을 문제 삼고 있는지 정확하지는 않다. 마찬가지로 핵무기, 화학무기 및 대량살상무기 확산을 방지하기 위한 수출통제 조치를 부과하고 있는 안전보장이사회 결의 역시 언급하고 있다. 안전보장이사회 결의를 이행하는 과정에서 이번 조치가 채택되었음을 강조하기 위함이다. 어쨌든 제XXI조 (c)항은 "유엔 헌장이 부과하는 의무를 준수하는 과정에서^{in pursuance of its obligation under the United Nations Charter}" 취해진 조치는 예외로 면책된다는 내용을 규정하고 있다. 그렇다면 유엔 안전보장이사회 결의의 어떠한 부분을 이행하는 것이 해당 품목의 대한^{對韓} 수출제한과 관련되는지에 대한 설명이 제시되어야 한다. 지금 언론을 통하여 제시되고 있는 내용은 한국의 대북 제재 결의 위반 사례^{사실인}^{지 여부는 아직 불확실하나}인데, 이 부분이 어떻게 일본 스스로 안전보장이사회 결의를 이행하는 것과 관련되는지 불분명하다. 만약 이 논리가 "한국으로 물건을 보내면 북한으로 이전될 수 있다"는 정도의 주장이라면 이 항이 요구하는 요건을 충족하는 것으로 보기 힘들다. 그렇다면 이를 근거로 모든 상품에 대하여 언제든지 수출제한이 가능하기 때문이다.

마찬가지로 핵무기, 대량살상 무기 확산 방지를 위한 안전보장이사회 결의 이행 부분도 지금 상황에서는 충분한 설명이 제시되어 있지 않다. 이 결의^{결의 1540}에 지금 문제가 된 3가지 품목이 나타나지 않는다. 그렇다면 이 세 품목이 구체적으로 어떻게 해당 결의 내용과 연결되는지에 대한 추가적 설명이 필요하다. 이 역시 단지 "반도체가 로켓 제작에 부품으로 들어간다"는 정도의 주장이라면 설득력이 강하다고 할 수 없다. 이 논리라면 대부분의 전자제품 및 부품도 규제대상에 해당할 것이기 때문이다. 이에 대한 특별한 설명이 아직은 없다.

이러한 점을 감안하면 지금 상황으로는 일본 정부의 7월 4일 조치는 제XXI조의 (b)항 또는 (c)항을 충족하는 것으로 보기는 어렵다. 앞에서 언급한 바와 같이 이 조의 (a)항은 직접 관련이 없다. 따라서 제XXI조 국가안보 예외조항을 원용하여 일본의 조치를 정당화하는 것은 일단 어려울 것으로 판단된다. 물론 앞으로 일본이 국가안보와 관련한 내용을 얼마나 구체적으로 제시하는지에 따라 이 조 충족여부가 최종적으로 결정될 것이다. 그러나 현재 상황으로는 이 조가 요구하는 수준에 이르기는 쉽지는 않을 것으로 판단된다.

또한 이에 대하여 일본은 이러한 요건을 충족하고 있는지 여부는 스스로 판단한다는, 소위 "자기판단^{self-judging}" 문제임을 제기할 가능성도 있다. 그러나 이러한 논리는 최근 우크라이나와 러시아간 진행된 *Russia-Transit* 분쟁에서[1] 러시아가 강하게 주장하였으나 WTO 패널은 이를 기각하였다. 해당 WTO 패널은 제XXI조 관련 요건을 충족하였는지 여부에 대하여 결국 WTO 패널과 항소기구가 판단한다는 점을 확인한 바 있다.[2] 따라서 이 부분에 대하여 단지 일본이 자신의 판단에 따라 그 요건이 충족되었음을 결정할 수 있다는 주장을 전개하기는 힘들고 객관적인 기준과 증거에 따라 해당 요건 충족 여부가 결정된다고 보아야 한다. 요컨대 국가안보 문제는 각국 정부가 재량적으로 판단할 여지가 상대적으로 넓다고 볼 수는 있으나 그렇다고 하여 협정에 규정된 명문의 조항을 넘어 이를 판단할 수 있는 근거를 제공하는 것은 아니다.

5. 나가며

이러한 점을 고려하면 일본 정부의 7월 1일 발표 조치 중 일단 3개 핵심 소재의 한국 수출 제한 및 금지 조치는 GATT 협정의 몇몇 조항에 대한 저촉 가능성이 높고, 이는 국가안보 예외조항에 따라 정당화될 가능성도 희박한 것으로 볼 수 있다. 일단 가장 시급한 과제는 7월 4일부터 본격적으로 적용되는 조치가 실제 시장에서 수출 제한 및 금지의 효과를 초래하고 있는지 여부를 객관적으로 확인하는 일이다. 이 부분이 확인되어야 WTO 협정 위반 여부에 대한 구체적인 그림을 그려 볼 수 있고, 이에 따라 그 다음 단계로 진행하기 위한 문턱을 넘을 수 있다.

그리고 무엇보다 중요한 것은 이 문제의 본질적 해결은 외교적 협의를 통하여 가능하다는 점이다. 이 문제는 양국간 외교적 현안에 대한 이견에서 출발하였다. 그렇다면 그 해결은 외교적 협의에서 찾을 수밖에 없다. WTO 분쟁해결절차는 통상협정 위반 문제를 따지는 부분에만 국한되어 있고 고도의 정치, 외교 분쟁을 효과적으로 다룰 수는 없다. 다른 수단이 없고 불가피하다면, 그리고 일본 조치의 통상법적 측면에 대한 대응방안을 모색한다면 WTO 분쟁해결절차를 활용할 수밖에 없다. 그러나 이러한 상황이 초래된 양국 외교 현안의 근본적 해결을 위해서는 결국 외교 교섭을 통할 수밖에 없을 것이다.

1) Panel Report, *Russia-Measures concerning Traffic in Transit*, WT/DS512/R (adopted April 5, 2019), para. 7.57.

2) *Ibid.*, paras. 7.102−7.103.

7.102. It follows from the Panel's interpretation of Article XXI(b), as vesting in panels the power to review whether the requirements of the enumerated subparagraphs are met, rather than leaving it to the unfettered discretion of the invoking Member, that Article XXI(b)(iii) of the GATT 1994 is not totally "self−judging" in the manner asserted by Russia.

7.103. Consequently, Russia's argument that the Panel lacks jurisdiction to review Russia's invocation of Article XXI(b)(iii) must fail. The Panel's interpretation of Article XXI(b)(iii) also means that it rejects the United States' argument that Russia's invocation of Article XXI(b)(iii) is "non-justiciable", to the extent that this argument also relies on the alleged totally "self−judging" nature of the provision.

일본의 대한(對韓) 수출제한 조치

2028년 이후 한일대륙붕공동개발협정 체제는 지속 가능할까

김민철(법학박사/변호사)

1. 체결배경 및 현황

대륙붕은 어떻게 정의되고, 주변국과의 대륙붕 경계획정은 어떻게 이루어져야 하는가. 이 문제에 관한 국제규범은 그간 수차례 변천을 거쳤다. 대륙붕에 관한 최초의 다자규범인 1958년 대륙붕협약은 대륙붕의 개념으로 수심 200미터 기준을, 경계획정의 방식으로 등거리선·중간선 원칙을 채택했다. 그러나 얼마 후 국제사법재판소^{이하 "ICJ"}의 북해대륙붕사건¹⁹⁶⁹에서는 "자연연장"에 근거한 대륙붕 개념과 "형평의 원칙"에 따른 경계획정 개념을 제시했다. 위 판결은 동북아 해양질서에도 큰 반향을 일으켰다. 판결 직후 한국은 자국의 대륙붕이 오키나와 해구에까지 이른다는 입장 하에 당시 성안 중이던 「해저광물자원개발법 시행령」¹⁹⁷⁰에 동중국해 방면으로 7광구를 설정했다. 이후 중간선 입장에 있던 일본은 크게 반발하며 한국에 대륙붕 문제에 관한 협의를 적극 요청해왔고, 이로부터 촉발된 한일간 협상 결과 1974년 양국은 동중국해의 공동개발을 위한 한일대륙붕공동개발협정^{이하 "협정"}을 체결했다. 동 협정의 체결은 자원개발 능력이 부족했던 한국에게 경제협력과 선진기술 도입의 발판이기도 했다.

　7광구 선포와 연이은 협정의 체결은 한국이 국제규범의 변화를 적시에 활용한 고무적인 성과였다. 7광구와 한일공동개발구역의 일본 연안쪽 경계선은 자연연장에 입각해 오키나와 해구에까지 이른다. 그러나 협정에 따른 공동개발은 일본의 소극적 태도로 그 이행이 중단된 지 오래다. 1978년 발효된 협정은 당사국의 3년 전 통고로 최초 50년의 만료 후 언제든지 종료될 수 있다. 이는 2025년부터 일방의 종료통고에 따라 2028년 이후 새로운 동중국해 질서의 수립 문제가 현안으로 부상할 수 있음을 뜻한다. 이에 본고는 협정 종료 후 동중국해의 미래를 현실적·규범적 관점에서 전망해 보고, 한일 협력체제의 지속가능성과 이를 위한 한국의 과제에 접근해 본다.

김
민
철

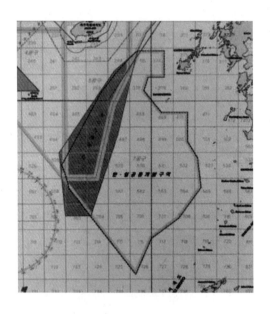

[그림 1] 한일공동개발구역
(외교부 편, 『동북아해양법령과 유엔해양법협약집』(2013) 수록
"대한민국 연안해상구역도"(국립해양조사원) 중 발췌)

2. 일본의 입장에 대한 평가

일본의 협정 이행에 대한 소극적 태도에는 경제성 문제, 중국의 반발 등 여러 요인이 거론되나, 근본적으로는 협정 체결 후 국제법의 변화가 유력한 원인으로 지적된다. 1982년 채택된 유엔해양법협약^{이하 "협약"}에서는 대륙붕 개념과 경계획정 방식에 또다시 굴곡이 생긴다. 협약은 대륙붕의 개념으로 종전 자연연장 기준과 함께 200해리 거리 기준을 도입했다. 경계획정에 관하여는 형평의 원칙과 등거리선·중간선 원칙 간 대립 속에 "공평한 해결"에 이르기 위해 국제법에 기초한 합의에 의한다는 다소 모호한 규정을 마련했다. 한편 종래 대륙붕 제도에 의해 인정되던 해저·하층토의 천연자원에 대한 권리는 새로이 도입된 200해리 배타적 경제수역^{이하 "EEZ"} 제도에 의해서도 중첩적으로 보호됐다. 이러한 일련의 변화는 200해리 내에서 자연연장에 따른 대륙붕의 존재의미를 퇴색시키는 것이었다. 이 가운데 일본은 양안간 400해리 미만 수역에서 EEZ·대륙붕 공히 "중간선"에 따라 경계획정이 되어야 한다는 입장을 분명히 했다. 1996년 제정된 일본의 「배타적 경제수역 및 대륙붕에 관한 법률」에서는 주변국과 "중간선"까지의 수역을 자국의 EEZ와 대륙붕으로 규정했다. 반면 한국은 협약 체제에서도 일본과의 동중국해 대륙붕 경계획정에 있어 육지영토의 자연연장이 충분히 고려되어야 한다는 입장인 것으로 알려져 있다. 중국도 對日관계에서 한국과 유사한 입장이다.

그렇다면 일본의 "중간선"에 따른 "단일경계론"은 그 타당성이 인정될 수 있는가. ① 국제판례상 북해대륙붕사건¹⁹⁶⁹ 이래 경계획정에 있어 해저의 지질·지형학적 특성에 대한 고려는 제한적인 추세다. 대표적으로 협약 채택 직후 판결이 내려진 리비아-몰타 사건¹⁹⁸⁵에서는 당시 발효 전이던 협약을 관습국제법으로 고려하여 대륙붕 경계획정을 수행했다. ICJ는 위 사건에서 양안간 400해리 미만 수역에서 해저의 지질·지형학적 특성에 대한 고려없이 중간선을 토대로 경계획정을 했다. 특히 위 사건에서 취한 잠정중간선의 설정 후 관련 사정을 고려해 조정을 거치는 접근법은 이후 이른바 3단계 접근법으로 발전해 오늘날 국제재판에서 널리 통용되는 경계획정의 방법론으로 정착했다. ② 해저·하층토와 상부수역에 대한 통일적 규율이 갖는 편의로 인해 EEZ·대륙붕의 단일경계획정의 실행 또한 확대되고 있다. 2018년 체결된 동티모르－호주 해양경계조약은 호주의 자연연장 주장이 반영된 기존 공동개발체제를 종료시키고 중간선을 토대로 EEZ와 대륙붕의 경계를 단일하게 설정했다. 이는 자연연장론의 퇴조가 투영된 중간선에 따른 단일경계획정 사례로 평가될 수 있다. 이처럼 오늘날 국제판례와 국가실행의 흐름은 일본의 입장에 기울어 있음을 부인하기 어렵다.

3. 협정 종료 후 동중국해의 전망

1) 한중일간 갈등가능성

한일간 경계획정문제가 국제재판에 회부되어 중간선 주장이 채택되면 어떻게 될까. 현 공동개발구역의 북서면 경계는 일본이 주장하는 한일중간선인 제주도와 단죠군도男女群島/토리시마鳥島 간 중간선을 반영하고 있다. 그렇다면 기점의 인정 여부나 관련 사정의 고려에 따라 유동성은 있으나 한국은 공동개발구역의 상당 부분을 상실할 수 있다. 다만 한국은 2006년 강제분쟁해결절차 배제선언을 통해 주변국과의 경계획정문제가 국제재판에 회부될 가능성을 차단했다. 따라서 한일간 경계획정은 "협상"에 의해 해결될 수밖에 없다. 문제는 양국의 입장차를 감안할 때 동 협상의 타결은 단시일 내 어렵다는 점이다.

현재 동중국해의 중일중간선 부근에서는 중국의 일방적 자원개발을 둘러싼 중일간 갈등이 펼쳐지고 있다. 양국간 갈등은 중국의 2003년 춘샤오春曉, 일본명: 시라카바(白樺) 가스전 건설을 통해 본격화됐다. 위 가스전은 일본이 인식하는 중일중간선 以西 4-5㎞ 수역에 위치한다. 일본은 중국의 동 가스전 개발이 이른바 빨대효과로 인해 중간선 以東의 자국측 자원에도 심각한 영향을 미친다고 판단했다. 이에 따른 일본의 거듭된 항의와 중국에 대한 공동개발 요구는 2008년 중일공동개발합의의 도출로 이어졌다. 다만 위 2008년 합의는 세부 개발지점과 실시에 관한 사항을 양측간 협의를 통해 정하도록 했고, 양국은 아직 이에 관한 후속합의를 이루지 못하고 있다. 이 가운데 중국은 중간선 以西 수역에서 자원개발을 지속 중이며, 일본은 그 중단을 촉구하고 있는 실정이다.[1]

[그림 2] 춘샤오 가스전과 중일공동개발구역 수역도
(김경신, "중일 동중국해 가스전 공동개발의 의미와 시사점",
해양수산동향, Vol. 1275 (2008. 7) 중 발췌)

협정이 종료되면 한중일간 유사한 갈등이 공동개발구역 내 또는
인근에서 현실화될 수 있다. 특히 공동개발구역의 2, 4소구는 자원
개발을 둘러싼 각축장이 될 공산이 크다. 기존 탐사결과에 따르면 2,
4소구는 공동개발구역 내에서 상대적으로 자원매장 가능성이 높은
것으로 관측된다.[그림 3]의 굵은 선 박스 내 각 검은색/흰색 반원은 기존 탐사에서 일부 자원징후
가 확인된 시추공 표시임. 3국간 등거리점trijunction 역시 동 수역 부근에 형성될
가능성이 높다. 중국이 롱징龍井 가스전에 인접한 4소구 수역에 단독
개발을 감행할 여지도 있다. 결국 위 2, 4소구를 중심으로 한중일의
갈등가능성이 대폭 증대될 수 있다.

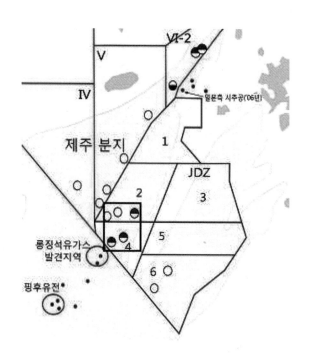

[그림 3] 국내 대륙붕 광구현황 및 탐사(시추)실적
(산업통상자원부, "제2차 해저광물자원개발 기본계획"(2014. 9) 중 발췌,
굵은 선 박스는 필자 추가)

2) 일방적 개발의 한계

협정 종료 후 일방적 개발은 제한없이 가능한가. 협약 제74조 3항 및 제83조 3항은 "잠정약정의 체결을 위해 노력할 의무"와 함께 "최종경계합의의 도달을 위태롭게 하거나 방해하지 않도록 노력할 의무"를 규정한다. 동 의무 위반이 문제된 대표적 사례인 가이아나-수리남 사건[2007]에서는 양국간 경계미획정 수역에서 가이아나의 일방적 시험굴착의 허용 여부가 쟁점이 됐다.[2] 협약 제7부속서에 따른 중재재판에 회부된 위 사건에서 문제의 수역은 경계획정 결과 가이아나에 귀속됐다. 그러나 재판소는 가이아나의 시험굴착에 대해 "해양환경에 영구적인 물리적 영향"을 미침을 이유로 동 의무 위반을 인정했다.

특히 동 의무의 해석론은 경계미획정 수역에서의 대륙붕 개발에 대해 그 허용가능성을 엄격히 보는 경향이 강하다. 본격적인 자원채취는 물론, 이를 위한 시설물 설치나 시험굴착과 같은 활동은 해양환경에 영구적인 물리적 영향을 미치므로 일방적으로 수행될 수 없다고 본다. 위치 등 여타 요소를 고려할 때 자국 연안에 인접한 수역은 별론으로 해도 타국과 다툼 있는 수역에서의 일방적 개발은 더욱 허용되기 어렵다. 그렇다면 협정 종료 후 한국이 현 공동개발구역 내에서 독자적으로 자원개발을 진행할 만한 수역은 냉정하게 거의 없을 것으로 판단된다. 예컨대 비교적 한국 연안에 가까운 공동개발구역의 북서면 경계선 밑의 1, 2, 4소구도 한일간 중간선에 대한 인식차 속에 일본의 권리주장이 미치고 있다. 현재 동 의무의 해석론상 이러한 수역에서 일방적 개발이 허용될 가능성은 희박하다. 다만 이러한 제약은 일본이나 중국에도 동일하게 적용된다. 따라서 한중일이 동 의무를 성실히 준수한다면 공동개발구역 내 대부분의 수역에서 주변국과 충분한 협의없이 일방의 본격적인 대륙붕 개발은 이루어지기 힘들 것이다. 물론 규범의 존재에도 불구하고 무분별한 개발행위가 난립하거나 현상의 주도권을 잡은 국가가 독자적 행보를 이어갈 가능성도 있다. 그러나 그 현실이 어떠하든 일정한 협력체제를 통해 실질적인 자원개발을 도모함이 더 안정적이고 합리적인 선택임은 분명하다. 이는 국제규범의 준수에도 부합한다.

4. 한일공동개발체제의 지속가능성

최종경계획정의 어려움과 협정 종료에 따른 불안정성을 감안하면 한일 양국이 조금씩 양보해 안정적인 협력체제의 수립을 목표로 삼는 것이 바람직하다. 특히 일본에게도 한일 협력체제 존속의 유인은 존재한다.

1) 현상유지의 이점

일본이 협정의 종기에 맞춰 당연히 협정을 종료시킬까. 반드시 그럴 것 같지는 않다. 무엇보다 협정 체제가 갖는 현상유지의 이점을 고려해봐야 한다. 중국은 그간 협정 체제에 반대해 왔으나 공동개발구역 내에서 단독탐사·개발을 실제 수행했다는 보고는 알려진 바 없다. 이는 협정 체제가 사실상 억지효과를 갖는 것으로 이해될 수 있는 대목이다. 한일공동개발구역 내 중국의 침투가능성은 일본에게 결코 반가울 리 없다. 중국을 포함한 3국간 협상체제가 구축되면 일본이 원하는 중간선에 따른 경계획정은 더욱 요원해진다. 한중의 강제분쟁해결절차 배제선언으로 인해 국제재판을 통한 경계획정도 곤란하다. 당분간 협정 체제를 유지함이 한국의 독자적 자원활동을 견제하는 데도 용이하다. 자원매장의 불확실성과 주변국의 견제를 무릅쓰고 일본이 무작정 일방적 개발을 감행하기도 쉽지 않다. 그렇다면 일본에게는 협정을 단번에 종료시키기보다 한국과의 협상에서 자국에 유리한 경계획정이나 공동개발체제의 수립을 도모하면서 현 상태를 끌고 가는 것이 보다 현실적인 선택이다.

이상을 고려하면 한일 협력체제의 존속도 불가능한 것은 아니라 판단된다. 한국은 일본의 현상유지의 이익을 잘 활용할 필요가 있다. 이는 한일협력 유지의 충분한 동력이 될 수 있다. 양국간 협력의 중요성을 강조하고 협력체제의 종료가 일본에 득이 될 것이 없음을 인식케 해야 한다. 일본의 전향적 움직임을 끌어낼 여타 방안도 강구해 볼 수 있을 것이다.

2) 자원측면의 유인

여기에 자원측면의 유인이 가미되면 협력의 동력은 더 커질 것이다. 이상적으로는 현 협정 체제에서 상업성 있는 자원매장이 확인되어 공동개발의 실행이 형성되는 경우를 들 수 있다. 2028년까지 한 차례의 탐사권 부여는 가능하다. 협정 종료 후 불안정 속에 단독탐사를 감행하기보다 협정 체제에서 안정적인 공동탐사를 실시함이 양국 모두에 유리하다. 한국은 기존 탐사시 미흡했던 수역을 포함하여 자원매장 가능성이 높은 수역을 중심으로 공동탐사의 재개를 계속 시도해야 한다. 설령 일본이 응하지 않더라도 그 과정에서 일본의 속내를 간파할 기회도 있을 것이며 향후 한국에 유리한 명분 쌓기에도 도움이 된다.

일본은 그간 자원적 손익에는 민감하게 반응해왔다. 춘샤오 가스전에 대한 중국의 개발은 일본에게 중간선 以東에 대한 자원잠식 우려를 낳았고 이는 일본이 중국과의 공동개발에 적극적으로 나선 계기가 됐다. 이와 유사하게 현 공동개발구역 북서면 경계 바로 위의 한국측 수역에서 자원개발에 성공한다면 일본이 이를 지켜보고만 있기는 어려울 것이다. 해당 수역의 지질구조가 공동개발구역 내로 이어질 경우 북서면 경계 바로 밑의 1, 2, 4소구의 자원에도 영향을 줄 수 있다. 그렇다면 일본은 자원손실 방지를 위해 한국과의 공동개발에 적극성을 보일 여지도 있다. 관건은 북서면 경계 위 한국측 수역에서 자원개발에 성공할지 여부다. 유관기관 간 협업을 통해 실현가능성을 따져볼 문제다.

5. 난관과 과제

1) 공동개발구역의 조정

가장 어려운 과제로 구역의 조정문제가 있다. 한국은 현 공동개발구역의 유지를 목표로 할 수 있다. 반면 일본은 중간선 부근으로의 구역조정을 선호할 것이다. 예컨대 한일어업협정상 제주남부 중간수역과 유사하게 설정하는 안이다. 이처럼 새로운 공동개발체제의 수립은 기존 구역의 유지와 중간선 중심의 축소 입장 간에 접점을 찾는 문제로 귀결될 수 있다.

협정 체결 후 국제법은 한국에 불리하게 변천해왔다. 그만큼 현 공동개발구역의 유지에는 어려움이 따를 수밖에 없다. 한국이 현 공동개발구역을 유지하려면 일정한 희생을 감수할 필요도 있다. 예컨대 수역별 수익비율을 단계화해 원거리수역이나 일부 자원유망수역의 수익을 양보하는 방안을 들 수 있다. 수역의 면적을 취하는 대신 자원이나 수익측면의 유인을 제공하는 것이다. 아울러 상대논리의 취약성을 적절히 공략할 수 있다면 이 역시 도움이 될 것이다. 실리 위주의 전향적 사고와 유연한 접근이 중요하다.

2) 제도적 보완

실질적인 탐사·개발이 가능한 제도 설계 역시 염두에 두어야 한다. 현 협정상으로는 일국이 공동탐사·개발에 소극적일 경우 탐사·개발에 의욕을 가진 타국 역시 탐사·개발로 나가지 못하는 상황에

봉착할 수 있다. 위 문제의 타개를 위해 단독탐사·개발도 일정 경우 허용하되 수익은 공동분배하고 이에 참여하지 않은 타방의 비용부담은 최소화하는 제도 보완이 필요하다. 현 공동벤처모델에서 공동기구모델로의 전환도 모색해 볼 수 있다. 공동기구모델은 당사국과 분리된 별도 기구를 통해 독립적인 사업을 진행하므로 보다 원활한 제도 운용이 가능하다.

6. 맺음말

협정 종료 후 동중국해는 자원갈등으로 점철된 혼란에 빠질 수도, 극심한 견제 속에 정체의 상태를 이어갈 수도 있다. 이는 한일 모두에 부정적이다. 이를 인식하고 상호협력의 정신을 발휘한다면 실질적인 공동개발을 위한 새로운 협력체제의 구축도 가능하다고 본다. 또한 그것이 양국에 최선의 길이기도 하다. 한국은 그 과정에 일정한 양보가 따를 수 있음을 냉철히 인식하면서 보다 합리적인 공동개발체제의 수립을 차분히 준비해 나가야 한다.

---

1) 일본 외무성에 따르면 2019년 9월 기준 중간선 以西 수역에 설치된 중국측 구조물은 총 16기에 이른다.
2) 동 의무 위반이 다투어진 다른 사건으로 국제해양법재판소 특별재판부의 가나-코트디부아르 사건(2017)이 있으나 위 사건의 결론은 그 특수성상 일반화된 법리로 받아들이기는 힘들다고 판단된다.

중국발 미세먼지: 국제법적 책임추궁은 가능한가?

박병도(건국대학교 법학전문대학원 교수)

1. 들어가며

날로 심각하게 인식하고 있는 국민들은 미세먼지가 대부분 중국에서 발원한 것이라는 주장과 함께 왜 우리 정부는 중국에게 미세먼지에 강력한 대응, 특히 법적 책임을 묻지 않고 저자세로 일관하는지 강한 의문을 품고 있다. 이와 같이 논란이 되고 있는 중국발 미세먼지는 월경성^{transboundary, 越境性} 피해라는 성격을 지니고 있기 때문에 그에 대한 법적 책임을 물을 수 있는지 여부는 기본적으로 국제법적 틀 속에서 검토되어야 한다. 다시 말해서, 다른 국가의 영토 또는 관할권 내에서의 활동으로 인해 야기된 피해에 대해 피해국은 그 국가에게 법적 책임을 추궁할 수 있는지 여부를 국제법적 차원에서 검토해 볼 필요가 있다. 우리나라에 매년 심각한 피해를 주고 있는 미세먼지가 중국에서 발생한 것이라면 국제법상 국가책임 법리를 적용하여 실제로 중국에게 법적 책임을 추궁할 수 있는가? 월경성 미세먼지에 대해 국가책임을 청구하고자 하는 경우, 첫째, 월경성 미세먼지가 우리나라에 피해를 주고 있는 사실을 확정할 수 있어야 한다. 둘째, 미세먼지를 발생시킨 사인^{私人} 행위가 국가로 귀속되는지 여부, 셋째, 미세먼지를 예방하거나 감소할 국제법상 국가의무가 있는지 그리고 있다면 그 내용은 무엇인지, 넷째, 국외의 미세먼지 유발행위와 우리나라의 피해 간의 인과관계를 입증할 수 있는지, 다섯째, 재판관할권은 어느 법원에 있는지 등의 여러 법적 쟁점들이 제기된다. 아래에서 이러한 쟁점들을 검토하고자 한다.

2. 미세먼지의 국외기여율

월경성 미세먼지에 대해 국제법적 책임 추궁가능성을 판단하기 위해서는 우선적으로 우리나라 미세먼지가 국외 요인, 특히 중국발 미세먼지로 인해 발생한 것인지에 관한 사실을 확정해야 한다. 미세먼지$^{PM, Particulate Matter}$는 지름이 10$\mu m$보다 작은 미세먼지^{PM10}와 지름이 2.5μm보다 작은 미세먼지$^{초미세먼지, PM2.5}$로 나뉜다. 미세먼지는 눈에 보이지 않을 만큼 매우 작기 때문에 대기 중에 머물러 있다 호흡기를 거쳐 폐 등에 침투하거나 혈관을 통과하여 체내로 들어감으로써 건강에 나쁜 영향을 미칠 수도 있다. 2013년 세계보건기구^{WHO} 산하의 국제암연구소^{IARC}는 미세먼지를 1군 발암물질$^{Group 1}$로 지정하였다. 미세먼지의 발생원發生源은 자연적인 것과 인위적인 것으로 구분된다. 자연적 발생원은 흙먼지, 바닷물에서 생기는 소금, 식물의 꽃가루 등이 있다. 미세먼지를 만드는 대부분의 오염물질은 자동차 배기가스나 공장, 발전시설, 가정용 난방장치 등에서 석탄·석유 등 화석연료를 태울 때 생기는 매연, 건설현장에서 발생하는 먼지, 공장이나 소각장에서 발생하는 연기 등 인위적인 물질들이다. 자동차배기가스, 화석연료를 사용하는 공장에서 배출되는 오염물질 등이 미세먼지의 주범이다.

우리나라 미세먼지의 상당 부분은 중국 등 국외에서 발원하여 국내로 유입되는 것으로 알려져 있다. 이런 국외요인 미세먼지에 대한 법적·외교적 대응의 첫걸음은 무엇보다도 신뢰할 수 있는 과학적 자료의 축적이다. 최근 국립환경과학원은 2019년 1월 미세먼지의 국외기여율이 75%에 이른다고 발표하였다.[1) 한·중·일의 동북아 장거리이동 대기오염물질 공동연구Long－range Transboundary Air Pollutants in Northeast Asia: LTP2)의 2013년의 미세먼지PM2.5 배출원－수용지 영향분석 모델링 분석결과는 우리나라의 미세먼지 중 47.4%가량이 국내요인으로 분석되고 있으며, 나머지는 중국중국북동부, 중국북부, 중국동부의 영향과 북한의 영향을 받고 있는 것으로 나타나고 있다. 그런데 중국은 동북아 공동연구 결과를 발표하지 않고 그 시기를 계속 미루고 있으며, 최근에는 중국환경부는 '서울의 미세먼지가 심한 것은 서울 탓'이라고 하며 자신들의 탓이 아니라는 입장을 강렬하게 표명하였다.[3) 이와 같이 중국은 한국에서 발생한 미세먼지에 대해 자신들에게 책임이 있다는 한국측 주장을 봉쇄하기 위해 이를 강하게 부정하고 있다. 사실 우리나라 미세먼지의 상당한 부분은 우리나라 자체에서 발생한 것임에 틀림 없다. 여기서 제기되는 문제는 미세먼지가 국내에서 발생한 것인지 중국에서 발생한 것인지 그리고 어느 정도가 중국발인지에 대해서 과학적으로 신뢰할 만한 증거가 있는가라는 점이다. 중국 정부는 한국의 미세먼지가 중국에서 날아 간 것이라고 공식적으로 인정한 적 없다. 따라서 우리나라 미세먼지의 대부분이 중국발이라는 사실을 국제사회가 신뢰할 수 있는 과학적이고 객관적인 자료를 제시할 수 있어야 한다.

3. 월경성 미세먼지에 대한 법적 책임 추궁과 관련한 쟁점들

1) 사인행위에 대해서도 국가가 책임을 지는가?

미세먼지를 만드는 대부분의 오염물질은 자동차 배기가스나 공장, 발전시설, 가정용 난방장치 등에서 석탄·석유 등 화석연료를 태울 때 생기는 매연, 건설현장에서 발생하는 먼지, 공장이나 소각장에서 발생하는 연기 등 인위적인 물질들이며, 이러한 물질들은 주로 다양한 사인私人의 활동으로부터 배출된 것이다. 국제법상 국가책임 규칙에 의하면, 순전히 사인의 행위는 국가로 귀속되지 않는다. 그러나 사인의 미세먼지 유발행위라고 하더라도 이것이 중국정부의 지시에 의한 것이라면 이는 중국에게 귀속된다. 지금까지 중국 정부의 지시에 의해 미세먼지가 발생하고 있다고 볼 수 있는 증거는 없다. 그런데 중국은 아직도 국가가 중심이 되어 산업경제활동을 주도하고 있기 때문에 사인의 경제활동이 중국 정부의 실효적 통제 아래에서 이루어진 경우라면 중국에 귀속될 수 있다. 또한 사인의 행위로 인하여 외국인에게 피해가 발생한 경우 그러한 행위를 사전에 상당한 주의의무를 다하여 방지하지 못한 경우에는 그 국가에게 책임이 있다는 일반국제법상의 규칙을 적용해서 판단해 보면, 중국의 산업경제활동 과정에서 발생한 오염물질이 월경성 피해를 야기하지 않도록 상당한 주의의무를 이행하지 않았다면 사인의 행위이지만 중국에 귀속될 수 있다. 상당한 주의의무의 정도에 대한 국제적 기준이 확립되어 있지 않지만 환경문제의 심각성과 각국 국내법의 환경의무 강화라는 측면에서 볼 때 그 범위를 넓게 해석하는 것이 바람직하다. 그렇다면 중국 정부가 미세먼지 발생을 방지하기 위한 상당한 주의의무를 소홀히 하여 미세먼지가 발생한 경우라면, 그러한 미세먼지가 사기업 등 사인의 경제활동에 의해 발생하였더라도 중국에 귀속될 수 있다.

2) 위반한 의무를 확정할 수 있는가?

미세먼지 피해에 대해서 법적 책임을 추궁하고자 하는 경우, 발원국이 어떤 의무를 위반하였는지를 확정해야 한다. 월경성 오염과 관련하여 가장 빈번하고 강력하게 인용되는 의무는 "다른 국가의 영토에 심각한 피해를 야기하는 방법으로 자국 영토가 사용되는 것을 허용하지 아니할 국가의 의무," 즉 월경피해금지의무no-harm principle이다. 월경피해금지의무와 관련하여, 일반적으로 요구되는 주의의 정도는 '상당한 주의'due diligence이다. 상당한 주의는 행위 의무이다. 즉 국가는 월경성 오염피해를 예방하고 월경성 환경위험을 최소화하기 위해 '모든 적절한 조치'all appropriate measures를 취해야 할 의무가 있다. 이런 측면에서 볼 때 상당한 주의의무는 예방원칙과 사전주의원칙과 깊은 관련이 있다. 위법한 활동은 아니지만 자국의 영토 밖의 환경에 물리적인 결과를 통해 심각한 피해를 야기 할 위험이 수반되는 활동에 적용되는 원칙을 제시하고 있는 유엔국제법위원회ILC의 2001년 "위험한 활동에서 야기되는 월경성 손해예방에 대한 규정초안" Draft Articles on Prevention of Transboundary Harm from Hazardous Activities, 이하 2001년 월경성손해예방규정초안이라 함에 따르면, 모든 국가는 심각한 월경성 피해를 방지하거나 그 위험을 최소화할 모든 적절한 조치를 취해야 하며, 관련국들은 신의성실로써 협력하고, 또한 필요한 경우 하나 이상의 권한 있는 국제기구의 도움을 구해야 한다. 보다 구체적으로 예방을 위한 조치로서 국가는 월경성 피해를 야기 할 가능성이 있는 활동을 하기에 앞서 해당 활동의 환경영향평가를 하고 그 결과 타국의 환경에 피해를 야기할 가능성이 있는 경우 해당 피해 예상 국가에 해당 사실을 통지 후, 피해를 저감하기 위하여 관련 정보를 제공하고 신의성실하게 협의할 것을 제시하고 있다.

월경성 오염피해의 방지와 관련한 상당한 주의의 기준을 충족하기 위해서는 특정한 절차의 마련이 필요하다. 심각한 월경성 피해의 위험이 있는 활동에 대해서는 권한 있는 정부기관의 허가를 받도록 하는 절차규정을 마련하여 이를 준수하도록 해야 한다. 월경성 피해를 예방하기 위한 상당한 주의의무의 관행을 보여주는 핵심적인 절차적 의무는 환경영향평가의무이다.4) 또한 월경성 피해 위험의 예측이나 통고를 등한시하거나 관련 절차를 시행하지 않는 경우, 또는 심각한 월경성 피해 위험을 야기할 수 있는 시설이 사전에 환경영향평가 없이 허가된 경우 등은 상당한 주의 기준 위반의 증거가 될 것이다.

중국발 미세먼지와 관련하여 법적 책임을 청구하기 위해서는, 중국정부가 미세먼지로 인하여 심각한 월경성 피해가 발생하지 않도록 상당한 주의 의무를 다했는지, 즉 미세먼지 발생에 관하여 우리나라와 협의하고 관련 환경 정보를 통지했는지 그리고 미세먼지를 심각하게 유발하는 산업경제활동이 환경영향평가 절차에 따라 시행되고 있는지 등을 살펴보아야 할 것이다.

3) 어느 정도의 피해가 발생하였는가?

월경성 오염이 발생하였다고 바로 법적 책임이 발생하는 것은 아니다. 월경성 피해의 정도가 어느 일정 정도에는 도달해야 국제법이 개입할 수 있다. 따라서 중국발 미세먼지에 대한 법적 책임 추궁이 가능하기 위해서는 우리나라가 입은 피해의 정도 또는 내용에 관한 문제도 넘어야 할 장벽이다. 월경성 대기오염문제를 다룬 고전적 사례인 Trail Smelter사건[5])에서 중재법정은 '중대한'serious 피해를 요구하였다. 반면에 스톡홀름 선언 원칙21은 피해의 양이나 질에 대해서 특정하지 않았다. 국제관행은 다양하다. 피해의 정도와 관련하여 중대한serious, 중대한 것 보다는 낮은 수준인 '심각한'significant 또는 '매우 심각한'substantial 수준의 피해를 국제법의 규율대상으로 하고 있다. 유엔국제법위원회ILC는 2001년 월경성피해예방규정초안에서 '심각한' significant 월경성 피해를 야기할 위험을 수반하는 경우에 적용된다고 규정하고 있다.[6]) ILC의 견해에 따르면, 법적인 문제로 연결되기 위해서는 피해가 적어도 "통상적으로 용인할 수 있는 단순한 생활방해nuisance 또는 사소한 피해insignificant harm 보다 더 큰 것"이어야 한다.

생각건대, 피해가 어느 정도 이상으로 요구는 되지만 일률적인 기준을 적용할 수 없다. 구체적으로 어느 정도의 피해가 법적 책임을 야기하는 중대하거나 심각한 피해인지의 여부는 사실인정의 문제이기 때문에 법원을 포함한 판단주체에게 폭 넓은 재량이 주어지고 있다. 중국발 미세먼지가 우리나라에 1급 발암물질로 피해를 준다면 분명 절박한 위해$^{imminent\ harm}$이며, 이에 미치지 않는 수준이라도 그 피해가 위에서 제시하는 중대하거나 심각한 수준에 도달할 수 있는 정도이어야 하며, 최소한 "통상적으로 용인할 수 있는 단순한 생활방해 또는 사소한 피해 보다 더 큰 것"이어야 할 것인 바, 그 피해가 이러한 정도 이상인지 객관적으로 평가될 수 있는 과학적 자료가 축적되어야 할 것이다.

4) 미세먼지 발생과 피해 간의 인과관계가 명백한가?

국내법 차원이든 국제법 차원이든 행위자에게 법적 책임을 청구하기 위해서는 행위와 결과 사이에 인과관계가 있어야 한다. 그런데 한 국가에 귀속되는 국제의무의 위반 행위와 다른 국가가 입은 피해 간의 인과관계를 입증하는 문제는 월경성 피해에 대하여 국가책임을 추궁하고자 하는 경우 필연적으로 만나게 되는 가장 큰 장애물이다. 이 문제는 대기 오염, 연무 오염, 미세먼지 오염, 온실가스 오염^{기후변화} 등과 같은 월경성 피해에 대한 법적 책임과 관련한 쟁점 중 가장 예민한 문제이기도 하다. 특히 오염기여자가 다수이고, 더욱이 다양하고 복합적인 오염행위인 경우 그 피해가 방산^{放散}하는 경우 인과관계 입증은 더욱 복잡하고 어렵다.

Trail Smelter사건에서 중재법정은 피해가 '명백하고 설득력 있는 증거에 의하여'$^{by\ clear\ and\ convincing\ evidence}$ 입증되어야 한다고 판시하였다.[7] 중재법정은 과학적 조사를 근거로 판결 이유$^{ratio\ decideni}$를 제시하여 양국의 자발적인 판정 이행을 유인하였을 뿐만 아니라 과학적 증거 자료는 중재법정의 판정에 신뢰할 수 있는 권위를 부여하는데 기여하였다. Pulp Mills 사건에서 당사국인 아르헨티나와 우루과이는 각자의 주장을 뒷받침하는 방대한 양의 사실적이고 과학적인 자료를 제출하여 각자 자신의 주장을 설득력 있는 증거로 포장하였다. 중국발 미세먼지의 경우 인과관계가 인정되기 위해서는 다음과 같은 점이 연결되어야 한다. *중국은 자국 영토에서 미세먼지 발생을 예방하거나 감소하기 위한 적절한 조치, 즉 상당한 주의의무를 취하지 않았다. 그 결과 실제로 미세먼지가 발생하여 한반도로 이동하였다. 이러한 미세먼지가 한국에 실질적인 악영향을 미쳐서 국민의 생명과 건강 그리고 정상적인 활동에 심각하거나 중대한 피해를 발생시켰다.*

이러한 주장들 사이에 인과관계가 '명백하고 설득력 있는 증거에 의하여 입증되어야 한다.

5) 어느 법원에 소송을 제기할 것인가?

중국발 미세먼지 피해에 대해 소송을 제기한다면 어느 법원^{예를 들}^{어, 한국 법원, 중국 법원, 국제사법재판소(ICJ) 등과 같은 국제재판소 등}에 소송을 제기할 것인가? 여기서는 한국과 중국이라는 두 국가 차원에서 진행될 수 있는 국제재판문제에 초점을 두고 관련 쟁점을 다루고 있기 때문에 한국 법원이나 중국 법원에서 이루어질 수 있는 소송에 대해서는 논외로 한다. 다만 이런 문제와 관련해서도 국민들이 관심을 갖고 있기 때문에 간단하게 언급하고자 한다. 한국 법원에 중국을 피고석에 앉히는 것은 국가면제 법리상 원칙적으로 가능하지 않다. 2017년 4월 최열 환경재단 대표와 안경재 변호사 등 미세먼지 소송단이 한국 법원에 한국 정부와 중국 정부를 상대로 손해배상을 소송을 제기한 바가 있었다. 최근 중국 정부는 한국 법원행정처가 보낸 소송관련 서류를 뜯지도 않고 그대로 한국으로 반송했다고 한다.[8] 이는 중국 정부가 미세먼지와 관련하여 한국 법원에 제기된 손해배상 소송에 응소할 의사가 전혀 없다는 것을 의미한다. 그리고 우리나라 국민 중 미세먼지 피해자 개인이 중국 정부 또는 중국내 미세먼지 배출시설 운영자를 상대로 중국 법원에 민사상의 손해배상을 청구하는 경우를 생각할 수 있다. 이 경우 사실상 구제가 어렵고 손해배상 판결이 나더라도 집행상의 어려움이 있다. 이런 상황에서 한국이 중국을 상대로 제소할 수 있는 방법으로 국제사법재판소[ICJ]에 제소하거나 또는 중재재판에 부탁하는 것을 고려해 볼 수 있다. 우리나라 정부가 중국 정부를 상대로 중재재판에 회부하거나 국제사법재판소에 제소하여 미세먼지 피해에 대한 손해 배상 및 예방조치를 요구하는 방법을 생각할 수 있다. 그런데 중재재판이나 국재사법재판소에서 소송이 진행되기 위해서 이러한 재판에 대해 양국의 합의가 있어야 한다. 현 상황에서 양국이 이에 합의할 가능성이 희박하기 때문에 미세먼지와 관련한 중국과의 국제소송이 이루어지기는 현실적으로 어렵다.

4. 국제법 책임 추궁의 한계

미세먼지를 발생시키는 행위는 대기를 오염시켜 인간·동식물의 건강과 생명을 비롯한 환경에 손실과 피해를 야기한다는 점에서 이론적으로는 법적 책임을 추궁할 수 있는 가능성이 있지만, 월경성 미세먼지 문제는 앞에서 검토한 바와 같이 월경성 피해에 대한 국제법상 국가책임 규칙을 적용할 때 부딪히게 될 수 있는 여러 가지 난관을 더욱 더 증폭시키기 때문에 실제로 국제재판이 개시되어 소송 절차가 진행될 가능성은 희박하고, 더불어 국제법적 책임을 추궁하는 것도 어렵다.

실제로 월경성 환경오염 피해는 다수 존재하지만 실제로 이러한 문제가 국제재판으로 이어진 사례는 오늘날에도 여전히 드물다. 심지어 어떤 국가들은 소송을 제기하기에 적합한 법적 근거가 명백히 존재함에도 다른 국가를 상대로 소송을 제기하는 것을 꺼린다. 더구나 국가책임을 추궁하는 국제소송에는 수많은 장애물과 불확실성이 존재한다. 앞에서 살펴본 바와 같이, 국가책임을 추궁하고자 하는 경우, 사인에 의한 위법행위의 국가귀속여부 문제, 국제의무위반의 확정 문제, 상당한 주의 의무의 내용 또는 기준 문제, 인과관계의 입증문제 등 넘어야할 문턱이 많다. 미세먼지와 같은 월경성 피해의 경우에는 이런 문턱들은 더 높다. 따라서 중국발 미세먼지 피해에 대한 국제소송은 중국발 미세먼지에 대한 현실적 대응방안이 아니다.

그렇지만 월경성 피해에 대한 국가책임 법리와 규칙은 월경성 피해를 예방하거나 진보된 위험 관리를 통하여 피해를 줄이기 위한 더욱 구체적 노력을 촉진·장려하는데 유용한 도구가 될 것이며, 보상이나 배상과 관련한 법제도를 발전시키는 주요한 역할을 할 것이다. 중국발 미세먼지 문제에 대해 국가책임 법리와 규칙을 검토하는 작업은 이를 통해 직접 국제소송을 하거나 법적 책임을 실제로 묻기 위함이 아닐지라도 미세먼지문제 해결을 위한 우리나라의 법적 수사(legal rhetoric)로, 더 나아가 탄탄한 법적 논리로, 중국과의 협상에서 미세먼지 경감을 위해 모든 적절한 조치를 취할 것을 요구하는 강력한 법적 주장을 마련하는 유의미한 것이다. 국제법상 국가책임의 법리는 월경성 미세먼지를 예방하거나 최소화하도록 요구할 수 있는 법적 무기가 될 수 있을 것이다.

---

1) "1월 최악의 초미세먼지… 중국 영향이 평균 75%", 한국일보 2019.2.6.
2) 한·중·일 3국은 2000년부터 동북아 장거리이동 대기오염물질 공동연구(Long-range Transboundary Air Pollutants in Northeast Asia: LTP)를 시행하고 있다. 이러한 3국의 공동연구는 일반적인 공동연구와는 달리 한·중·일 3국이 각각 연구하는 방법을 취하고 있다. 동북아 장거리이동 대기오염물질 공동연구의 결과는 20여 년간 한·중·일 전문가들이 SO2, NO2, O3, PM10, PM2.5 등의 월경(transboundary) 현상을 모니터링하고, 모델링에 대한 검증과 상호평가를 해온 자료이

므로 신뢰성이 높은 자료라고 할 수 있다. LTP의 대표적 연구방법론은 배출원-수용지 영향분석 모델링이다. 여기서 배출원-수용지 영향분석이란 대기오염물질이 배출원에서 수용지로 장거리 이동하는 것을 정량적으로 분석하여 배출원에서의 수용지로의 기여도를 연구하는 방식을 말한다(국회입법조사처, 동북아 장거리이동 대기오염물질 공동연구(LTP), 지표로 보는 이슈 제89호, 2017.5.12., 1면-4면).

3) ""미세먼지는 서울 탓" 잡아떼는 중국…눈치만 보는 한국", 2019년 1월 14일 JTBC 보도.

4) 국제사법재판소(ICJ)는 '계획 중인 산업시설이 월경성 차원에서, 특히 공유자원에 심각한 악영향을 주는 경우 환경영향평가를 시행할 것을 요구하는 국제법상의 관행은 최근 들어 국가들 사이에서 폭넓게 수락되고 있다'고 판결한 Pulp Mill사건에 이어서 2015년 Costa Rica/Nicaragua사건(Certain Activities Carried Out by Nicaragua in the Border Area (Costa Rica v. Nicaragua) and Construction of a Road in Costa Rica along the San Juan River (Nicaragua v. Costa Rica))에서 심각한 월경성 피해를 예방할 국가의 상당한 주의의무는 다른 국가의 환경에 악영향을 줄 가능성이 있는 활동을 개시하기 전에 심각한 월경성 피해 위험을 있는지 여부를 확인할 것을 요구한다고 하면서 그러한 경우 관련 국가는 환경영향평가를 실시해야 한다고 판결하였다(ICJ Reports(2015), p. 720, para. 153).

5) Trail smelter case (United States, Canada), Reports of International Arbitral Awards, Vol. III, p. 1905.

6) 월경성손해예방규정초안 제1조.

7) Trail smelter case, p. 1965.

8) "韓 미세먼지 소송관련서류 뜯지도 않고 돌려보낸 中," 서울경제, 2019.1.16.

「국제법 현안 Brief」의 학회 등재일자

제1부 국제법으로 읽는 국제관계

제2부 국제법이 바라본 해양질서

제 3 부 국제법이 분석한 군사안보

1. 백범석, 미국 내 대북선제타격의 합법성 논의 (2018.4.8.)
2. 양희철, 중국 군용기의 KADIZ 진입으로 본 ADIZ와 국제법 (2018.9.14.)
3. 안준형, 군함의 추적레이더 조준에 따른 무력대응은 국제법상 허용되는가? (2018.12.28.)
4. 김지훈, 드론의 영공침범시 대응에 관한 법적 기준과 쟁점 – 이란의 미국 무인정찰기 격추사건을 중심으로 (2019.8.23.)

제 4 부 국제법으로 해석한 동북아 정세

1. 정인섭, 판문점 선언의 국제법적 성격과 국회 동의 (2018.5.8.)
2. 최원목, UN 안보리 제재 속에서의 개성공단의 진로 (2018.11.22.)
3. 박배근, 대법원 강제징용 손해배상 판결 (2018.12.10.)
4. 박현석, 일본군 '위안부' 피해자 문제에 관한 2015년 한 – 일 간의 합의는 파기되었는가? (2019.2.20.)
5. 이재민, 일본의 대한(對韓) 수출제한 조치 (2019.7.15.)
6. 김민철, 2028년 이후 한일대륙붕공동개발협정 체제는 지속 가능할까 (2019.10.22)
7. 박병도, 중국발 미세먼지: 국제법적 책임추궁은 가능한가? (2019.2.13.)

「국제법 현안 Brief」 편집위원회
정인섭(위원장, 서울대학교)
김현정(연세대학교)
백범석(경희대학교)

국제법으로 세상 읽기

초판발행   2020년 1월 1일
중판발행   2021년 5월 31일

지은이   대한국제법학회
펴낸이   안종만 · 안상준

편 집   한두희
기획/마케팅   조성호
표지디자인   박현정
제 작   우인도 · 고철민

펴낸곳   (주) **박영사**
              서울특별시 금천구 가산디지털2로 53, 210호(가산동, 한라시그마밸리)
              등록 1959. 3. 11. 제300-1959-1호(倫)

전 화   02)733-6771
f a x   02)736-4818
e-mail   pys@pybook.co.kr
homepage   www.pybook.co.kr
ISBN   979-11-303-3537-7   93360

정 가   18,000원